西藏自治区社会科学院重大项目

《历辈班禅额尔德尼传》系列丛书之二

U0891457

四世班禅额尔德尼·罗桑确吉坚赞传

传法比丘罗桑确吉坚赞善行详述——珍宝串

班禅罗桑确吉坚赞 等著

达 瓦 译注

西藏藏文古籍出版社

《历辈班禅额尔德尼传》系列丛书编委会

图书在版编目(CIP)数据

四世班禅额尔德尼·罗桑确吉坚赞传/班禅罗桑确吉坚赞等著;达瓦译. --拉萨:西藏藏文古籍出版社,2022.4

ISBN 978-7-5700-0355-6

Ⅰ.①四… Ⅱ.①班… ②达… Ⅲ.①班禅四世(1570-1662)-传记 Ⅳ.①B949.92

中国版本图书馆CIP数据核字(2022)第283944号

《历辈班禅额尔德尼传》系列丛书之二

四世班禅额尔德尼·罗桑确吉坚赞传

作　　者	班禅罗桑确吉坚赞 等
译　　注	达　瓦
责任编辑	拉巴扎西
译　　校	张　阳
封面设计	嘎东普琼
排　　版	阿旺曲吉
出　　版	西藏藏文古籍出版社
印　　刷	安徽省桐城市神州书刊印务有限公司
发　　行	西藏新华书店
开　　本	787×960　1/16
印　　张	20
字　　数	233千字
版　　次	2022年4月第1版
印　　次	2022年4月第1次印刷
印　　数	1-3,500
书　　号	ISBN 978-7-5700-0355-6
本套定价	30.00元

目　录

总序…………………………………………………………（1）

前言…………………………………………………………（1）

四世班禅额尔德尼·罗桑确吉坚赞传……………………（1）

第一章　礼赞……………………………………………（1）

第二章　出生……………………………………………（3）

第三章　受沙弥戒，被认定为转世活佛 ……………（6）

第四章　学习因明学 ……………………………………（11）

第五章　受比丘戒，来前藏继续闻修佛法并获得名声……（17）

第六章　任岗坚群培林与扎什伦布寺法台 …………（24）

第七章　建身语意所依，供养各教派僧伽……………（29）

第八章　应第悉官臣请求主持停战和议，为五世达赖喇嘛剃度 ……………………………………………（87）

第九章　在前藏三大寺讲经传法 ……………………（98）

第十章　回到扎什伦布寺，继续忙于传法利生大事 ……（118）

第十一章　为一切智达赖喇嘛授比丘戒………………（140）

第十二章　晚年的功绩…………………………………（222）

第十三章　有关后事处理工作…………………………（230）

持金刚法王罗桑确吉坚赞秘传…………………………（246）

四世班禅额尔德尼·罗桑确吉坚赞灵塔志……………（257）

四世班禅额尔德尼·罗桑确吉坚赞年谱………………（260）

人名、地名汉藏词汇对照 ………………………………（288）

后记…………………………………………………………（300）

总　序

2013年3月，西藏自治区社会科学院启动《历辈班禅大师传记》编辑出版项目。其中，由西藏自治区社会科学院与扎什伦布寺合作编撰的藏文版《历辈班禅大师传记》，于2014年7月正式出版发行。该丛书汇集了扎什伦布寺收藏的四世至九世班禅额尔德尼传记的木刻本和从全国各地搜集到的第一世、二世、三世班禅额尔德尼的传记，共12册380余万字。此次出版的汉文版《历辈班禅额尔德尼传》是该丛书的藏译汉版本，包括《一世、二世、三世班禅额尔德尼传》《四世班禅额尔德尼·罗桑确吉坚赞传》《五世班禅额尔德尼·罗桑益西传》《六世班禅额尔德尼·罗桑班丹益西传》《七世班禅额尔德尼·罗桑班丹旦白尼玛传》《八世班禅额尔德尼·罗桑班丹旦白旺秋传》《九世班禅额尔德尼·确吉尼玛传》等七册。

“班禅额尔德尼”是藏传佛教教格鲁派最负盛名和影响力的活佛转世系统之一。“班”是梵语“班智达”的简称，意为“学者”；“禅”是藏语“钦波”的简称，意为“大”；“额尔德尼”是满语，意为“珍宝”。1645年，蒙古固始汗封罗桑确吉坚赞为“班禅博克多”，“博克多”是蒙语，意为“睿智英武”。格鲁派确认罗桑确吉坚赞为四世班禅，追认宗喀巴门徒克珠杰为一世班禅，索南确朗为二世班禅，罗桑顿珠为三世班禅。1713年，清朝康熙皇帝封赐五世班禅为“班禅额尔德尼”，并将此封号加封以前历辈班禅，“班禅额尔德尼”遂成这一活佛系统的封号。自1792年清朝乾隆皇帝设立金瓶掣签制度后，于八世班禅额尔德尼开始，历辈班禅转世灵童均须经中央政府批准金瓶掣签认定,或须报请中央政府批准免于金瓶掣签认定①。

通过该丛书可以看到,历辈班禅额尔德尼一脉相承,继承和发扬藏传佛教历史悠久的爱国主义传统,高举祖国统一、民族团结、爱国利民的旗帜,在维护中央政府权威、协助治理西藏地方、抗击外敌侵略、维护国家主权和领土完整统一等方面,发挥了重要的历史作用。如四世班禅额尔德尼·罗桑确吉坚赞积极与入关前的清朝皇太极政权联系,主动要求归于新的中央政权管辖之下,极力劝说五世达赖进京朝觐。五世班禅额尔德尼·罗桑益西全力配合中央政府平定准噶尔部叛乱和噶伦争权造成的内乱。六世班禅额尔德尼·罗桑班丹益西坚决站在中央政府一边,听闻珠尔默特那木扎勒杀害驻藏大臣,阴谋叛乱,立即派人前往拉萨慰问幸存的驻藏大臣家属及其随从,送去物资。后来,他又在英国侵略不丹时,拒绝英国人控制的东印度公司对他的拉拢和利诱,还不远万里专赴北京,朝觐大皇帝,庆贺乾隆皇帝70大寿。七世班禅额尔德尼·罗桑班丹旦白尼玛协助中央政府治理西藏地方,帮助医治因廓尔喀人入侵带来的战争创伤,同时动员群众支援前线,驱逐森巴侵略军,维护国家领土和主权的完整。清朝进入衰落时期后,历辈班禅仍一如既往,坚定地站在维护祖国统一的立场上,坚决维护中央政府对西藏地方的主权,恭顺历代皇帝,尊重历任驻藏大臣,赞翊中央。八世班禅额尔德尼·罗桑班丹旦白旺秋时期,正值晚清政局不稳、国家动荡之际,但他始终坚持拥戴中央政权、维护国家主权的立场,全力抵制英国入侵我国西藏,还在当时西藏大众向驻藏大臣呈递立誓不准外国人入藏的公禀上列名并

① 十世班禅由国民政府代总统李宗仁于1949年6月3日颁发免于金瓶掣签的命令继任为第九世班禅额尔德尼。

出具图章。九世班禅额尔德尼·确吉尼玛早年积极开展抗英斗争,在辛亥革命后坚持反对英帝国主义侵略及西藏地方上层反动势力分裂祖国的活动。1923 年,他流寓祖国内地后,始终坚持祖国统一、维护民族团结,积极从事抗日斗争,被民国政府任命为“护国宣化广慧禅师”“西陲宣化使”。他在南京新亚细亚学会所作的《西藏是中国的领土》的讲演,充分体现了他坚持西藏是中国不可分割的一部分的爱国主义立场。他临终遗言说:“我如此全力做事,是为了拥护中央,发展佛教,各民族团结和睦,国家稳定。”他指示“所属的火枪除了留给卫兵和勒参巴护身需要外,其余全部献给中央,有利于帮助消除国家的危难”,并叮嘱“最后一定要为我们藏族僧俗官民和其他诸民族共同一道心思国家建设、汉藏和睦而努力。”由此可见,历辈班禅额尔德尼始终坚持维护祖国统一、增进民族团结的爱国利民立场。

此次出版的《历辈班禅额尔德尼传》系列丛书,大部分内容是首次汉译面世,具有极高史料价值,不仅是研究历辈班禅额尔德尼的第一手重要中文史料,也是研究扎什伦布寺历史及日喀则社会、经济、宗教、文化等方面历史状况的重要史料;对于了解藏传佛教的教规教义及其历史发展,以及近 600 年来中国西藏的社会状况和历史发展、西藏地方与中央政府的关系、各民族间的交往交流交融史等,也具有重要参考价值;同时,还有利于研究和总结藏传佛教爱国爱教的优良传统,充分挖掘和发扬藏传佛教教规教义中有利于社会进步、人民幸福的积极因素,进一步推动藏传佛教中国化,引导藏传佛教与社会主义社会相适应。特别是对历辈班禅额尔德尼维护祖国统一、促进民族团结、反对民族分裂光辉事迹的挖掘、宣传,有利于引导广大僧俗群众爱国爱教、遵规守法,大力弘扬藏传佛教和谐向善的理念,做增进民族团结的典范;高举爱国主义伟大旗帜,做维护祖国统一的典范,坚定不移地与十四世达赖集团的分裂破坏活动作斗争。

本丛书的翻译工作得到社会有关各界的大力支持,一些译者还亲赴扎什伦布寺学习考察,并得到了寺管会的热情接待和指教,特别是得到了十一世班禅额尔德尼·确吉杰布的接见和鼓励。丛书编委会要求翻译人员严格按照西藏藏文古籍出版社 2014 年出版的藏文版《历辈班禅大师传记》(12 册)丛书内容进行翻译,并增加注释和引言、后记、汉藏人名地名对照;要求责任编辑通篇核对原文,译校人员做好编较、统一专用词语等工作。但应指出的是,由于传记作者所处的社会历史背景使然,他们在写作时难免会受到当时西藏社会思想的影响,如一些关于佛教高僧的神奇故事和传说的描述等;在写作体例和内容侧重上,有的流于枯燥烦琐和冗长,多有对求法、讲经、谒见、馈赠等宗教活动方面的记述。另外,译文中涉及到的不少专有术语,特别是一些历史地名、人名、职官、寺院名称、宗教仪轨、佛学典故和确切时间等,还需进一步研究,以使翻译更加准确。为此,尚祈读者鉴察。

编　者

2021 年 4 月 25 日

前 言

四世班禅额尔德尼·罗桑确吉坚赞，藏历第十饶迥铁马年（1570年）出生在日喀则桑珠孜区以东的莲珠嘉（ལྷན་དྲུག་བརྒྱ།）村。父名仲措贡嘎维色，母名措杰。他自言出生时是“一个个子矮小、肤色发青、长满体毛的非常难看的婴儿。父母觉得这与梦中所见大相径庭，我们的益增姐姐还说：这个小孩的出生比前一个小孩去世，更使家人痛苦”。父母按照预言者指点，为其取名为“确杰班旦桑布”。三世班禅温萨罗桑顿珠圆寂数年后，温寺派人四处寻找转世灵童。当确杰班旦桑布长到5岁时，温寺的僧官有事来到珠嘉村，见到了确杰班旦桑布。温寺来的其他僧人前往日喀则各地化缘，寻求施主，只有三世班禅的心传大弟子克珠桑杰益西留在村里，住了一个多月，详细观察确杰班旦桑布的表现，又向他的父母做了一些调查。他父亲向克珠桑杰益西讲，他的孩子喜欢和僧人接触，打算将来让他出家当僧人。四世班禅自己后来也讲“有人为了迎合童心，说我应当娶妻守家，我对此打心底里非常生气，并且不停地哭泣。见到出家僧人，尤其是见到来自温寺的比丘时，心里特别高兴，并乐于同他们在一起。由于对出家人印象好，玩耍时常常扮成僧人装束，尽说一些讲经、辩经、建寺等话题”。确杰班旦桑布到13岁时，被其父亲送到温寺出家，克珠桑杰益西为他剃度，传授沙弥戒，赐名罗桑确吉坚赞（简称罗桑确坚）。从此，他在温寺学习，并参加因明学辩论。当时，江孜白居寺喜乃札仓的上师崔成仁青前来温寺传法，并与寺僧进行辩论。他发现罗桑确坚虽然年轻，但精通佛经，很有辩才，许多僧人都败在他的手下，深感惊异。于是，把罗桑确坚请到自己的住处，给他献茶，还给他赠送一件黄色的斗篷，并请求与其建立师徒关系。这件事在温寺引起了轰动，僧众纷纷议论，都认为罗桑确坚是温贡活佛的转世灵童。虽然他自己认为“没有任何作为罗桑顿珠之转世的记忆，也未向任何人说过有这方面的记忆。就现在情况而言，也没有什么独特的悟性、修行果以及知识面等”。但因公众所盼，于 1583 年，由克珠桑杰益西正式确认罗桑确坚为三世班禅罗桑顿珠的转世灵童。在温贡寺举行坐床典礼，拥立罗桑确坚为温萨寺赤巴（法台）。他 17 岁时到扎西伦布寺，开始了五大部论及因明的学习。22 岁时在扎什伦布寺第十四任赤巴当曲亚培尊前受比丘戒。此后，前往拉萨甘丹寺。当时，甘丹寺的第二十六任赤巴当曲白巴让他参加寺院大经堂的辩经会，以求深造。罗桑确坚认为当时甘丹寺内从各地来的高僧大德很多，他自己学识浅薄，恐怕参加辩论的资格不够，又没有参加辩论的任何准备。然而正如他自己所言那样“在精通显密两宗的上百名格西及第巴吉雪等僧俗人群中，如不立宗答辩或处于沉默，实感羞愧”。于是，罗桑确坚只好选择中观和因明两门课程，参加了辩论。所有高僧大德提出的问题，罗桑确坚不但应答如流，毫无差错，而且还指出某些格西对佛经的错误理解。经此事，罗桑确坚在甘丹寺内获得了僧众的一致好评。为此他自己也非常高兴，说：“由诸多杰出的格西长时间与我辩论，托三宝之福，我的观点未出现自相矛盾之处。在辩论中，有些人故意使用刁难之词，我均一一反驳到位，为此我的名声大振”。

此后，罗桑确坚离开甘丹寺返回温寺，接管寺政，传法收徒。此时，因岗坚群培寺的赤巴空缺，当地的地方官和寺院全体僧众开会一致决定敦请罗桑确坚出任该寺赤巴。于是，藏历第十饶迥土狗年（1598 年）宗喀巴大师圆寂纪念日，罗桑确坚兼任岗坚群培寺的赤巴。从此,他经常往返于两寺之间,同时主持两寺佛事。

不久,扎什伦布寺的第十五任赤巴拉旺洛珠卸任,经扎什伦布寺僧众一致决定,迎请罗桑确坚前来担任扎什伦布寺的第十六任赤巴。正如他自己在自传中所说:“近侍罗桑巴说,您作为扎什伦布寺僧人,就任岗坚寺堪布,而拒绝担任扎什伦布寺堪布实为不妥。因此,最终答应就任两三年的堪布”。1607 年,班禅罗桑确吉坚赞迎接,四世达赖喇嘛云丹嘉措第一次到扎什伦布寺,在该寺驻锡一个多月,传授了各种经文教理。此后不久,罗桑确坚正式担任达赖喇嘛云丹嘉措的经师。1612 年,根据罗桑确坚的倡议,经过扎什伦布寺僧众的一致同意,在扎什伦布寺内创建专修密法的阿巴札仓。为了修建阿巴札仓,尼木吞地和日喀则各施主给予供养赞助。显密兼修的阿巴札仓竣工后,罗桑确坚制定了学习、戒律等规章制度。从 44 岁即藏历水牛年(1613 年)开始,连续 6 年主持拉萨祈愿大法会,开创了色拉寺、哲蚌寺、甘丹寺结业水平最高的格西参加拉萨祈愿大法会的辩论、报考拉然巴格西的传统,大大促进了“五部大论”的学习。罗桑确坚还兼任了 6 年色拉寺和哲蚌寺的赤巴。他说:“此后来到哲蚌寺,听到要求我担任色拉、哲蚌堪布一职的消息。虽然既无需世俗之权,也对佛法昌盛未必有多大的好处,加之一心想在僻静之处修行。但他们祈求我担任堪布的愿望十分迫切,因此,不得已暂时答应担任堪布一职”。罗桑确坚生活的这个时期,正是藏巴第悉心怀宗教偏见,支持噶玛噶举派,排挤和迫害格鲁派及其上师、寺院和施主的时期。为了保护格鲁派教法,消除藏巴第悉在寻找四世达赖喇嘛转世灵童方面造成的障碍,罗桑确坚克服种种困难,做了很多卓有成效的工作。比如,四世达赖喇嘛云丹嘉措圆寂之后不久,其大管家索朗绕丹请来支持格鲁派的蒙古军和吉雪地方官第巴措结多吉所率领的军队与藏巴第悉的军队在江塘岗和药王山一带开战,藏巴第悉的军队战败。残余兵马遭到围困之时,罗桑确坚突然结束闭关,前去调解,挽救了几万名士兵的性命。在双方协商时,藏巴汗接受了大管家索朗绕丹提出的所有条件,唯独没有接受寻认达赖喇嘛云丹嘉措的转世的要求。因此,寻访达赖喇嘛转世灵童的工作只好秘密进行。在前期秘密寻得候赞灵童的基础上,班禅罗桑确坚和甘丹寺赤巴贡觉群培在热振寺的文殊金刚和大昭寺的释迦牟尼佛像前进行食团问卜,并根据各方护法神的神谕,确认了四世达赖喇嘛的转世灵童。但是,因为当时藏巴汗的淫威所致,在数年内未能把转世灵童迎请到哲蚌寺。特别是 1617 年左右,由于噶玛噶举和格鲁派之间的矛盾冲突中,格鲁派一方暂时遭到巨大失败,色拉寺和哲蚌寺遭遇战乱摧残。在此情景下罗桑确坚不得已远走阿里避乱。后来,恰逢良机,藏巴汗突患重疾,请了许多藏医治疗,均不见效。有人认为罗桑确坚精通医术,建议请他前来医治。为了活命,藏巴汗不得不请罗桑确坚前来诊治。罗桑确坚欣然应命前来,经过他的精心治疗,藏巴汗的重疾居然很快痊愈了。藏巴汗为了表达对罗桑确坚的谢意,准备给扎什伦布寺的阿巴札仓捐献一处庄园,作为报酬。但是,罗桑确坚坚辞不受,而是请求藏巴汗允许云丹嘉措的灵童转世,藏巴汗只好应允。于是,藏历第十饶迥水狗年(1622 年),公开确认五世达赖喇嘛。罗桑确坚负责将五世达赖喇嘛从琼结迎请到哲蚌寺,并举行坐床典礼,班禅自己担任亲教师,向达赖喇嘛授沙弥戒,取名阿旺洛桑嘉措。藏历土虎年(1638 年),班禅罗桑确坚担任亲教师,甘丹寺赤巴贡觉群培担任轨范师,在拉萨大昭寺释迦牟尼佛像前,向五世达赖喇嘛授比丘戒。从藏历水马年(1642 年)开始,班禅罗桑确坚又担任夏鲁寺的堪布长达 20 年。

固始汗仿照俺答汗赠给索朗嘉措“达赖喇嘛”尊号的前例，给罗桑确坚赠送了“班禅博克多”的尊号。① 同时，固始汗把日喀则地区的数10个庄园，全部捐献给扎什伦布寺，以作僧众的供养。为格鲁派的长远利益和未来前途考虑，四世班禅审时度势，果断决策，于1636年，便开始筹划与尚在东北盛京的清政权取得联系，派西藏地方联合使团前往盛京。1640年，在四世班禅的倡导下，西藏地方派色钦曲杰前去女真人地方，看西藏地方各教派能否与新兴的清朝建立稳固关系。拉萨祈愿法会后色钦曲杰和都日雅勒动身上路时，让他们给博格达汗（蒙古人对洪台吉的尊称）的书信和礼品，此时格鲁派还在第悉藏巴的管辖之下，因此色钦曲杰还带有第悉藏巴以及萨迦、噶玛噶举、达隆噶举、主巴噶举等派首领的书信和礼品。这是西藏地方方面首次派遣使者与清朝中央政府联系。1648年，顺治皇帝派遣喇嘛席喇布格隆前往西藏，敦请五世达赖喇嘛进北京朝觐，同时敦请四世班禅对五世达赖喇嘛给予劝说。此时西藏地方许多僧俗官员并不同意五世达赖进京朝觐。五世达赖不能决断，遂写信征求四世班禅的意见，四世班禅极力劝说五世达赖进京朝觐。1652年2月，五世达赖喇嘛应顺治帝之请，启程前往北京。四世班禅离开扎什伦布寺，到达达木（今当雄），会晤五世达赖喇嘛并为其送行，与五世达赖同住了7天，相互就进京朝觐交换了意见。大皇帝曾多次从北京派专人给班禅罗桑确坚送来亲笔信函和各类物品，在班禅罗桑确坚圆寂时，大皇帝还派官员参加祭奠、赠送供品。

四世班禅罗桑确坚在宗教方面为弘法利生作出了重要贡献。在担任扎什伦布寺法台之后，对扎什伦布寺存在的一系列问题进

① “班”是“班智达”的简称，是梵语，意为智慧或智者；“禅”是藏语“钦布”的简称，“禅”是“钦”的变音，是大的意思；“博克多”是蒙古语，对睿智英武人物的尊称。

行了治理整顿。时值扎什伦布寺寺政废弛,锅破饭少,他向当地封建领主讲经说法募集资助,解决了僧人的生活困难问题。经苦心经营,陆续重新绘制了巨幅堆绣唐卡,创设了扎什伦布寺正月传召大法会,新建了大经堂。在佛学修习方面,创建了密宗学院,形成了完整的由显而密、先显后密的学经体系。就像五世达赖喇嘛所言:"杰出圣贤、经教之主堪钦确吉杰布——温萨巴班禅罗桑确吉坚赞贝桑布的生平事迹无法一一道尽。"在四世班禅时期对扎什伦布寺进行了大规模的维修、重建,并建造了相应的佛像佛塔等三所依。扎什伦布寺修建多年,很多殿堂急需修缮,罗桑确坚在维修各殿堂的同时,新建了4层高的东大殿,包括噶当颇章殿、益噶曲增殿和俄擦尔贵巴殿等。在很短时间内使扎什伦布寺成为殿堂众多、规模宏大的建筑群。据统计"班禅罗桑确坚修造了15座殿堂及其内供佛像佛塔等,粗略估计大概有大小佛像5000余尊,大小鎏金铜塔230多座,银质佛像80多尊,银质佛塔8座,檀香木质的佛塔和佛像10多个。以上是身所依和意所依。语所依有金字经《甘珠尔》5整套。另外,还修造了三世佛大缎质佛像3幅,东和好塔高15寻,塔内装藏有如来舍利、克什米尔班钦讲解过9次的圣无著的诸经卷。"①同时,为本来是单一的格鲁派宗教寺院的扎什伦布寺成为政教合一的统治机构,奠定了基础。除此之外,先后为温寺、岗坚群培寺、甘丹寺、哲蚌寺、色拉寺等寺付出巨大心血,维修和扩建佛堂、金顶、僧舍,新立佛像、佛塔、《大藏经》,向西藏各地寺院发放布施、供养僧伽等不计其数,如五世达赖喇嘛在其撰写的《四世班禅秘传》中所言一样:"杰出圣贤、经教之主堪钦确吉杰布——温萨巴班禅罗桑确吉坚赞贝桑布的生平事迹无法一一道

① 参见阿旺久美等著,克珠群佩译:《四世班禅简传》,刊登于《西藏文史资料选辑》第31辑,收录于《日喀则史料专辑》,北京:中国藏学出版社出版2014年版。

尽。”他认为在西藏很多地方“各自教派、各自喇嘛分的很清楚，偏袒于各自的教派和喇嘛。因为我自身对所有教派没有任何的偏见，大家对我也是非常尊重并献上了厚礼，精心服侍。我也对僧众以钱财的供养”，因此，格鲁派各寺院的僧众把班禅罗桑确坚视为第二个宗喀巴大师，各教派人士也因其秉持教派无分别之见而非常敬重他，在西藏各地都具有独一无二的声望和影响力。班禅罗桑确坚从31岁到93岁之间主要驻锡在扎什伦布寺护持佛法，藏历第十一饶迥水虎年（1662年）二月十三日圆寂，其灵塔供奉在扎什伦布寺。

四世班禅罗桑确坚是位才识精湛、德行谨严、心地善良的大德，是精通讲辩著及显密教法的大师。他的著作有《密集五次第疏》《上师供养法》《大手印本释》《自传》等5部著作。在班禅罗桑确坚时期，扎什伦布寺的规模也逐渐扩大，从根敦珠巴时期的26个米村增加到33个米村；僧众数量从几百名增加到2570多名。在至尊根敦珠巴时期，扎什伦布寺寺属庄园只有曲雄达杰。在四世班禅时期，固始汗、五世达赖喇嘛以及第悉藏巴等赏赐了甘丹绕杰和温滚地方、扎续庄园、岗巴宗、坚隆宗、安厥寺院庄园，还有日喀则周围的一些土地和庶民及兰喜庄园、当基巧、仔董培杰庄园、多岭地方、聪堆庄园、拉库地方、达杰庄园、脱杰庄园、绒措庄园、杰钦则庄园等。

总之，17世纪初期，作为当时格鲁派的实际领袖人物，四世班禅罗桑确坚凭借其宗教上的影响力及其老练成熟的政治智慧，韬光养晦，成功地完成了四世达赖的转世。保存格鲁派宗教传承的同时，在其运筹帷幄、英明决策之下，实现了五世达赖进京朝觐顺治帝，对维护祖国统一、增进民族团结作出了重大贡献，使格鲁派的宗教领导地位得以确立，为以后格鲁派取得西藏地方的政治领导权开辟了道路，也为后来西藏地方与清朝中央关系的增进奠定了历史基础。他的爱国之举也因此名垂千史。在这一动荡的年代里，他不惜年迈，忍辱负重，左右斡旋，平息政治斗争，挽救无数生灵，为维护卫藏社会局势稳定作出了重要贡献。作为同时兼任卫藏几大著名寺院的法台、著名王公贵族的根本上师、无数信徒顶礼膜拜的对象，虽有源源不断的财物供养，但始终想到的是各教派贫苦僧众的疾苦和生计，想到的是寺院维修和兴建身语意所依。正如其自传中反复提到的一样，“心中始终铭记着佛祖关于视世间繁华如火盆、如秋云的教导”，嘱咐信徒视“世间繁华如毒蛇，不可为此起贪心”；“世间繁华实为空，勿被贪瞋痴玷污”；“世间繁华视幻影，不违吉祥三戒律”，并身体力行予以示范，成为西藏地方史上高僧大德的典范。

此次汉译《四世班禅额尔德尼·罗桑确吉坚赞传》，是依据西藏藏文古籍出版社出版的藏文本，藏文本实际是四世班禅的自传。四世班禅作为一位宗教领袖人物，他在自传中偏重于其在宗教方面的活动和在宗教修持方面的感悟，记录了许多宗教感司的诗歌。而对于他的政治方面的活动，记述却十分简略，因此在翻译的过程中，需要参照其他藏汉文史籍的记载并用注释的形式加以说明。例如当时格鲁派所处的形势、四世班禅和五世达赖喇嘛跟固始汗的关系等重要内容，就需要参照五世达赖喇嘛的自传来加以说明。在这方面译者已经做了许多努力，但是由于时间和资料不足，这些注释仍然不够充分，这是需要请读者见谅的，同时也请读者对此提出宝贵意见和建议，以便今后加以改进。

译者

2018 年10 月

四世班禅额尔德尼·罗桑确吉坚赞传

班禅额尔德尼·罗桑确吉坚赞　著①

第一章　礼赞

顶礼上师！
智慧与慈悲光芒，
照亮众生愚昧黑暗，
超越所有的光照，
佛法永驻我心间。

众佛智慧集一身，
身披僧服随需变，
力行佛陀诸教诲，
顶礼大恩诸上师。

弊病多如槐身刺，
假扮善行数不尽，
自我吹嘘雷声大，
如此传记我不信。

给予善者以畏惧，

① 本传记中第一至十一部分是四世班禅的自传，第十二和十三部分由释迦比丘罗桑益西补充而成。后面还附录了五世达赖喇嘛阿旺洛桑嘉措著、由仲麦巴赤列嘉措抄写的四世班禅秘传。

沉醉三毒之享乐，
表里不一善演绎，
如此之人我不信。

遵从佛陀诸教诲，
获得善果之根基，
自我宣扬知一切，
如此之人我不满。

愚昧之影遮善心，
无耻言行如疯子，
但言密法瑜伽行，
欺人传记我反感。

嫉恨之毒在心间，
言语和气举止雅，
袈裟之中裹针刺，
虚伪传记我不悦。

吾等尚处轮回间，
要写一部美传记，
使得众贤心意满，
是为无法完成事。

尤其佛祖教诲道：
勿隐自身之缺点，
不必张扬己所长，
故此吾亦遵教导。

信徒之愿难推辞，
如实记述吾所行，
未来之事实难测，
眼前之事以叙之。

第二章　出生

关于我的出生之地在《扎巴西绕仁青传》(བྲག་པ་ཤེས་རབ་རིན་ཆེན་པའི་རྣམ་ཐར།)中说：朝北之地叫做“莲”(ལྗན།)①，朝南之地叫作“朗卓桑瓦”(ལང་འགྲོ་བཟང་བ།)，就是说，我出生之地位于后藏②峡谷地带属于“莲”的一个叫“珠嘉”(ཏྲུག་བརྒྱ།)的地方。我属于“亚德班钦”③世系后裔，然而到底是什么世系之传人，不太确切。后来看了“亚德班禅”的传记，才清楚地知道吾辈属于“巴”氏(སྦའི་རིགས།)家族。在法王赤松德赞时期，由堪钦菩提心寂护、莲花生大师作为剃度堪布和轨范师，在雪域信徒中尝试剃度 7 人为僧④，其中就有巴·益西旺布等。我就是他们的后裔。如果说是罗桑顿珠⑤的转世，我想他是几辈之前就已转世过众多圣贤和觉卧者，此世也显现为大觉卧者，可谓是教理精通、智慧如大海。而本人不具有其智慧体毛中的一根毫毛，也无任何前世记忆。然而过去祖孙三大法王被认为是三怙主的转世，事实也如此。但是，为了信众特别敬仰阿底峡和仲顿巴师徒，

① 现属日喀则市桑珠孜区联乡。

② “前藏”“后藏”是历史上的用法，西藏自治区成立后不再使用。历史上“前藏”大致指的是拉萨、山南一带，“后藏”大致指的是日喀则周围。在不同历史时期、不同语境中，“前藏”“后藏”所指地域有所不同。——编者

③ 亚德班钦 1299 年生于被称为亚德吉玛(现在的仁布县亚德乡)的村庄，在诸多上师跟前学习大小五明，成为显密两个方面都精通的大贤者，培养了诸多知名弟子，于 1378 年逝世。

④ 8 世纪赤松德赞时，为观察藏人能否出家守戒，命寂护试度西藏贵族青年出家，一共有 7 人，即：巴赛囊(巴·益西旺布)、巴赤协、毗卢遮那、甲哇却洋、昆鲁伊旺布、玛仁青却、藏列珠。

⑤ 指第三世班禅喇嘛。

当时的剃度堪布及轨范师们把阿底峡大师和诸法王均说成是观世音菩萨的转世。这可能是为了利益佛教、利益众生考虑的吧。

大圣人即将圆寂之时，吉尊[①]桑杰益西心生无限痛苦，并且迫切希望他能够早日转世。见到此景，罗桑顿珠说：热绛巴[②]不用担心，我会尽快回到“白瓦”（སྦེལ་བ།）来。于是他无言以对。起初无疑地认为是叫“拉贵白玉”（ལྷ་ཁུད་སྦེལ་བ།）的地方，后来又认为是指“珠嘉巴”之楼台（ཟྲུག་བརྒྱ་པའི་སྦེའུ་），并在梦中屡见吉兆。然而还是未作最后决断，再次请教朗米巴确吉坚赞（རྗེ་སྣང་མེག་པ་ཆོས་ཀྱི་རྒྱལ་མཚན་）尊者。他说：“珠嘉巴”之子需要多算一世[③]，不需要有任何疑问（ཟྲུག་བརྒྱའི་དེ་སྐྱེ་བ་གཅིག་འཕར་དགོས་བྱུང་བ་མ་གཏོགས་ཐེ་ཚོམ་དགོས་པ་མི་སྟོག།）。我俩名字也一样，给他授名“确吉坚赞”。“罗桑”是我自己所加——桑杰益西尊者如此说。

罗桑顿珠于火虎年（1566年）圆寂不久，火兔年（1567年）藏历四月十五日早晨，在前面所言的世系和地方，一个皮肤洁白如月、五官端正的漂亮小孩出生了。父亲是后来所称的“次仁班久大夫”，实为精通医学、常年讽诵《般若八千颂》之善行者先人贡嘎维色大夫，母亲是正直、善良的措杰，如同池塘中茁壮生长着的莲花一样，这个小孩谁见谁爱。

一年多之后，父亲次仁班久整天沉迷于酗酒，心被魔鬼控制，杀害了“东拉囊巴”（དུང་ལྷ་ནང་པའི་དཔོན་པོ་ཆེན་པ་）之正官，杀人后立即给孩子看病，用沾血的手将孩子抱在怀里，孩子如同被母牛践踏的莲花嫩苗，立即死去。当时，母亲处于无限悲痛之中。有一次，她梦见一印度僧人，说：行不洁之恶业只会结出恶果，再悲伤也无济于事。但是

① 尊者，至尊，对出家人和菩萨最尊贵的称呼。

② 博士，广通经义者，通晓经典的人。

③ 多算一世是指当时人们认为，四世班禅与三年前其父母所生遭遇夭折的男孩为同一人。

很快就会有借宿者转生，若果如此，应之谨慎行事。没过多久又怀孕了，铁马年（1570 年）一个个子矮小、肤色发青、长满体毛的非常难看的婴儿[1]出生了。父母觉得这与梦中所见大相径庭，我们的益增姐姐（ཨ་ལྕེ་ཡིད་འཛིན།）还说：“这个小孩的出生比前一个小孩去世，更使家人感觉痛苦。然而，我们利用所有有利条件全力抚养他。”按照预言者指点，给他取名为“确杰班旦桑布”。

就在当时，别人在旁边讽诵《度母经》《般若波罗蜜多心经》时，我虽不能言语，但是心中留下了清晰的印记。身边的人每天讽诵《文殊赞》也给我留下了深刻的印象。到 3 岁时，我能够清楚地背诵《文殊赞》全文。5 岁时，每日背诵《文殊赞》5 遍。当时，温寺僧人在“珠嘉”夏令安居，我不喜欢待在外面，经常走入大殿参加集体诵经活动。由于我喜欢坐在“噶究巴”[2]白贡上方，因此对大威德、怙主、法王、女神、四臂怙主、宝帐护法等供奉仪轨渐渐熟悉。结束夏令安居后，众僧纷纷前去化缘。

克珠桑杰益西说：“在一个月的夏令安居期间，该小孩始终坐在大殿中参与集体诵经，也可以辅佐本尊酬补仪轨法事。”近侍官说：“其智慧似乎很不一般，听多了我所讽诵的经文，去年 3 岁时已经非常熟悉《文殊赞》，前段时间，一天还能讽诵多遍，现在可以进行测试。”于是我从讽诵《圣智功德赞》开始，把梵文前言到智慧之界等内容无一遗漏地背诵之后，大宝尊者非常高兴，说：所诵经文又准又熟悉，应当剃度为僧。说完，他将自己的僧帽取下后戴在我的头上，说：“当僧人很合适。”而后自个儿笑个不停。后来，这成了我自己出家受戒的非常好的因缘。

---

① 四世班禅的出生年是第十绕迥铁马年即 1570 年。

② 后藏扎什伦布寺中对已粗通格鲁派必修的五论本注者，称之为噶究，是扎什伦布寺的格西。

5岁时,我作《七善逝》仪轨并在吉日不停地讽诵。此后,反复讽诵《金刚经》后,感觉念得既顺溜、又能记在心中。此时,克珠桑杰益西在秋季常驻于"珠嘉",我趁机得到了长寿经、六臂怙主、马头明王、三怙主、度母及诸多护法神灌顶。吉彩瓦(སྐྱིད་ཚལ་བ།)成为岗坚吉岭(གངས་ཅན་པ་ཅེ་གླིང་།)活佛的经师。由于他学识渊博、作风严谨,得到了活佛双亲的认可和喜爱。活佛装扮非常简朴,被连连邀请到"珠嘉"去,并长期驻锡。在此期间与近侍官一同接受了《般若八千颂》等经藏、律藏、密藏等经教传承。在老近侍官跟前,同其哥哥旦珍桑布一道学习了各种教言、医明知识等。

我7岁时,长出两颗新牙,之前听说有些人长出这样的牙会短命,自己也认为会如此。因此,一直认为死亡随时会到来。认为今生的施舍会造就来世的福报,于是,将自己的食物分给他人,甚至布施给乞讨人员、狗、飞禽等。我粗略地知道:后世如何,要靠今生德行。因此,每当吉日,铭记十恶业①,勿说在出家之前从事过罪孽之事,连一条小昆虫都未曾伤害过。当时,对世俗家庭生活有被监禁之感。有人为了迎合童心,说我应当娶妻守家,我对此打心底里非常生气,并且不停地哭泣。见到出家僧人,尤其是见到来自温寺的比丘时,心里特别高兴,并乐于同他们在一起。由于对出家人印象好,玩耍时常常扮成僧人装束,尽说一些讲经、辩经、建寺等话题。同龄人对此都有目共睹。

第三章 受沙弥戒,被认定为转世活佛

众杂年(水马年)②我临近13岁时,在亲属的支持下,藏历四

① 指佛教所说的十项罪恶,即杀生、不与取、邪淫、妄语、离间、恶语、语谄、贪心、瞋恚、邪见。

② 日月万历十年(1582年)。

月十日，从家里出发，抵达温萨（即温寺）法宫。十三日，由至尊桑杰益西兼作剃度堪布与轨范师，授予沙弥戒，并赐名罗桑确吉坚赞。出家后，与堪布、轨范师、僧众一起举行了庆祝喜宴。晚茶时间，至尊桑杰益西为众僧系统讲授了《上师瑜伽部之精要》。结合当月三日法事活动，应门唐巴贡觉伦珠（སྨན་ཐང་པ་དཀོན་མཆོག་ལྷུན་གྲུབ།）法王之请求，我获赐吉祥集密坛城之四随许法。

春季，仁布切前往他处之时，嘱托我背诵宗喀巴大师文集中的四大赞颂经文等。背诵这些内容并没有让我花太大的气力，因此，乘机学习了噶当四神①、文殊诸种、大威德、六臂怙主等赞词并作礼供。由于我反复讽诵本尊、护法神陀罗尼咒文之故，常常梦见令人恐惧的天葬台景象以及各种怒神、野兽的形象，产生了各种幻觉。同时，也了解到部分人的善恶之特征。当我向温寺僧人谈论这些时，部分比丘尼认为我在胡言乱语。夏安居时，我认真聆听了《菩提道次第论》。当年夏季，首次举办供奉大威德仪轨。我在色粉坛城之前接受本尊四灌顶②，真正领悟到灌顶内容、目标、程序。领受了《噶当文集》、觉吴所著《圣迹介绍》、夏热瓦所著《道次论》《杰赛文集》等经教传承。

初冬时节，师徒们来到日乌格培寺（རི་བོ་དགེ་འཕེལ།）。在温寺期间，我学习了各教派大师的传记，由此对他们产生了无限敬仰，并激励自己一定要继承他们的遗志。但是，我由于只顾及日常诵经等原因，也受到过批评。当时，与噶究巴崔成结成善缘，他也非常欣赏我，邀我去其住所，赐予奶茶和上等僧服，嘱咐与其建立师徒关系。由于态度非常认真，特作上师相应法③。由此之因，其他比

① 指释迦牟尼、观音菩萨、不动金刚、度母。

② 指四种灌顶，即宝瓶灌顶、秘密灌顶、智慧灌顶、句义灌顶。

③ 指密教修行者对自己灌顶上师所修的上师相应法。

丘尼也请求与之建立师徒关系。温寺众僧一致请求(噶究巴崔成)能与所有僧人建立师徒关系。从我自身角度来讲,没有任何作为罗桑顿珠之转世的记忆,也未向任何人说过有这方面的记忆。就现在情况而言,我也没有什么独特的悟性、修行果以及知识面等。但是,自始至终做到了抛弃现世贪欲,守好戒律,闻思显密教义,迫切希望能够师从卫藏地区各派大师,尽享教言甘露,在幽静山谷修行。然而,如同释迦牟尼声闻弟子目犍连之手足被自然派(ཀུན་ཏུ་རྒྱུ། 认为众生苦乐非由因缘惟由自然而生)迫害时,前世命中注定之因,未能想起任何神变一样,我没有敢向上师表达自己可否免予认定转世活佛的想法。

糊涂之中于水羊年(1583 年)二月三日,在众比丘和静修僧集会时正式坐床。正当此时,晴朗的天空下起了五彩花雨,起初由格西班久等修行者所见,后由全体僧众所证实,这一切完全是托上师之福也。八日,接受白妙音天女加持;十日,师徒前往年(ཉང་།)地①之前,上师嘱咐我背诵《菩提道次第中论》的内容。我说:先行修念妙音本尊赞词,而后依嘱背诵。讽诵数日后,梦见良兆,虽然之前未曾学过诗学理论,但是,心里特别想为本尊妙音天女献诗,创作如下:

顶礼佛祖语自在!
美丽笑容如空中,
冉冉升起之弯月,
莲花顶幔闪宝光。

如同繁星在蓝天,
美丽手指如柳枝,

① 日喀则江孜一带。

清风之中徐摇曳，
恰似招呼有情人。

正当青春白莲花，
舞姿曼妙笑颜开，
充满甜蜜花丛中，
蜂群发出悦耳音。

如同鹦羽树林间，
百宝齐聚令人喜，
似是十万太阳光，
照射千里雪山顶。

白螺饰身美女，
光耀无可比拟，
如同弯月发髻，
又似盛开花团。

白伞佛母顶饰，
美丽无可比拟，
佛母轻举宝剑，
刺穿有情之心。

珊瑚之唇乐园中，
美如珍珠白齿齐，
动人之声成耳饰，
天界乐师不能比。

珠宝戒指绕其身，
纤细手指如莲花，
高挺双乳如山峰，
除此之外还有甚，
可使众人起色心，
既是离色之神仙，
见到此身也心动。

身着红色薄网裙，
婀娜身姿富多情，
十六青春正当时，
顶礼三世佛母身。

即刻意想佛母容，
顿时生起佛智慧，
明理光辉耀四方，
照亮有情黑愚障。

讲来句句悦耳，
辩来能够去误，
著则众人赞赏，
如此出众之能，
祈求佛母赐予。

以上是由僧人罗桑确吉坚赞14岁时撰写。

按照上师的吩咐，我学习中本《菩提道次第论》十几天后，诵读了《菩提道次第广论》，心里感觉很顺。当晚，我梦见如山一般大、闪闪发光的佛祖像，并且围绕佛祖像转了3圈。熟练记住《菩提道次第广论》所有内容，并通过了吉仁布切上师的考核。

16 岁时，撰写了一部诗歌体《喜瓦拉[①]传》，获得了众贤者赞许。为了严守戒律，阅读了一切智根敦珠[②]的论著，不仅理解了深刻的含义，还记住了绝大多数内容。当时，可能是未受到物欲污染的影响，加上年轻聪明，不管是自己阅读，还是听上师讲解，经过一两遍就能记住其义。

总之，从 14 岁至 18 岁，直到大学者桑杰益西逝世，我一直跟随他学习布敦大师[③]重要文集、《修心典籍》《寓言宝典释义》《蓝琉璃释义》等内容。另外，除了《菩提道次第广论》外，还学习了宗喀巴大师及其三大弟子、根顿珠巴、帕索法王[④]（པ་སོ་ཆོས་རྗེ།）等知名人士的文选等。秋末，接受了纳唐百根经（སྣར་ཐང་བརྒྱ་རྩ།）、二十一尊度母、噶当四神、吉祥五怙主、金刚串等仪轨传承。根据上师的教导，对于已经获得过灌顶的本尊神陀罗尼咒文加强亲近修习。火狗年冬季，我和乃宁巴的后裔热译师（ཆོས་རྗེ་ར་ལོ།）一起接受胜乐本尊灌顶，获得怙主十三言诵传。

第四章　学习因明学

此时，阿旺扎巴法王辞世。桑杰益西师徒们突然来到襄普[⑤]地方。我们与格西班觉一起谈论到：小时候我们常说，今生学好知识

---

① 意译净天，印度一佛学家，龙树弟子。著有《入行论》和《集菩萨学论》。

② 根敦珠（1391 - 1474 年）宗喀巴弟子，1447 年修建扎什伦布寺，主持此寺 38 年，后被追认为第一世达赖喇嘛，著有《戒经疏》《因缘集》《释量论小疏》《正理庄严论》等。

③ 指布敦仁青珠（1290 - 1364 年），藏族著名佛学家。1290 年生于日喀则夏麦地方，为查普译师之三传弟子，后居夏鲁寺，所传教派名为布敦派，有《布敦教派源流》等诸多著作。

④ 法王是指教派首领或宗教经典论述上极有成就和声誉的权威人士。本传记中出现很多称之为法王的人，有些可能只是敬称而已。此处的帕索法王是指克珠杰的弟弟、第六任甘丹赤巴帕索确吉坚赞。

⑤ 指现今的南木林县城一带。

如同在为来世积累财富。龙树大师[1]曾言:即便到了耄耋之年也要学习知识。自己所学的知识,不会因为此世生命的结束而消亡。从自身角度来讲,也非常迫切地希望能够学好因明学。常坚巴上师(སློབ་དཔོན་ཀུན་ས་ཅན་པ།)得知我已经出家,说道:这非常好。但是,如果学习辩经,会容易随众僧大流。对此,我本人遵从上师之意,没有固执己见。现已获得各方面的加持、灌顶,对于显密教义也基本通晓。但是去年,药师洛桑法王(སྨན་བླ་ཆོས་ཀྱི་རྗེ་བློ་བཟང་པ།)说:我从前藏来晚了一些,否则准备派你去学习。于是,我向上师请求恩准,并答应一定严格要求自己。

吉仁布切(桑杰益西)到了温寺之后,立即前去请假。他非常高兴地说,你们师徒俩商量的问题我早已获悉,现在可以到扎什伦布寺学习。于是,于当年的十一月三日到达扎什伦布寺。当晚,梦见一位女扮男装的人说:这是你在以前捕获过的太阳。说完,她将一个曼陀罗形状的黄金材质的东西给我看。我说:如果是太阳,应当有很亮的光才对。他说:以后会越来越亮。温寺属于大众修学之地,依照吉仁布切之意,自身也想对 3 个僧院一视同仁。然而,这样做对于一名活佛来讲有诸多不便,并且会成为专心修行的干扰因素。龙树大师说:钻研学问的人何须摆架子,无奶母牛,谁会欣赏它。如果只是为了名声,那也无可厚非。《智树论》[2]中说:学好知识要下苦功,不下苦功怎能学好知识。如果真正想学习,就必须诚心地广博众才、艰辛努力,否则得不到贤者的认可。于是,我在闻思院潜心学习。当时,只有格西班久给我作伴,与普通僧人无异,自身也以普通僧人自居。但是,扎什伦布寺高僧大德对我格外尊敬和重视。特别是有幸拜谒了时任法台的班钦桑珠白桑。有一

① 约二世纪人,古印度大乘佛教中观学派创始人。

② 古印度佛学家龙树以教诫宰官及论述世风为主的世俗道德论著名。

僧人说:今天您与温萨巴见面了。他说,我俩见面了,但并没有相互行叩首礼。询问缘由时他说:他对一切智根敦珠叩首,我对杰瓦罗桑顿珠①叩首。因此,我俩没有相互行礼。此时,森康活佛与戒律监督师等也提出应当在大殿内专门为我设立较高的座位。但是,我知道这样做的利弊关系,于是婉言谢绝。班钦仁布切(班钦桑珠白桑)说,不一定要与普通小僧侣一样,应当肩负一定的负责人之职,我虽然不太愿意,但还是勉强答应了。前往闻思院上师班久加措处学习时,呈现奇异缘起,即:开始进入学习筹算不久,恰好听到芒域②王加央给寺院敬献功德金条的白海螺声,见为吉兆。

在参加第一轮、第二轮冬季辩经时,由于之前广泛闻思之故,尤其是跟随至尊桑杰益西并受其教导之恩,列入辩论的辩题都能够准确理解其义。由于本人来修习的时间不长,未敢有任何张扬的表现。上师嘱咐我:参加夏安居时选择一处静修地。临走时,扎什伦布寺众师徒认为不去为好。但是,遵从上师教导是获得一切成就的源泉,因此,我还是前往温寺参加夏安居,同众僧一起接受了《巴热瓦法王文集》(ཆོས་རྗེ་འབའ་ར་བའི་གསུང་འབུམ།),单独听受了八大教诫以及以前没有受过的随许法,秋天还听受了《米拉热巴道歌》等诵传,并即兴作诗如下:

对其皈依未有欺,
佛陀足指皎洁光,
照耀我心莲花间,
祈愿永不失魅力。

① 也称温萨巴罗桑顿珠,第三世班禅名。
② 阿里三围之一,吐蕃赞普后裔白德日巴滚所统治的地方。

众生所依释迦佛，
如今不能见真身，
就像高山之流水，
何有永恒不变时。

远古所谓长寿人，
如今已成旧传说，
五浊[①]时期人寿命，
如同闪电般短暂。

生老病死顽固敌，
能够战胜各贤哲，
如今先后离远去，
我等何故不即死。

生命如同大风中，
飘摇莲花瓣上水，
世间繁华如毒蛇，
不可为此起贪心。

自在天与转法轮，
尽享凡间之欢乐，
仍未逃脱地狱苦，
有谁还为此留恋。

① 佛教认为现实世界充满烦恼痛苦，称为“五浊恶世”。五浊为：寿浊，众生因作恶业，寿命极短；烦恼浊，众生具有贪、瞋、痴等烦恼；众生浊，众生不信善恶报应，不持禁戒，而受众苦；劫浊，整个世代灾难不断；见浊，众生持邪恶或错误的见解，佛教正法日益衰替。

迷恋世间五欲乐，
如同海中行孤舟，
刮起贪欲风暴后，
孤舟没入巨浪中。

高位有降得再失，
有聚必散生必死，
此为世间不变法，
无欺真理佛之言。

不闻佛陀善教言，
贪迷世间各色事，
何处寻觅积德时，
看破世间无常景，
为何我不看透它。

青春年华无常在，
如同夏季天空中，
五色彩虹和云团，
稍纵即逝不可信。

善用智慧之箭，
割断对今世享乐的贪欲，
在静谧之处，
享用心平气和的甘露。

在阳光沐浴之下，
绿茵坝上的草屋中，

以月形石板为垫，
尽享修行的自在生活。

月光皎洁，
星光闪闪，
夜色中的修行生活，
三世间何处找寻。

水鸟啼鸣，
孔雀起舞，
花园果木，
世外桃源，
何处找寻如此修行圣地。
隐秘修行之地，
如同天上美景，
离弃点滴恶行，
一心向往佛道。

汲取佛法甘露，
祛除心中烦恼，
鸟语花香净地，
坐享隐修欢乐。

以上是由修行者罗桑确吉坚赞根据内心向往随感而发。

来到扎什伦布寺参加了第一次冬季辩论会，在多个辩经场精进参与辩经，手掌掌心起了厚厚的茧子，指间出现层层裂口。违越年（土牛年，1589 年）的萨嘎达瓦节，药师洛桑法王作施主，在温寺作胜乐金刚灌顶。虽然在这之前我曾经接受过多个胜乐灌顶，但这次显现出如果接受灌顶就会非常好的预兆。因此，突然前往赶到时，上师非常高兴，结下了很好的顺缘后又返回扎什伦布寺。夏初，当地流行天花病，但是我并没有做什么防范。

夏季学经活动非常顺利，在轨范师的赞扬声中，我参与了辩论。由于参与辩经者很多，辩论时间又很长，累得全身不能动弹，但还是坚持了下来。直到被雨水浸透了身体，才回舍休息。第二天，参加早茶诵经时，仍然感到疲惫不堪。经过检查，才得知已经染上了天花病。格西在温寺吉仁布切跟前继续接受辩论，我在吉仁布切跟前待了3天，聆听了很多利益当前和长远的教导之后，于3日后抵达温寺。

5天之后，托三宝的恩赐，身体已经彻底好转，有些人还觉得不可思议。从天花病中彻底好转之后，立即开始了一个多月的闭关，同时念修①《白文殊》《大威德本尊》。其间做了许多奇异的梦，不再一一表述。当年春，熟记了《释量论》②的完整内容。

十一月十四日，一切智大贤者桑杰益西圆寂。为此，我专门前往温寺悼念，修建了有其法体舍利的上万个造型精美的佛塔"擦擦"。到扎什伦布寺参加夏季学经，起初因为经验不足而有些胆怯，但在实际辩经中能够轻松地驳倒对方而逐渐变得无所畏惧。

第五章　受比丘戒，来前藏继续闻修佛法并获得名声

以前想在甘丹寺③接受比丘戒，而后因为在扎什伦布寺长期居住的原因，突然显现出在扎什伦布寺受戒为好的预兆。铁兔年

---

① 亲近念诵修习本尊、承事本尊之修法。

② 释量——古印度佛学家法称所著因明学著作。

③ 格鲁派前藏三大寺之一，在西藏达孜县境内，1409年由宗喀巴大师所建。

(1591年)七月三日,太阳快落山时,在扎什伦布寺大法台班钦①当曲亚培、上师班觉嘉措、大贤者拉旺罗追尊者前接受比丘戒。当年秋末前往拉萨。在两佛祖像②前诵经祈福,随后去了甘丹寺。甘丹寺法台③在众格西④前,给我抛洒糌粑,在我没有任何思想准备的情况下,让我当众立宗辩经。在精通显密两宗的上百名格西及第巴吉雪巴等僧俗人群中,如不立宗辩经或处于沉默,实感羞愧。《本生传》⑤(སྐྱེས་རབས།)中说,胆怯之心无益于获得解脱,如果下定决心,就能万事如愿。想到此,我立宗参加以中观和因明为主的五部大论的辩论。由杰出的诸多格西长时间与我辩论,托三宝之福,我的观点未有自相矛盾之处。在辩论中,即使有些人故意使用刁难之词,但我都一一反驳到位,为此我的名声大振。

在此地,我跟随钦绕旺久上师和至尊南卡坚赞,请受时轮金刚等灌顶,接受《略续部详释》等诵传。请受胜乐内外钟、两种喜金刚灌顶以及大轮、马头明王、黑胜乐等瑜伽续灌顶,还有无量寿佛、不动佛等事部与行部灌顶、三赤⑥诵传及教言传承,还有白胜乐、各类佛母、夏玛纳女神、阎罗王父母、四臂女神、大黄财神随许以及《噶当六部》《噶当教派源流》《布顿佛教史》《喻法论聚宝》、宗喀巴亲自撰写的《大威德生圆二次第》《劝诫亲友书》《菩提道次广论》等经教传承。在上师持金刚根顿坚赞尊前,我请受了《根顿嘉措文

① 大学者,这里不是指班禅喇嘛。

② 指在大小昭寺供奉的释迦牟尼像。

③ 藏语称甘丹赤巴,继承甘丹寺中宗喀巴法座者。拉萨三大寺僧侣在传大召期间考得有名次的格西学位,转入上密院或下密院修学密乘,充当密院掌堂师、领经师、堪布、退位堪布、甘丹寺东院或北院法主以后,遇缺可以依次升任此职。

④ 汉文意译善知识,在僧众大会中辩论佛教经籍考取的学位。按拉萨三大寺制度,分拉让巴格西、措让巴格西、多让巴格西、岭赛格西等。

⑤ 指佛书所说过去生生世世的一切经历记载。

⑥ 分三小赤、三大赤。三小赤:金色虔诚作明佛母、财流佛母、底努玛天女;三大赤:作明佛母、彼那叶迦、欲帝明王。

集》等传承。在上师南加白桑尊前请受四臂怙主本尊灌顶。

在时任法台的当曲边巴法台（དམ་ཆོས་དཔལ་འབར་བ།）尊前，请受了一切断行教诫传承，也给很多信徒传授了一系列教法内容。当时，我也仔细朝拜了扎耶巴和蔡公堂胜迹。在扎耶巴驻留 7 天期间，为仲巴桑丹等修行比丘传授了《菩提道论》《修心法》等内容。返回的路上，我在蔡公堂四臂护法神前祈祷时，其脚稍有挪动，感到惊奇，再次顺利返回到温寺。

水龙年（1592 年）夏季，为众高僧讲授了中本《菩提道次第论》等，我引经据典，阐释深入，受到众高僧的充分肯定。果芒上师秀康热绛巴（གཞུ་ཁང་རབ་འབྱམས་པ།）说："我曾经师从甘丹赤巴等卫藏地区很多高僧，是一位很固执己见的人。但是，我对您特别敬仰。"秋季，我处于闭关修行状态，但不是特别满意。

燃灯节过后，罗桑巴从前藏返回，兴建完至尊桑杰益西上师的鎏金等身法像，以彩粉坛城举行隆重的开光仪式，并给予工匠们丰厚的酬劳。完工之际，需要搞一些世俗庆祝活动，但点到为止，没有组织更多的活动。我不与只为今世的享乐而忙碌的人接触，断除世间八法①，一心渴望虔诚修行。于是跟罗桑巴商量，与其师徒一起前往前藏（西藏中部），立即进行闭关修行。闭关期间，连经书都没有翻阅，用六七个月的时间一心积德行善，心生喜悦。心想，如果能够持续一两年就不难赶上菩提之路。然而，偶尔出现干扰征兆，一时之间常常梦见未来状况，心生不悦。也许只是幻觉而已，怎敢与无数先知先觉们相比。心想，自己对显密传承等所闻内容仅此而已，今后须严守以往誓言。处于静修之时的一天凌晨，梦见宗喀巴大师驾临空中，说道：为利益自身与他人，不能满足于现在所掌握的知识，已经达到

① 即得而喜、不得不喜、听妙音喜、听不妙音不喜、乐而喜、不乐不喜、称赞喜、贬低不喜。

三域[1]成就的菩萨，对于闻思也从未有过满足。

不久，鉴于内外原因，不得已暂停闭关。依梦所指，想闻修以往尚未获得过的灌顶传承，研习经典著作原文及其注疏。于是，先后诵习《现观庄严论》《空性论》《中论》《宝串》《六十明》《劝诫亲友书》《四百颂》《中观论》《集学论》《入菩萨行》《菩提道灯》以及几部修心论著《大集经》《胜乐本续》《时轮简续》《五姓怙主》等等。

导师仁布切扎西仁青很早就要求传授完整的胜乐传承，于是，考虑与其等仁布切驾临，不如年轻的自己更便于前往。于是，跟近侍达尔杰、大成就者坚仁巴（སྒྲུབ་ཆེན་རྒྱན་རིན་པ།）、噶究索朗仁青一道徒步前往普定（འཕུར་སྡིངས།）。为扎西仁青尊者、大殿堪布仁坚巴（རིན་རྒྱལ་པ།）等10余名上师授胜乐、《二十一度母》《般若八千颂》《噶当六部著作》《菩提道》等诸多诵传。在上师处，接受那若空行母、文殊法轮和《阿比达摩集论》《大乘宝要义论》《觉吾教派源流》《俱舍论》等传承。由克珠一切智[2]创作、罗追确炯续写的《中观六集》《慈氏五论》《大威德生起论》等诵传。不分昼夜互相传经，随后我来到温寺。

此时，我特别向往闭关修行，以先辈大成就者为榜样，毫不动摇避世修行。如果连现世衣食的贪欲都不能断除，恐将徒有遁世者虚名而已。于是，我对诸多经典进行熟悉，对于气功等有较多掌握。初冬时节，前往札加（བྲག་རྒྱ།）修习瑜伽气功，7日后，可践行噶举派断食坐禅。在此，心无旁骛，身心愉悦，吟诵了一些道歌，为劝几位好友弃恶扬善，将部分吟诵的道歌记录如下：

以虔诚之心顶礼救主三宝，依照显密教法，发出心声如下：

---

① 指佛教所说的世间天上、地上、地下，这里指获得第三地的菩萨。

② 全名克珠杰格列贝桑（1385－1438年）。宗喀巴大弟子之一，后被追认为一世班禅额尔德尼。

如今自由时机，
禁行无果之业，
一心钻于善业，
是为有意之事。

今生随意可度过，
来世又长又可怖，
为迎来世苦长途，
务须备好各所需。

一切美好欲望，
细想有何意义，
再也不能自欺，
无悔从善弃恶。

自从投胎时起，
向着死神走去，
未有停歇之时，
只是心被魔欺。

天空中的彩虹，
美丽只是瞬间，
具足活力青春，
也是无常之身。

如同夏季闪电，
恶世普遍短命，
未有老幼次序，

时刻须以警醒。

亲友如同飘云，
生命如同水泡，
金钱如同梦境，
放下常论之见①。

暇满②人身难获得，
容易失去需珍惜，
今生有幸获此身，
无为消磨是疯子。

世间繁华实为空，
勿被贪瞋痴玷污，
铭记佛陀诸教诲，
利益今生和来世。

虽有不明之理多，
关键在于靠内心，
内心清静最根本，
亦是佛法之要义。

口诵经文，心无杂念，跟随先贤之路。愿上述所言，利益三界有情，断除凡世根源，获得三身③境界。

临近30岁时，安居于温寺。与众僧一道研修《菩提道次论》

① 常见，佛教教义认为一切事物都是无常的，即一切法无常。对于持相反见解者称为持常见者。

② 八闲暇和十圆满。谓有闲暇时间，身心圆满无缺陷，此乃修学佛法最好的条件。

③ 亦称“三佛”，指三种佛身：法身、受用身、化身。

《修心》《噶当论著》《喻法论聚宝》等内容。作大威德和胜乐等生圆二次第、集密、胜乐、大威德及白伞度母灌顶。秋冬季节闭关修行。初夏及夏末，前往年堆（ཉང་སྟོད།）、下普（ཕབས།）、襄（ཤངས།）、尼木吞（ཐོབ།）等地，满足地方官员及信众的信仰要求。所谓贤者从事两件事：或为一切圆满，或为静修于林中。一为自身所需修行，二为抛开个人利益而为佛法及一切有情服务。

如若两者均不能，则认为生不如死。为此，向上师三宝诚心祈祷如下：

甘丹众神①之饰，
抵达十地②怙主，
如同无垢天空，
顶礼文殊足莲。

众多菩萨弟子中，
开示大乘佛法道，
感激之情吾祈祷，
请以慈悲将我领。

如今佛法之形象，
铭记心中也无益，
为此祈求速往生，
脱离轮回之苦处。

---

① 汉文译作兜率天，意译知足、喜足，谓于五欲境生喜足之心。此天依空而居，人间四百年为此天一昼夜。

② 大乘菩萨十地，即欢喜地、无垢地、发光地、焰慧地、极难胜地、现前地、远行地、不动地、善慧地、法云地，指大乘佛教修行成就的十个阶位。

一旦此生终结，
祈求以诚之心，
速见第二佛祖，
求得大乘佛法。

此生如无能力，
利益他人与己，
祈求慈悲之主，
将我引至此界。

您等上师法王，
预知我等未来，
从今至获解脱，
请求予以归依。

从那时起到现在，如果从那时到现在能够安居于温寺，这座修行之处在卫藏地区可称得上是上乘之地。

第六章　任岗坚群培林[1]与扎什伦布寺法台

悬垂年（土狗年，1598 年），第巴伦布孜巴（སྡེ་པ་ལྷུན་པོ་རྩེ་པ།）与众施主强烈要求我前往岗坚群培（གངས་ཅན་ཆོས་འཕེལ།）大法场就任堪布。虽无任何吉凶之先兆，但是，以往曾经阅读过三正士[2]（པཎ་གྲུབ་གསུམ།）传记的原因，有幸朝拜绰普寺弥勒大佛（ཁྲོ་ཕུའི་བྱམས་ཆེན།）。我曾经期盼和祈祷与此地僧众一道为传弥勒法服务，因此，于五供日[3]就任

① 1470 年由扎什伦布寺第二法台班钦桑布扎西修建，位于萨迦县玛加乡境内。
② 指佛教学者和得道者。
③ 藏历十月二十五日为格鲁派始祖宗喀巴圆寂之日，信徒夜燃灯供佛，称为燃灯节。

岗坚群培寺法台，为众僧详细讲说《菩提道次第广论》。当时岗坚寺格西众多，根据40余名博学者请求，我给他们授予菩提道传承，使得人人都能背诵和体验。由此善缘之因，当时的格西们如今还隐居于山中，不断弘扬讲法传承。为奈巴班钦卡扎巴（གནས་པ་པན་ཆེན་མཁར་བྲག་པ།）、夏江导师（ཤར་བྱང་སློབ་དཔོན།）等20余名格西传授《大金刚持道次论》，随后长时间内探讨显密要义，每日均如此。因为我等在扎什伦布寺学习时间过短，衮江巴（ཀུན་རྒྱལ་པ།）导师说，曾经以为您对教理不可能有细深的考究，结果是误解了。

此后开始了绰普寺祈愿法会。之前，每日只供两次大殿斋茶，僧人们很辛苦。因此，我动员信徒施主，每日提供3次斋茶，从此形成惯例后一直延续到今天。以往诸位堪布的居所，也只是牛毛小帐篷。第巴伦孜巴说：他来到祈愿法会时，（为诸位堪布）做好了两间寝室的准备。善知识们说：去年开始搭起的是简易的帐篷，（今年已有很大改观）对于雪域大众来说，仅此恩德已足矣。虽无前例，对千余名信徒讲授《弥勒预言经》《本生传》之后形成了惯例。为弘扬佛法，利益众生，祈祷有情与弥勒法结缘，并能够有机会为之服务。我就任岗坚寺堪布期间，夏季法会和秋季时，仍居于温寺讲修。深知岗坚寺堪布任期有限，想珍惜时间为寺院办一些有益的实事。于是，从乃宁运来柱子与大梁，修缮了3座损毁严重的经堂，从铁鸡年三月二十三日开始，由大画师门拉确吉洛桑和以法王贡觉伦珠叔侄为主的师徒13人完成了木料涂染和廊房壁画的绘制工作。当时有不少从事打磨颜料的小孩和妇女。估计是护法神灵验之故，我从廊房台子上摔下，足足有两层多高。但是，如同摔下一肘见方的地方一样，没有任何疼痛之感。四月五日圆满竣工后，七日前往绰普寺参加祈愿法会。用15钱金粉涂饰3尊佛像，并敬献丝绸哈达，以积功德。

从绰普寺返回后，前往“赛”（སེར།）①地方。在导师桑结嘉措尊前，请授文殊金刚、红黑大威德等灌顶，并聆听了深广的教言。我在赛地方时，梦见接到速回扎什伦布寺就任法台的指令，如同前世与布敦大师有过联系一样，我自小对其特别崇拜。因此，返回时认真朝拜了夏鲁寺上下佛堂。不久后前往年方向，在白廓德庆寺（白居寺）各僧院讲经，并对活佛、导师等众格西授胜乐罗艾巴（བདེ་མཆོག་ལོ་ཨི་པའི་དབང་།）传承的灌顶。

重回温寺参加夏季修行，修行地为两法王②关心之地，也是本人的根本寺院。因此，始终记在心中。除守护好桑杰益西成就者之前的内外供物外，新建了诸多身语意供品。重新置办了释迦牟尼、宗喀巴像堆绣唐卡、3 根幢、多套净水碗，用金银花点缀的汉式方勺，铜质大酥油灯一对，优质蒙古钹一双，长法号一对，食供台大小各一，修建中心佛殿以及上方金顶，制作下方顶幔华盖；由桑杰益西尊者时期传下来的钟、佛被 18 件增加到 37 件，部分香粉荷包、缎子幡、绸缎经幡小串、法鼓等等配置圆满。因考虑寺院长远利益，解决两个月闭关期间的供养，也为报答两位上师之恩，每次三日、十四日法会期间，给僧众提供茶食，其余时间确保月茶不间断。本地老人也需要到别地搬运木材，非常辛苦，心想，以后从扎什伦布寺属下庄园中划拨龙日（ལྷུམ་རེ།）作为此寺供养庄园。

时局之因，拉章③财力不足，活佛很是为难，计划将莲地方的萨拉岗（ས་ལ་སྒང་།）南北两地收入及购买温村（དགོན་གྲོང་།）作为拉章庄园。

当年之秋，扎什伦布寺总管特派噶究巴④桑结白桑、热绛巴⑤

---

① 位于日喀则市萨迦县境内。

② 指二、三世班禅。

③ 大活佛的住舍或私庙。

④ 扎什伦布寺中对已经粗略通晓格鲁派必修的五论者，相当于扎什伦布寺的格西。

⑤ 精通经义者，藏传佛教寺院里一格西学位名。

云丹、热绛巴列巴、噶究巴崔成等邀请我前去就任扎什伦布寺堪布。近侍罗桑巴说："您作为扎什伦布寺僧人，就任岗坚寺堪布，而拒绝担任扎什伦布寺堪布实为不妥"。因此，我最终答应就任两三年的堪布。当年的十二月三日，即律法的铁牛年（1601 年）初冬二月三日，我正式就任扎什伦布寺法台。各地方头人、各僧院连续数月敬献茶食。在晚茶时间，授《纳唐百根经》《二十一度母修持法》。

春季前往岗坚寺，为五六名比丘和 300 余名沙弥授戒。结合《囊孜定玛》（བསླབ་བྱ་གནམ་ཆེ་ལྡིང་མ།）序言进行了深刻的教育，随后对众僧逐步传授密宗、胜乐、大威德灌顶。在岗坚寺的财物基础上，新添了不少东西，为参加绰浦祈愿法会的僧众提供了丰厚的布施。当年，同到时机难得，为所有僧俗信徒指点善趣、解脱、一切智道。岗坚寺僧众普遍比较固执，对于本人的崇拜，胜过对根本寺始建者班钦桑布扎西。由此之因，心想堪布之职不太好卸任，但他们认为是未获得伦孜巴第本官的批准，因此，未有任何议论。后来我为护法神殿配发蒙古钹一对、上等蒙古铙一个、扎西哈达材质的饰有佛祖像的两面幡、净水壶一双、神变月十五日供施基金、两僧院茶供基金等。直到如今，还一直延续每年一次的茶食供养。在扎什伦布寺夏季修行期间，我为众僧授一切智根顿嘉措部分文集和明论大疏传承。当年秋，我受色康贡巴师徒之邀请，根据堪钦诺桑嘉措之命，就寺院及其所辖信徒如何利益众生事宜，以格律诗形式予以呈现。

被色康（གསེར་ཁང་གྲྭ་ཚང་།）各僧院邀请之后，每年秋季，我总会逐一前往白廓德庆寺属下喜奈巴、拉珠巴、拉康巴、诺布根典巴等僧院，为数千僧俗信徒传经布道，以祈阻断恶趣门、开启善趣及解脱之门。各僧院纷纷盛情款待，如同互相比试一般。

在扎什伦布寺冬季法会期间，圆满修习了文殊诸法。春季，根据各自意愿为温寺隐修者讲经。闭关结束之后，应索曲之主（སོས་ཆོས་ཀྱི་རྗེ།）占堆的邀请，前往襄（ཤངས།）[①]上部地区，朝拜萨普十三圣迹、桑夺白日山、圣湖等。此时，天上出现五色彩虹，湖中显现奇异景象，众人有目共睹。返回途中，朝拜克珠琼博（མཁས་གྲུབ་ཁྱུང་པོ།）大成就者修行地等，并作象征性修行。结下良缘后，此地更加显得灵异和瞩目。

我在祈愿大法会之后到达扎什伦布寺，看到寺院斋饭大锅破损成漏斗状，果断决定用 63 藏克生铁为其更换锅底，后因用时过久，先后 6 次进行了修补。另外，重新铸造了一口大茶锅，改变了以往需要两三个茶锅的麻烦，可同时解决 2500 余名僧众的熬茶所需，为厨师们提供了便利，再未出现供茶、冷热不均等情况。第一次铸造结束之际，艰难打造的 18 口铜茶壶也搬到了寺院，同上等斋茶一道献给了僧众。

夏季法会期间，我讲解了所有噶当文集。当年秋天，在吞巴庄园洛桑巴尊前圆满完成了以画技超群、功德无量的佛祖八大功绩为内容的堆绣唐卡及献给温寺的两佛祖堆绣唐卡。我为吞巴第本官新制的十六罗汉佛衣开光、撒花。

乘着扎什伦布寺冬季法会之机，晚茶时讲解本生传。五浊争锋时，在圆满之地严守清规戒律的众僧人聚集一堂，借神变节良机，祈福三宝，发菩提心，实属为佛法与众生利益的根本。为此，于致美年（水兔年，1603 年）五月三至十六日期间举行祈愿大法会。开始时认为给众僧供奉一次斋茶就足矣，随后逐渐增加供茶次数，最多时一日供过五六次斋茶。

---

① 指现在的日喀则市南木林县城周围。

第七章　建身语意所依,供养各教派僧伽

从那时起到火兔年(1627 年)的 25 年间,新建身语意所依、供品,侍奉僧伽,礼佛供神等非常圆满和发达。我认为这是值得记录的生平功绩之一。布多瓦①传记中说:在西藏有这样一位比丘,他一个人的功绩堪比上千位僧人所作的善举,甚至在印度也名声远扬。如同上述记载的一样,完成了为上千僧伽成就圆满而虔心修行的伟业。

正如佛祖所言,
各方所有世界,
用宝装饰之后,
奉献觉卧诸佛。

天人最终福喜,
向往菩提圣道,
一朝心生敬仰,
必成功德良缘。

以上是为自己和他人积功积德而作。

在此期间,先后完成了祈愿法会期间展示的圆觉八功德堆绣唐卡、以佛祖为主的 5 幅堆绣唐卡,以阿底峡、宗喀巴、根顿珠巴为主的 3 幅唐卡,以无量光佛为主的 3 幅唐卡,以弥勒尊者成佛史为内容的堆绣唐卡,以药师佛、狮吼佛、文殊佛、十一面观音、四臂怙主、卡萨巴尼、森丁纳卓、不动怙主等像为主的堆绣唐卡,绣制十六罗汉、嵌花及

① 全名布多瓦仁钦色(1031 – 1105 年),为仲顿巴的著名弟子之一。因他曾修建布多寺,故称布多瓦。

丝线唐卡两幅,在特殊布料上绘制授记佛唐卡23幅,还有以佛祖像装饰的柱面幡,绘有菩提道师承、以哈达和佛被装饰的幡条、嵌花幡条3个,一双三弓之长白日吉祥哈达装饰的特殊幡条、香囊和佛幢27个,包括7件珍珠僧衣为主的特别珍贵僧衣12件,银质曼陀罗,上等珍珠佛被一个,汉式银质净水壶一个,两卷上等布料,硫磺一个,包柱布卷一对,图案精美的顶幔华盖,可以覆盖大殿的顶幔华盖等圆满做齐。另外,为中心佛殿的佛祖像敬献上等祖衣,为弥勒大佛奉献了由37卷丝绸锦缎制作的佛衣,重新更换了五月祈愿法会时展出的、一切智根敦珠巴时期的、现已破损的顶幔华盖。初春时节,在护法神殿上面新建了两个柱子大小的鎏金像佛堂,秋季完工。鎏金像佛堂开工伊始,不得已前往尼木吞地方。此时预感有不测,为避邪,秘密前往拉萨。用18钱金粉,涂饰两尊佛祖像和其余佛堂内的佛像,祈福并请求赐予加持后呈现避障良兆。

我秘密拜金刚师根顿坚赞为师学经后,前往温寺参加胜乐金刚法会。夏季,在扎什伦布寺闭关修行。闭关解除后,应上师强巴坚赞之邀,前往甘丹颇章,为金刚持桑杰嘉措像装藏师徒三尊像。而后回到扎什伦布寺严密闭关,念修部分本尊。当时感觉身心愉悦,显现很多吉祥兆头,在此无法一一言尽。闭关结束后,前往达纳①,满足无数信徒所愿,朝拜桂译师②修行洞时,由于圣迹殊胜,天空下起了花雨,流出祝寿圣水。洞中有吉祥天母班旦拉姆壁画,为其献花时,呈现五色光耀和丰富表情。

当年秋,云丹嘉措活佛(译者注:四世达赖喇嘛,阿勒坦汗曾孙。三世达赖圆寂时,西藏红教与黄教之间的斗争尚未结束。黄教为了得到蒙古的支持,护法和上师预言三世达赖转世将在蒙古地方出现。按照他们的预言,遣三世达赖的侍从(索本)来土

① 日喀则谢通门县辖乡。

② 全名桂译师旬努白,14世纪藏族著名大师,1358年著《青史》。

默特寻访，认定阿勒坦之孙松布尔彻辰楚库古尔台吉之子为转世灵童。）（1589－1616年）从北部驾临。诸多内外因之故，扎什伦布寺所有师徒前往拜谒，途中现奇异良兆。当时，本人准备的礼品非常丰厚。为哲蚌寺僧众献茶布施，上师们返回时，嘱咐我暂时留下，为一切智活佛讲经传法。依此，冬季居于哲蚌寺，开示如吉祥草之多的主要经教传承，剩余时间为哲蚌寺众高僧传四大部根本经（བཀའ་ཆེན་བཞིའི་རྩ་བའི་ལུང་།）、为导师们作红黑护法神等灌顶。拜谒一切智活佛之初，内外因缘圆满生成，本人对其也深信不疑，心生崇敬，传法顺易，先后为其作灌顶，传经释法，毫无保留。活佛也如同几世之前就与本人熟悉一般，在众经师之中把我认作根本上师，倍受尊敬。

拉萨祈愿法会结束之后，我请假前往热振寺①，受到他们的特殊礼供。第二天，太阳刚刚升起，与大学者桑坚巴等10余人到寺院外围转经。虽然天空晴朗，阳光灿烂，在岩石上自然形成的佛祖大像前，却显现了五色彩虹。不知是来自彩虹还是寺院上方，从东方天空中飞来恰似鹦鹉的蓝绿色东西，又像是一片大树叶，大家争相指着那东西议论纷纷时，突然降落到我的右方。我捧起来一看，是为上等绸缎一叠。虽然感到很惊奇，但均不知为何物。后来知道其因由，但没有告诉任何人。在该绸缎上绘制度母像，作为弥勒铜佛的装藏。在那期间，我虔心积德祈福，并为热振寺大众传授部分噶当文集内容。

我重新回到拉萨，在准备前往后藏时，接到作为侍从陪同大活佛到曲科杰②寺朝圣的吩咐。首站到达德庆庄园。闭关修行21天期间，为一切智授宗喀巴传承多部文集，为第本官玉杰瓦、阳寺晓

① 距离拉萨北面240公里的林周县唐古乡就是拉萨著名寺庙热振寺的所在地。它始建于1056年，距今已有900多年的历史，是藏传佛教噶当派的第一座寺庙，现为格鲁派寺庙。

② 在山南地区加查县境内，位于县驻地以北的崔久乡。寺庙所在地称“杰梅多塘”，又称“噶摩炯”，是西藏有名的秘密神地之一，风景秀丽。

仲活佛、贡如央本三施主作胜乐钟灌顶，并作念修。此后，精心安排旅途住宿及服侍事务，朝拜罗寺(ལོ་དགོན་པ།)等噶当寺院。作为温萨巴活佛教言之根本，在帮萨阳寺(སྤང་ས་ཡང་དགོན།)朝拜了江白加措喇嘛之灵塔。在增其寺(རྫིང་ཕྱི།)为弥勒佛像涂饰金汁，敬献耳饰，反复讽诵《正行经》并祈福。在沃卡庄园驻留半个月期间，朝拜了宗喀巴大师修行地加索拉丁、曲龙、强巴林等，圆了我小时候的心愿。宗喀巴大师在此地为我等众生作四善行，深入研习佛经疑难问题，探得究竟，获得大彻大悟。想到这些，我心生敬仰，既喜又悲。

后又到杰梅朵唐(རྒྱལ་མེ་ཏོག་ཐང་།)为一切智活佛授以前没有授完的内容，做班丹拉姆灌顶。为隐居者授天母传承，还为库管森格新迎请的金字《甘珠尔》经两部和佛祖像堆绣唐卡开光加持。无论做何法事，因为无需顾及领腔师，均由本人自由行事。包括前往丹萨替寺、嘎采寺朝拜。由于季节之因，湖面被封冻，加之下暴雪，有人提议不去为好，但还是下定决心去朝拜拉姆拉措圣湖①。朝拜途中冰雪覆盖，道路非常难行。我徒步前去并早于其他人到达。到达之际，看见封冻的湖面慢慢融化，这时，从尼木吞地方来的顿桑也先于他人赶到。他问我怎么样，我说，有望见到圣湖显现预兆，快一点过来。话音刚落，融化的湖面重新恢复冰冻状态。即便如此，还是做了酬补仪轨。

返回后，仔细朝拜了丹萨替寺、桑耶寺的各个佛殿，为在桑日

① 西藏最具传奇色彩的湖泊。“拉姆”意为仙女、女神，“拉”意为湖面，“拉姆拉错”藏语意为“吉祥天姆湖”“圣姆湖”，又名琼果杰神湖，湖面海拔5000多米。在加查县曲科杰丛山之中，海拔4000米以上。位于县城东北部，距县城约65公里。拉姆拉错在藏语中的意思是“天女之魂湖”，湖面积虽然不大，但在藏传佛教转世制度中，它有着特殊地位，因尔备受信徒们敬仰，每次寻访达赖喇嘛、班禅等大活佛的转世灵童前，都要到此观湖。每年藏历四至六月，许多善男信女前来这里朝圣观景。据说多人同观，所见各异，据说可以从湖水的倒影中看到自己的未来。明正德四年(1509年)达赖二世根敦嘉措在附近修建了曲科杰寺，为高原奇特风光增添景色。每当寻访达赖喇嘛、班禅额尔德尼等大活佛的转世灵童之前，都要到此观湖卜相，以受神示，而且每世达赖喇嘛都要到“神湖”朝拜一次。据说朝拜此湖的有缘之人还可从湖水幻示的影像中看出神喻的前生和来世。圣湖能呈现每一个去朝拜神湖的人的未来命运，只要虔诚地向湖中凝望，圣湖就能为朝圣者显示出未来的各种景象。

遇见的拉加里王[①]做了除障法事，也为前来聚集的人群念修六字真言，经过吉雪，于七月三日在扎什伦布寺的隆重欢迎之下顺利抵达，还为千余名僧众敬献了茶食。此时为初夏时期，天气持续炎热，本人抵达之夜，突降大雨。人们纷纷议论道：扎什伦布寺班禅为扎什伦布寺僧众带来了丝绸锦缎，为天下百姓带来了青稞的丰收。不仅是当年，前后多次遇到旱灾之时，我所到之处大都会下雨，如在冬季天气还会变暖。特别是年堆上部，中部南北、吉隆等地连续几年收成不好，土质越来越差，此时我应信徒们邀请前往各地、各村，进行祈福、加持，大家纷纷议论道：所到之处瘟疫难见，粮食丰产。

到达吉隆时，我受到了噶举巴师徒们的隆重欢迎。当问及在场的高僧一切智确吉白桑的出生地在何处时，他们说是一个叫谷毕（གུར་སྦྱི།）的地方。听到他们的介绍，此地突然显现一团光，在场的所有人均亲眼所见。从此以后，当地百姓时来运转，获得幸福。虽然大家如此谈论，但是鄙人不具有如此的法力，只是因我对三宝有永固不变的虔诚之心，由此积累的福分而已吧。

忿怒母年（木龙年，1604 年），夏令安居结束之后，立即开始闭关修行。之前的致醉年，在吞杰吉采寺（ཐོན་ཀྱལ་བྱེད་ཚལ།）为第本官、众信徒作时轮金刚灌顶之前的修念。次年初夏，接到为一切智活佛授佛祖时轮金刚灌顶的吩咐。补作时轮修念后，仔细阅读了密宗典籍及其释义。冬令法会之尾，为众僧授修习本尊传承。祈愿大法会结束后，哲蚌寺紧急派使者邀请我。到了拉萨之后，在甘丹颇章日光殿寝宫，用彩色沙粉绘制了时轮坛城，为一切智活佛作时

---

① 吐蕃王室后裔在山南地区建立的地方政权。12 世纪，吐蕃王朝崩溃后，其王室后裔以埃尊赞布为首的一支嫡系，从阿里返回曲松一带建立地方政权，故曲松一带史称“埃域”。埃尊赞布之子拉·扎列朗杰建造了拉加里寺，继而修建拉加里王宫，行使地方统治权。从此，这一吐蕃王室后裔便在“加里”名前冠以“拉”字，形成拉加里政权。

轮灌顶，讲授各种佛经内容。

应南部诸第本（སྡེ་དཔོན།）官邀请，前往卡朵、琼结、日沃德庆、坚叶、乃东、泽当、绒恰噶等地，为当地高僧大德及普通僧众教授各经教传承。所到之处，为成千上万人讲经说法，还朝拜了唐波切寺、坚叶寺、雍布拉康（ཡུམ་བུ་བླ་མཁར།）寺、昌珠寺、泽当寺、强巴林寺、桑耶寺等圣迹。供奉三宝、修福忏罪、虔诚祈福，可称得上是令人钦佩的有益之事。当时及其前后，由各位第本官隆重欢迎，献丰厚供养，凡此等等世俗热闹景象举不胜举。全当作前世广作布施，善待上师、父母、病人之缘故。

欲界之主、梵天、帝释天等虽然享有世间一切荣华，但是会重新堕入地狱深渊。为此，凡间的荣华富贵没有任何的意义。我自己对有违于佛祖教导的第本官与喇嘛之行为感到厌倦。这也是圣人们所同情的行为，诸贤者也不会感到愉悦。为此，这里不再做记录。

重新从拉萨前往扎什伦布寺，时为夏令安居之初，除为大殿僧众礼供外，还对岗坚群培、温寺以及后藏大小寺院奉献茶食供养。为夏安居僧人作白度母灌顶之后，用 21 天时间进行闭关修行，主要默念三宝之恩，修福忏罪。深切体验到佛祖之恩，几度目睹尊容，心生悲凉，感慨如下：

一切世间有情，
无比宝串顶饰，
天中之天佛祖，
祈愿赐予吉祥。

金宝山顶之上，
容颜如同太阳，
照耀三界有情，

我等由心崇敬。

不求任何回报，
慈悲弱小有情，
为得菩提根本，
请求给予护佑。

无数大劫时长，
无法听闻其声，
若闻一次其名，
万惧即可消失，
请求上师护佑。

大慈大悲法力，
无法与之相比，
我等愚昧有情，
唯一依怙之主。

无尽世间烦恼，
孤身一人承受，
我等凡间福祸，
惟有能仁知晓。

无私利益有情，
思来敬重有加，
消除心中痛苦，
谁不为此感动。

未有敌亲之分别，
圣智太阳渐西落，
闻修之路艰难时，
余生再长有何用。

如同秋令之月亮，
请尔为我指明路，
善心绘就佛法轮，
美丽珠宝亮圣光。

顶礼蹼状圣足尖，
吾心促生菩提花，
现今佛法创始人，
无法指明在何地，
然则佛祖诸功绩，
能使你我结愿果，
源于无限功德力。

无数福报所造就，
如同金质象鼻般，
经美绝伦佛右手，
请求放在我头顶。

前世积罪势无挡，
坠入无情凡世间，
然则心念释迦主，
不曾间断佛法音。

无尽苦恼中孤人，
如同双亲同遗弃，
远离世间众有情，
佛祖救主今何在。

佛祖智慧与慈悲，
五障无碍愚之敌，
闻得真言一些许，
化解众生疾与苦。

释迦传承不间断，
为我指引众上师，
念及怙主之恩德，
烦恼之中获解脱。

净饭王子诸功绩，
间接闻得一部分，
心生如此崇敬喜，
如能亲见更如何。

佛祖功绩之一二，
闻得心生崇与敬，
所思所想鲜花串，
敬献怙主请笑纳。

由此所积善资粮，
但愿如花遇园丁，
来世降生佛祖前，

请尔将吾领正道。

当年秋八月，我前往姬隆（སྐྱིད་ལུང་）为上百名信徒授予禁食斋①、禁杀生等戒律，特别是对集结在卡曲的众僧作吉祥集密灌顶，讲说各自所需经文。从年堆出发，经过南杂果（སྣ་ཚ་ཁོག）到姬隆，途中各地聚集大量人群，不久就各自散去。其中不少人因为即将要离开喇嘛而流着眼泪默默祈祷。不少人看起来心情不错，笑声不断。看到他们将辛苦积攒下来的财物献给我时，心想：勿言无边无际的轮回，就短短一生之中也要经历无数生死离别。聚散人群、彩虹般的青春年华、时有时无的财富等等，何不成为指明诸法无常的导师。各种厌世之情油然而生：

三世佛陀本体，
具足三恩上师②，
请尔永驻头顶，
赐予神力妙果。

贴心朋友与亲友，
不定聚散又分离，
如同夏季天空中，
云朵一般无常在。

艰辛苦作所得，
世间荣华富贵，
如同南来之风，

① 佛教徒断绝饮食、修苦行的一种活动。

② 佛教显乘中指授戒、传经、讲经的上师，密乘中指灌顶、讲密法、传授秘诀的上师。

吹落莲叶水珠。

幼稚心生喜悦，
青春动人美体，
内藏不洁之物，
如同藏污瓷瓶。

如今寿命长短，
未有老少先后，
如同狂风之中，
所处弱小油灯。

三界幻化城市，
一切烦恼之源，
恰似怖畏铁窗，
苦难无从逃脱。

拥有世间荣华，
死后空手而归，
如同荒野之中，
遭遇群敌围攻。

愚昧恶行之力，
迷恋现世享乐，
向往不洁之身，
无别猪狗生平。

佛陀菩萨众圣，

请看吾等处境，
前世积罪之因，
尚处痛苦狱中。

孤身一人行走，
未曾想起救主，
惟有上师三宝，
圣上佛法可依。

无耻懒散行为，
无端消磨时光，
无心或是迷乱，
落入死神之手。

落入阎罗魔爪，
受尽可怖痛苦，
各现恶趣幻觉，
届时定生悔心。

从今认真思考，
身语意之诚心，
日夜追随善道，
直至获得解脱。

我对自身的一些行为深感悲痛，于是写下如下文字。

三恩上师持金刚，
请驻我心莲花间，

直至到达菩提界，
不离不弃将我引。

无始算起至如今，
坠入可怖轮回狱，
愚昧铁链锁自由，
烦恼屠夫刺肉身。

恶趣之界当住所，
冷热痛苦令人惧，
自身血肉当作食，
利器刺身身心疲。

偶得善趣之身，
不惜偏行恶业，
由此重坠恶趣，
落入烦恼苦海。

恶业之河，
如不截流，
定将淹进，
痛苦之海。

短命如闪电，
当世不珍惜，
坠入地狱中，
痛苦如何忍。

难得获人身，
无味中虚度，
如同弃宝岛，
空手回故里。

无论如何度此生，
菩提之道难求得，
苦乐选择摆在前，
请君三思再三思。

冬夏季节变化，
僧俗离逝情景，
虽成亲眼所见，
依然心无所动。

告别亲友与财富，
被迫听命阎罗王，
孤身一人离开时，
惟有圣教可依赖。

此时，从信徒手中收到很多诚心敬献的铜皮。冬季法会期间，在寺院中心佛殿楼顶用铜105藏克、黄金500钱兴建了底部5身长、3层高的屋脊宝瓶。同时，用旧铜掺入响铜加工出的18藏克原料，黄铜一藏克，一两黄金和20藏克生铁新铸造了弥勒佛像及其底座，用100两银子新铸造了佛祖像一尊，与此大小相同，由觉木宗巴出资新铸了狮吼佛像3尊。在铸造至尊像时，门唐巴坐在我们跟前，当铜水浇注模具时，发出剧烈的吱吱嗒嗒声响，如雷贯耳，铜水溢出模具口，洒满作坊周围。似乎是铸造环节出现了问题，在场的尼泊尔工匠脸色大变，用尼泊尔语议论不止。当他们处于无可奈何之时，我建议拆开模具查找原因。未等自然冷却下来就用凉水降温后，拆开模具一看，出乎意料地呈现出了一尊至尊像，在场的所有人对此惊叹不已，连连称赞。总之，当时出现了非常奇异的现象，所铸至尊像如同自然生成的铜像一般。为新铸的佛像开眼之时，也呈现出诸多的吉兆。因此，成为见闻觉知至尊像的所有众生之利益根本。以上所有工程完成之后，从温寺邀请了 20 位修行比丘，大寺院堪布与弟子一道，用彩粉绘制了大威德坛城，进行了历时 5 天的开光加持。最后一天，我为僧众奉献斋茶，为比丘们发放满意的薪酬，详细情况见于专门记载的寺院志书中。根据导师们的要求，我在彩粉坛城前为僧众作金刚大威德四灌顶。

夏令安居结束之后，用3 周时间闭关修行。心想，过去因为附加喇嘛（活佛）之名，由世间八法所左右。为不浪费施主节俭之下积累而供奉的财物，便依照信徒之愿尽量作建寺铸像以及做灌顶、授传承等利他之事。但是，脱离三界轮回之心实难生成。如若这样，即便广行善业，也难以脱离轮回。拥有再多的世间富足生活，也无法解脱生老病死衰之苦，一刻也不得安生。不为脱离五怖畏①而寻思、精进，实在觉得自己或是变得没心没肺的人或是变得神经错乱。

从此，自然悟出了：轮回中一切富足的本性，其实都是烦恼的道理。

具足一切善知识，
无敌佛祖释迦王，
与其无异上师尊，

① 不活畏、恶名畏、大众威德畏、死畏、恶道畏。

祈求护佑至菩提。

烦恼之水起波浪，
无可阻挡业之力，
周而复始坠六趣①，
请思出生之苦难。

外表难看身躯弓，
向往之果无力享，
记忆衰退近死神，
请看可怖老之苦。

五大②不调折磨身，
日夜难熬身心疲，
治而不愈奔死神，
疾病之苦谁不惧。

荣华富贵池中莲，
罪恶之象踏脚下，
痛苦火焰四处起，
请看寺庙破败景。

抛下亲友与财富，
孤身裸体两手空，
无依无靠奔他界，

---

① 六道众生。佛教所说众生根据生前善恶行为有六种轮回转生的趣向，即：天、非天、人、畜生、饿鬼、地狱。

② 地、水、火、风、空。

突然离世请思索。

不以强势所左右，
不以财色所迷惑，
随时而生五大怖，
如同劈雷君切记。

有情之顶到地狱，
皆受五怖所指使，
意想此事心中寒，
罗桑确坚如是说。

在如同冬季白昼般短暂的一生中，对有损于生命财产的人也会耿耿于怀，把他们当作主要的敌人。那么，在无尽的轮回之中，使人受到生老病死衰之痛苦的主因无外乎就是自身的三烦恼。它与任何一个外在的敌人无可比拟，是一切怖畏、痛苦、烦恼之根源。应当看透其刽子手的本质，认清其伪装，了解三烦恼是最主要的禁忌并予以根除。

战胜三毒恶势力，
顶礼圆觉大神仙，
祈愿众生拥慧眼，
知晓烦恼为祸根。

轮回之中成习惯，
不善之行如飓风，
掀起罪孽浪中浪，
难断烦恼之根源。

能仁圣贤必唾弃，
一旦依靠难摆脱，
勿用人为自行坠，
烦恼之源势无挡。

喜乐之貌迷惑吾心，
时日不久落入监室，
被迫遭受百千苦难，
最终根源是为烦恼。

一旦无意触碰它，
金刚山也变灰烬，
无情之火毁一切，
除了烦恼无他因。

无边无际令人惧，
不断轮生苦海间，
无依无靠无尽期，
处于烦恼魔爪下。

与其倚靠圣贤耻，
远离解脱之吉祥，
成为恶魔之帮凶，
圣贤视其为死敌。

邀约一切罪与恶，
引入无尽轮回间，
坠入恶趣之大门，

烦恼本性未看透。

反之为其信与依，
如此举动似旁生，
脱离三界之缰绳，
获得解脱之甘露，
步入苦乐之大海，
钻于战胜三毒法。

具足智慧之刃，
挥舞巨力长刀，
消除烦恼之敌，
赞颂圣贤之举。

从今至后世，
无论苦与衰，
祈求在我身，
不染嫉妒心。

心向内外财，
身处桃园间，
视作幻化影，
不生任何欲。

修心之途中，
消除黑暗障，
闻思修之灯，
点亮解脱道。

闭关解除后，从尼木吞地方特地派人来接我前往。经过年地，我在乃宁为以圣世自在妙音王（འཕགས་པ་འཇིག་རྟེན་དབང་ཕྱུག་དབྱངས་ཅན་ངག་གི་དབང་པོ།）师徒为主的堪布与上师作集密不动灌顶，逐一朝拜了以菩唐为代表的圣物，为佛法的弘扬祈祷。最后，应他们的愿望到达尼木吞。

火羊年（1607年）六月上旬，大寺院（扎什伦布寺）师徒等带着身着新装的百余名骑士去迎接一切智云丹嘉措，在曲霞地方，我们师徒二人即将碰面时，天鼓般巨大的鼓声从空中响起，并下起了吉祥花雨。在3000余名僧伽仪仗欢迎之下来到了大寺院。众僧祈请他在该寺驻锡一个多月，为我尽职尽责作礼供。一切智云丹嘉措连自己的爱骑在内的行头也都敬献了，讲说了各种经文教理。最后离开时，我一直陪送到岗坚群培寺。而后，重又回到扎什伦布寺并进行闭关修行。此时心想，虽然属于善业，但显得十分繁琐，均是没有任何意义的虚幻之事。看清虚伪之物的本性，心中逐步显现出一切法非实有之义①共相。

利益有情身伟岸，
六十妙音②众生喜，
智慧慈悲同具备，
顶礼金刚持之足。

实有之见所左右，
看待事物皆颠倒，
有意区分我与他，

① 一切法自性非实有。
② 如来之音声，有六十种殊异之相。

恶业驱使轮回间。

善用明理之剑，
切断我执①之见，
否则流浪世间，
受尽轮回之苦。

无明幻世界，
初始未见有，
我执邪见起，
渐成人本性。

佛法僧三宝，
唯一可皈处，
心明而不染，
何有轮回苦。

明亮智慧眼，
看透物本原，
万物皆为空，
如同天际般。

轮回皆众生，
须知空性理，

① 佛教中指对一切有形和无形事物的执着，指人类执着于自我的缺点，包括自大，自满，自卑，贪婪……放不下自己，心中梗着非常大、非常粗、非常重的“我”，执着自己的想法、做法、人格等，提不起自己和他人的义务与责任，自我意识太强而缺乏集体意识和奉献精神，或太关注自己而忽略别人等等。消除我执是佛教徒的一个修炼目标，认为没有我执就可以将潜在的智慧显现出来，成为有大智慧的人，即为“佛”。

如若识本质，
不惧任何敌。

不求善恶之果，
不分行止之业，
有意精进未果，
是为佛之本意？

看待超世物，
有因就有果，
实为无欺理，
如同显彩虹。

诸法原清净，
因果未有欺，
看透法本性，
惟有中观论。

探得正确道，
是为上师恩，
祈愿皆众生，
知晓此法理。

广阔无比智慧，
幻化多变世景，
如梦空性之父，
由吾衷心礼敬。

万物皆幻影，
难见其规律，
幻空双联法，
归为上师恩。

有无无尽处，
视作如虚空。
表象本体光鲜，
深究实为空性，
实空不能同论，
此法上师所传。

有无未有尽，
置于无尽态，
真谛①判因果，
俗谛②证真谛。
二谛性无异，
此法上师恩，
有无未有尽，
置于无尽态。

明理胜义③谛，
未有缘起名，

① （拼音：zhēn dì），汉语词语，原为佛教语，与俗谛合称为“二谛”；一般指真切的理论和精义，也指奥妙所在，亦泛指最真实的意义或道理。

② 佛教依照事物的现象而阐发的浅明而易为世人所理解的道理。又称“世谛”“世俗谛”，与“真谛”相对。

③ 指一切事物当体即空的第一义谛。

空性与缘起，
非为矛盾体。

有无未有尽，
置于无尽态，
有寂①一切法，
自性非实有。

真伪本一体，
此法上师传，
皆法自性空，
因果证空性。

空性与因果，
本质无区分，
此为上师恩，
不随常断见②。

就在那一阶段，我精进于了义经③的修习，取得了大典籍中所要求的禅定与传承两方面收获。心想，如果能坚持修习，就不难掌握空性之理了。

当年的燃灯节大法会，甘丹寺来了一大批北部的香客。冬季法会期间也为扎什伦布寺敬献了丰厚的供养。然而，由于黑法邪魔作

① “有”是指生死轮回；“寂”是指超出轮回，脱离生死，故涅槃为寂。

② 佛教用语，与断（灭）见一起都是不正确的思想，是一种认为生命或万物可以永恒存在的信仰。在佛陀降世之前，这是一种主流思想，认为宇宙有一种持久存在的本质，能导致万物永久的存在。因此，人类称这种思想为“常见”。

③ 《大宝积经》：“佛告舍利弗：若诸经中，宣说世俗，名不了义，宣说胜义，名为了义。若诸经中，宣说作业烦恼，名不了义；宣烦恼业尽，名为了义。若诸经中，宣说厌离生死，趣求涅槃，名不了义；宣说生死涅槃，无二无别，名为了义”。

崇，在各僧院之间发生了各种纠纷，经常突然之间就发生打斗情况。为了控制此类事件再次发生，消除根源，土猴年(1608 年)三月十五日，在寺院下方空地处，举行集密仪轨。大画师贡觉伦珠亲自设计，由本人邀请具备戒学、定学、慧学三学的僧众负责实施，建成了周长 15 庹的和好塔[①]。塔中装藏有迦湿弥罗班钦曾 9 次研读过的无著大师[②]经书、《圣般若八千颂》及其他古印度经书等特别殊胜之物，并且依据大威德坛城进行开光加持，为众僧奉献丰厚的布施。正当着手准备用于装藏的“擦擦”[③]时，一位佐给(ཙོ་གི)[④]拿出一个装有土石的袋子，说：这里有金刚座、灵鹫山、普陀山、吉祥米聚、邬仗那等等大多数圣地的土石，然后迅速离去，不见任何踪影。在场的人均不知是什么情况。无论是人还是非人，可算是非常好的因缘。佛塔落成后，在该地难见疾病与自然灾害，扎什伦布寺众僧从此和睦相处，讲修发达。如同以往时期一切智根顿加措小时候的梦境一样。寺院以西荒地上逐渐建起了房屋，显得吉祥圆满。

当年秋天，前往尼木吞，为由温萨母亲出资绘制的宗喀巴大师

---

① 大乘佛塔以赞颂释迦牟尼一生八大功德的如来八塔之一。八塔分别是：

一、藏语称白邦，纪念释迦牟尼初生时，步行 7 步，步步生莲花之意。建造在蓝毗尼园世尊降生处，为净饭王所修；

二、菩提塔，藏语称香趣，纪念释迦牟尼悟道成正觉。影胜王在世尊成道之金刚座旁建造，亦名降魔塔；

三、吉祥门塔，五比丘在世尊初转法轮之处——鹿野苑建造，也名转 法轮塔；

四、神变塔，勒扎波国王为纪念世尊于神变月时，在舍卫城降伏六师外道而建；

五、天降塔，释迦牟尼佛到三十三天报母恩而说法，后回到人间，降落之地名为散旦，人们为纪念这段因缘而在此地建的塔；

六、和好塔，世尊在曼迦达地方和合僧众后，当地人所建的塔；

七、尊胜塔，当年世尊接近涅盘时，众多眷属祈求世尊不要入灭，佛陀于是嘱修此塔，并亲自加持开光，以此代表法身；

八、涅盘塔，世尊在扎坚城示现涅盘处所修的佛塔。

② 北印度犍陀罗人，约生活于 4 世纪，古代印度佛教高僧。他和弟弟世亲是印度瑜伽行唯识学派(即印度唯识宗)创始人，在整个佛教历史中拥有非常重要的地位。

③ 一词据说是源于古印度中北部的方言，是藏语对梵语的音译，意思是“复制”，指一种模制的泥佛或泥塔。

④ 古印度一教派名。

生平唐卡开光,满足其心愿。此时,后藏摄政仁布切及香多日乌格培寺双方邀请我到一切智西绕白桑的道场。在其一再要求下,我答应前往,并于燃灯节大法会期间为众僧给予七善逝加持和显宗传承。

我重回扎什伦布寺。和平年(土鸡年,1609 年)冬季法会期间,一天晚上我梦见一位比丘身着红黄上衣、头戴五佛冠、手持包装精美佛经的人。此人将佛经递给我说:此佛经早已书写完毕,但至今未能开光。今天请求您启封并给予开光。打开后一看,是由金汁在蓝色藏纸上书写的、精美的《集密根本续》。见此经文,我立即开始诵经。于是,不知是从何处而来,一下子聚集了一大群人,集体讽诵了《集密赞》,震耳欲聋,场面十分壮观。第二天,四五名噶究格西手持《集密根本续详释》,请求授予一、二传承。虽然不一定要当真,但我想起了昨日之梦,为他们讲解了诵文注解等内容。众格西们在两个月内,掌握了金刚持道法,直到如今,依靠噶究格西建起的闻修传统得到继续发扬。以前所梦也证明是能够顺利建成本密宗院的吉兆。外面的佛塔也是无意之中按照吉祥集密之法而建,现在看来也是因缘所故。我自己也认为这是为佛法之业所作出的一项重要贡献。当年秋,我为德久僧院、东协等地信徒授予近住戒、禁食斋戒等。修建和好塔的同时,新建了 6 柱大小寝宫,并完成木料涂刷工作。

共通年(铁狗年,1610 年)春,由扎堆瓦曲吉释迦却珠新建的夏孜僧院、僧舍、壁画绘制等全部完工,我应邀作开光加持并举行火供仪式。夏初,我与二十五六名广通经教者一道在尼木吞,用近两个月的时间讲释了《菩提道灯论》全文,佛法之业得到进一步的弘传。

致违年(铁猪年,1611 年)传召大法会结束后,我在桑珠格旦寺的急切邀请下前往。途中,去确宗朝拜了修行洞及仁布切像。

如同亲眼见到杰赛仁布切并获得加持一般感到敬仰和喜悦，做了真诚的祈祷。到了桑珠格旦后，受到各方的隆重欢迎和特殊礼供。我个人也向集体熬茶，为僧众作大威德、集密灌顶，授诸护法神传承，为一两名僧人授比丘戒，为70余人授沙弥戒。为广大信徒作长寿灌顶时，都说天降花雨，十分吉祥。返回途中给予德瓦坚信徒丰富供养，我为他们作灌顶。朝拜了菩提德瓦坚和曲桑巴修行地，结下良缘。仔细朝拜了布东、甲贵雄、纳唐等圣迹，到了扎什伦布寺后，得知哲蚌寺派来使者催我前去。在堆龙东噶桥边受到骑手和僧人仪仗队的隆重迎接。我为一切智云丹嘉措、森康贡活佛索朗格列白桑、色拉寺和哲蚌寺高僧等在日光殿寝宫中作金刚串灌顶。而后，回到后藏。

当年内，根据需要秘密拜访了一位上师，请受了红阎罗、寿主等秘籍和胜乐、集密灌顶等宁玛派仪轨传承。闻修了由金刚手菩萨亲自传给洛扎大居士列吉多吉的所有教言经典。当年春，我从桑珠格旦到哲蚌寺走得很急，盼望尽早到达扎什伦布寺。

看到时空与人等瞬间变化，心想世间一切繁华瞬息万变，如同梦境、幻影、游戏一般。一切事物如同闪电、如同云朵。人之寿命如同泡沫、如同青草上的水珠。自己也是自投胎开始走向死神之口，每天都有可能遇到各种不测，谁也没有任何拒绝死亡的权力和把握。以往未遇，只能算作幸运，今后随时都有可能结束此生，想到这些，我认为：

三世诸佛示人身，
具足三利上师尊，
直至抵达菩提道，
祈请以慈予护佑。

无尽轮回之海，
烦恼之绳缚身，
生老病死巨浪，
使人心惊胆寒。

梵天王与遍入天，
虽获长生之吉祥，
难逃轮回火之炬，
善趣之乐怎信赖。

拥有无比权和势，
金银财宝转轮王，
不定坠入轮回间，
细想此生有何意。

前世之敌现世友，
现世之敌来世友，
轮回中的迷乱相，
如同疯癫演绎品。

难舍短暂离与别，
心中朋友与亲属，
随着时光渐逝去，
深感悲痛心不安。

不顾罪孽与风言，
执着积累之财富，
无权带走其点滴，

空手而归心难安。

余生虽短暂，
死神忙迎接，
彼岸过凶险，
请思如何逃。

后悔以往所积业，
罪孽之负如山重，
无依无靠奔彼岸，
内心深处羞与惧。

一旦落入死神掌，
凶猛之势无法挡，
三界财富无用处，
青春美貌无用处。

圣医亲临也无法，
离开挚友独自行，
中阴之道实难行，
怖畏之苦令人怜。

抛下此世诸享乐，
孤独灵魂四处游，
恶业污浊相结缘，
黑暗胎中痛苦熬，
忆想此事心自寒。

胎中不洁忘佛法，
再次轮回愚昧身，
不明是非如痴者，
忆想此事心难安。

恶业三毒威力大，
所染之物坠恶趣，
年青之时不曾思，
依然痴迷如何好。

轮回深井中，
悲喜不同层，
俯视诸众生，
如处旋火轮。

轮回间悲喜，
无始至如今，
自身已感受，
理应生厌烦。

怜悯之心看自己，
当成苦乐选择时，
自身道路自身找，
扪心自问如何好。

洁白心境中，
所思轮回景，
随意表述者，

罗桑确坚名。

听说梦境预言者和非人[①]也说出了同样的预兆。我应当为前后藏两地的挚友教徒有所作为，了解到他们的一致请求，心里想到如下内容，现以道歌形式表述之。

上师金刚持，
祈求驻我心，
舍弃八风恋，
并予根除之。

如若寿命长，
可多积功德，
善业中逝去，
坦然可面对。

依愿常作祝寿，
生死视如无别，
有财就要施舍，
致穷也无大碍。

未有吝啬之苦，
明理盛衰景象，
财富勇作施舍，
善业人人称赞。

① 非人是巴利语 amanussa，指人类以外的其他有情，通指天、龙、亚卡、阿苏罗、鬼等，有时也专指祸害人类的鬼怪。

所做善业利众生，
有人讥毁也无碍，
一样相待赞与讽，
名声威望随它去。

身心健康三宝恩，
确又容易成烦恼，
出离之心生怜悯，
无别相待苦与乐。

求得享乐随己意，
生死盛衰与苦乐，
赞颂诋毁各种声，
要靠上师加持果，
无论怎样请知喜。

一切顾虑随己意，
言寂天①与燃灯佛，
是为第二释迦佛，
所传教戒如甘露。

另外从诸法本性角度而言：

虽为一切智②，
静处离戏③状，

① 七、八世纪古印度一佛学家名，著有《入行论》与《集菩萨学论》等。
② 梵语 sarvajña，指了知内外一切法相之智，音译为萨婆若、萨云然。
③ 就是放下。它是大手印文化中最核心的东西。

二佛宗喀巴，
祈求予护佑。

无始至现在，
魔障持心间，
固守我执心，
受到表象欺。

尽受地狱苦，
如何数清楚，
今因上师恩，
知晓我执过，
从此清晰见，
离戏本真心。

智慧青年男子，
遇见光音天女，
法慧相连之智，
是为永恒朋友。

自始并无实有物，
凭借无我之信念，
要知因果业无欺，
一切法由因缘生，
如同梦幻一样虚，
摆脱诸法实有见。

明空性之理，

见诸法虚空，
执实有之见，
已逃之夭夭。

世间一切法，
徒有虚空名，
实为无自性，
生死有何惧。

获得空性智，
是为上师恩，
作为佛门弟，
吟唱佛法歌。

因前藏部分活佛恳请我写作长寿法事仪轨诵词，故写此寄去。夏令安居期间，各个经院的讲修佛法传统兴盛起来，之后的一个多月闭关，广积善业。秋末，根据施主和众僧的要求，我经过仁青孜，前往珍仓、吉隆，朝拜了萨尔江修行洞的佛祖像，为佛祖像涂饰金汁、敬献云供，为众生利益祈祷。即便有这尊佛像，此地仍然让人感到非常的悲凉。在此期间，心情悲痛，每天处在低落的情绪中。于是，在佛殿屋顶朝阳处撰稿如下：

已达三身①之境界，
但显普通比丘身，
佛陀智慧宗喀巴，

① 佛学术语，梵语 trikāyāh 的意译，又作三身佛、三佛身、三佛。身即聚集之义，聚集诸法而成身，故理法之聚集称为法身（梵 dharmakāya），智法之聚集称为报身（梵 sambhogakāya），功德法之聚集称为应身（梵 nirmānakāya）。

祈请驻我莲花心。

外着僧服形态美，
内藏烦恼三毒水，
如同披着虎皮狮，
祈请慈悲待吾身。

明知五毒之过，
却因习以为常，
无力可资抵挡，
只等地狱火烤。

人性本原善良，
心态常常不正，
妒嫉怨恨不断，
定坠弃法悬崖。

善于讲法劝人善，
自身恶习却未变，
如同鹦鹉诵经文，
学过佛法不懂法。

修行佛法心切，
常求世俗利益，
忙于一般法事，
不求佛法根本。

禅修出离之心，

却被常见所扰，
贪迷内外财富，
言行将成矛盾。

虽言入行大乘道，
却被自身欲望驱，
贪嗔之心胜他人，
六情父母恐被欺。

虽言万物无自性，
却少禅定深修习，
因此常生实有见，
记性恐成竹筛子。

此后，我又重新回到扎什伦布寺。冬季法会期间，为僧众讲解一切智根顿珠的传记。

纲维年（水鼠年，1612 年）初夏，在至尊大弥勒佛殿之顶新建了花费 200 余藏克铜、500 古雪黄金的大金顶。八月十三日，由广通经论者为其加持开光，为僧众奉献丰厚的供养。由于南部人年前来邀请，当月十九日我前往南部门隅[①]，首先为康布达龙的拉仁布切师徒作胜乐、大威德等灌顶，授予药师传承，作胜乐长寿仪轨。拉仁布切的一位好侍从被传死亡后转生为魔鬼。后来，跟随他的康布的所有逝者均作火化处理，以求与魔鬼隔断关系。我继续前往巴卓廷布、塔嘎等地。在南部门隅之地，各自教派、各自喇嘛分

① 门隅，位于中国西藏自治区藏南地区，山南地区南部，喜马拉雅山东南。门隅地区面积约 10000 平方公里，这里处于喜马拉雅山脉南麓，历史上被视为神秘的地方，藏语称“白隅吉莫郡”，意为“隐藏的乐园”。

得很清楚，偏袒于各自的教派和喇嘛。因为我自身对所有教派没有任何的偏见，大家对我也是非常尊重并献上了厚礼，精心服侍。我也给予僧众以钱财的供养，作吉祥集密、大威德灌顶。讲说多部佛经，授予以本尊与护法神传承。在上千名信徒中，授予业果为主的长寿灌顶和六字真言传承。劝人守戒从善，当场就有上百人受近住戒，授予善行、弥勒诵、忏悔经、度母赞等祷告佛经。有很多信徒发誓今后 21 天内忌杀生、行早晚礼拜，有的答应守戒一年。总之所到之处都有信徒受戒。那些依靠公王的成千上百人，互相残杀，各自活佛也不能控制事态，依然互相打斗杀戮。我以布施钱财在先，将佛珠放在他们头顶，要求他们立下不杀生的誓言。从此以后，该地方一直处于安定祥和之中。为佛法和众生作了一些有益的事情之后，我又回到了西藏中部地区。

前后藏两地因发生战乱，形势变化很大。人们似乎或向往烦恼，或向往烦恼根。根据当时的所见所闻撰稿如下：

起初明辨有寂，
中途取舍不误，
最后染净无别，
是为吾之怙主。

心住常见之魔，
忙于未来生计，
如同簸扬糠皮，
毫无意义可言。

不顾苦难恶言，
一生忙于积财，

未有享用之权，
死时空手而归。

烦恼恶习多，
行为惯放纵，
终究坠地狱，
冷热苦受尽。

亲友众人间，
自我高在上，
荒郊野外处，
沦为孤独身。

美丽青春身，
更有金玉装，
可怕墓地中，
裸身尸游荡。

贴心诸亲友，
欢喜团聚时，
恶魔阎罗王，
无情给拆散。

精心布置屋，
备好上等床，
污浊墓穴中，
终将裸身躺。

穿上柔美衣，
食用上等品，
不久离开世，
粗布包裹尸。

统治三千世界，
尽享荣华富贵，
可怖死亡之神，
随意将其带走。

贪恋世俗享乐，
厌烦吾之所言，
只因不明事理，
也归同情之物。

以上小歌谣由奔波四方的懒散之人罗桑确吉坚赞撰写。

返回途中，受到乃宁寺①隆重的仪仗欢迎。我回到扎什伦布寺后广散布施供养。此时，由一切智发来指令，要求我前往拉萨主持传召法会。从当年开始一直到信使年，我担任了法会的主持。

水牛年（1613 年）祈愿大法会结束，我以堪布身份为索朗格列白桑活佛和色拉寺、哲蚌寺、密宗院等的 40 余名善知识授予比丘戒，为哲蚌寺大殿僧众授予文殊经传承，为一切智（四世达赖）授予《四面护法多变经》等传承。途经尼木吞地时，为旦增旺杰第本官父母所建《甘珠尔》经开光。夏初，森康贡活佛来

① 位于中国西藏自治区日喀则地区康马县南尼乡境内，现属于格鲁派寺院，主要建筑包括围墙、佛堂、佛塔、欧子札仓、吉察札仓、曲康札仓、丁吉札仓、额古夏札仓、那布札仓等，均为夯土建筑。

到扎什伦布寺修习。我从世俗、宗教两方面为其精心服侍，献上善知识称号。

夏季安居期间，为扎什伦布寺诸位高僧新建了吉祥时轮密法释义闻修班。秋季闭关修行，思维变得非常清晰，心中浮现生圆次第道之果道情景，于是，写下如下金刚辞。

一切三世佛，
圣智集一身，
披着黄褐服，
顶礼玛迪巴。

一日思维明，
知晓闻法义，
传授教理义，
指明正确道。

忆想上师恩，
想唱如下辞：

慈悲怙主恩，
获得暇满身，
结缘佛之法，
饰以密三戒，
严守誓戒律，
是为上师恩。

明理显密宗，
知晓因果业，

修炼菩提心，
闻知真谛观，
修得二次道，
是为上师恩。

生死中阴间，
变换三种身，
依据众生需，
呈现不同形，
是为上师恩。

看透金刚身，
八瓣莲花中，
佛法美少女，
一心追求之。

闪耀圣智光，
水晶月光下，
所有法之善，
关入禅定笼，
顿悟空性理，
是为上师恩。

神器法轮心，
饰以密咒经，
常见之众敌，
即刻可除灭。

法轮莲花中，
圣智金刚性，
琉璃白乐器，
饰以五光图，
发出金刚音，
解开愚昧结，
是为上师恩。

方法智慧圣草，
处在莲花苗尖，
结出红白水珠，
若食可起贪嫉。

贪嫉结果生愚昧，
不知死因命已绝，
奇遇各种矛盾事，
忆想是为上师恩。

精明意念之神匠，
善用体质黄金料，
塑造圣智神佛像，
即可具足万化能。

整体吞下三界身，
最终喜见善逝众，
试图佛母据已有，
为此蒙羞空手逃，
深知此等上师恩。

空中现彩虹，
显出佛身相，
掌握空性理，
是为永恒友。

未有敌我之见，
一切无垢吉祥，
夺来据为己有，
是为上师之恩。

如此虽未实现，
但闻佛法之因，
获寻难得之道，
是为上师之恩。

吾虽不值完全信赖，
所言均为密院精髓，
二十四域瑜伽勇母，
乐于吟唱如此之歌。

以上为罗桑确吉坚赞因回忆起上师之恩所感言，由此获得的一切功德，但愿成为一切有情成就吉祥法智金刚身之善资粮。

当年冬天，我本想辞去扎什伦布寺法台之职，但是，全寺众僧行叩首礼祈请继续留任。因此，一直没能卸任。因藏巴央本（船主）为扎什伦布寺众僧减免渡江船费 10 年的期限已到，便给了寨岗船夫丰厚的谢礼，当场签订再延长 33 年不收取扎什伦布寺僧人渡江船费的议定书。

众喜年（铁虎年，1614 年），大法会期间，我为一切智云丹嘉措

(四世达赖喇嘛)授予比丘戒担任堪布。当年,来自北方的信徒很多,我为小拉尊活佛等百余人授予比丘戒,为哲蚌寺僧众作密乘修习本尊仪轨。

就在这一前后,我听到很多不同年龄段的弟子突然死亡,虽然我也难逃这样的生死规律,但还是因执着于常见,从未担忧过哪一天自己也会突然离世。浊时的人们虽然已经达到生命的上限,却还在作永久会活下去的打算。平时不注意修法,此生在各种无意义事务中虚度。谁都不敢轻言自己不会死,但谁都不会做死亡的准备。想到自己也是如此,感慨如下:

一切智王宗喀巴,
教言传承温萨巴[①],
三世佛祖圣智慧,
祈请永驻我心间。

五十寿长今日,
我已四十五岁,
懒散之中虚度,
余生所剩无几。

如同瀑布之水,
浊时寿命短暂,
谁也无法阻挡,
何需盘算此生。

身边多数挚友,

① 温萨寺喇嘛,这里指第三世班禅温萨巴罗桑顿珠。

已被死神吃尽，
即将待食之物，
已然轮到我们。

途经陌生中阴，
一人孤身行走，
路途所需之物，
是否已经备好。

此生诸荣华，
如同梦中景，
既耗宝贵时，
又成三毒根。

虽然挚友多，
实成恶趣因，
如同靓魔女，
隔断善趣道。

儿时之伙伴，
如同可口毒，
陷入轮回泥，
长久难脱身。

尽享可口食，
却成怨恨根，
无尽轮回中，
难得静心时。

此生诸所为，
结局均为苦，
如同所做梦，
糊涂中虚度。

三毒烙在心，
由此成恶习，
如若不除根，
还将受苦难。

万物皆无常，
浊时寿命短，
不能再虚度，
钻于有意事。

罗刹年（木兔年，1615年）秋，我为第巴吉雪法王等五六名善知识授予比丘戒。当年，从北部来了大批信徒，我为东科尔活佛加央嘉措为主的千余人授予比丘戒。在北部热振寺，我担任亲教师为拉尊活佛等近百名师徒分别授予出家戒、比丘戒，为热振众僧作十六精华灌顶，为修行者讲经、受戒。

炎火年（木兔年，1615年）夏，花费70藏克铜皮、400钱黄金，将扎什伦布寺和好塔用镏金镶包。夏季法会期间，在扎什伦布寺为第穆活佛拉旺确来朗杰、吉雪巴丹增洛桑加措以及扎什伦布师徒等300余名僧人讲说《金刚鬘》等佛经。由隆孜僧俗官员邀请之后，我前去为他们作密宗胜乐、大威德灌顶，讲经传法，以满足他们的心愿。返回途中，根据赛仁青孜官员的愿望，用百余两银子建立了精美的宗喀巴像一尊，其内装藏有宗喀巴大师牙骨以及一切智根顿珠的有蛀痕的牙骨。

金黄年（火龙年，1616年）元月上旬，为僧众献上丰厚的供养，并为宗喀巴大师像举行了隆重的开眼仪式。此时，藏巴汗邀请噶玛巴师徒到桑珠孜，并召回所有僧人准备仪仗欢迎。由于等候的时间长，他们所带的食物均已用尽。我便动员大寺院为他们提供了茶食供养。鼠年，噶玛巴师徒来到桑珠孜时，我也为各教派僧人提供满意的茶供。

当年十二月十一日，为扎什伦布密宗院奠基。十二日前往温寺。十三吉祥之日，从拉贵迎请了善知识桑结伊西的转世活佛，我为其剃度，授名洛桑丹增嘉措。随后，作密宗灌顶，授予护法神传承，祈祷佛法昌盛、利益众生。

当月，一切智云丹嘉措突然圆寂①，我不得已继续主持拉萨祈愿大法会。之后，为了消除拉尊丹炯加措疾病之障，我专门前往热振寺后闭关修行一个多月，向乌云玛仁布切像虔诚祈祷，由此威德产生了独特的信念。于是给阿底峡大师写下如下赞辞。

不可战胜佛法之饰，
一切有缘众神怙主，
吉祥无垢如天之足，
祈请驻我莲花心间。

极乐世界无量光佛，

① 四世达赖云丹嘉措，意为“功德海”，生于藏历第十绕迥之土牛年（1589年，明万历十七年），父名青格尔杰布彻辰曲吉，又名苏密尔台吉，系俺达汗之孙，母名拜罕努拉，是苏密尔台吉之次妻，出生在蒙古土默特部。这是历世达赖喇嘛中，唯一一位蒙古族人。1603年，云丹嘉措被迎请到西藏登上哲蚌寺甘丹颇章的宝座。然后到大昭寺，由甘丹赤巴桑结仁钦任堪布、甘丹赤巴根敦坚赞任轨范师，给他传授了沙弥戒。1614年，由班禅罗桑确吉坚赞任堪布、活佛索南格勒贝桑任轨范师，给他传授了比丘戒。明万历皇帝派遣索南洛追等使者邀请他，并封“恰达多吉桑结”（遍主金刚佛）之称号，但他未能成行，圆寂于哲蚌寺，享年28岁。

祈请救助我等众生，
通晓五明贤哲之主，
祈请慈护阿底峡师。

无尽过往时期，
为了救护众生，
佛化比丘之身，
慈祥阿底峡师。

战胜藏地妖魔，
吉祥莲花大师，
是尔圣智化身，
慈祥阿底峡师。

五浊争锋恶世，
北部愚昧黑地，
带来佛法之光，
燃灯佛般大师。

一切善逝圣物，
八万四千佛法，
源于圣人依怙，
无欺怙主大师。

顶礼皈处父尔足，
一心一意作祈祷，
一切殊胜妙成果，
即可赐予阿底峡。

现在起至妙菩提，
吾定顶礼尔足莲，
不会寻找另依怙，
祈求护佑阿底峡。

难觅易逝人身，
今后不能虚度，
一心修习佛法，
请求给予加持。

根除我执之见，
善待六种有情，
指点空性法理，
请求传授加持。

来世投胎何处，
福祸善恶如何，
唯有尊者知晓，
祈请引入善道。

一旦阻滞此生，
祈由过去佛身，
慈悲光耀之力，
引我极乐世界。

向仲敦巴大师（译者注：全名仲敦甲哇琼乃，藏语音译，意译“胜生”，是藏传佛教噶当派的创始人。仲敦巴于1005年出生于藏北念青唐拉沃扎吉莫地方，属羊协氏族。由于生母早逝，与继母不和，他很小的时候便独自一人逃到康区，靠替人干活谋生。他干活的主人多为大喇嘛，所以天长日久便对佛教产生了兴趣。他开始学习佛教知识，白天干活，晚上向喇嘛们请教佛理。由于他吃苦耐劳、勤奋好学，善根深厚，得到了康区一些大喇嘛的格外器重。当时藏西阿里地区请来了印度高僧阿底峡，在藏地已有3年，正要回国。康区喇嘛们得知后，一致向阿底峡推荐他。阿底峡见他根性不凡，求法恳切，遂取消了回国的打算，决定留在西藏，并徙居前藏。从此以后，他就一直跟随着阿底峡。1054年，阿底峡圆寂于聂塘，仲敦巴遂成了阿底峡徒众的首领。1055年他和众师兄们在聂塘为阿底峡举行了一场极为隆重的追悼法会，会后建聂塘寺以作纪念。不久，达木地方的头人们请他到热振地方传法，他率众于1056年抵达那里，第二年在那里建一寺，这就是西藏佛教史上著名的热振寺。从此以后仲敦巴便以热振寺为据点，授徒传法，创宗立教，建立了西藏佛教著名的噶当派。1064年圆寂于此寺。）（1005－1064年）献诗如下：

雪山怙主观世音，
燃灯佛之亲传弟，
名扬各方觉卧者，
是为仲敦杰瓦尊。

为了救护众有情，
身着僧服比丘行，
成就北部兴佛地，
雪域怙主仲敦佛。

四方世界善逝主，
慈悲圣智集一身，
噶当教派创始者，
仲敦杰瓦炯乃佛。

无常寿命如冬日，
不迷世间八种法，
一心修习圣佛法，
请求加持仲敦尊。

放弃此生诸享乐，
生命也可舍弃之，
消除我执之顽疾，
请予加持仲敦尊。

此后来到哲蚌寺，听说有人想邀请我担任色拉、哲蚌堪布一职的消息。我无需世俗之权，其对佛法昌盛未必有多大的好处，加之，我一心想在僻静之处修行，便极力推辞。但因他们祈求我担任堪布的愿望十分恳切，因此，不得已暂时答应担任堪布一职。这里，各个事务都有具体的负责人。因我事务不多一时处于闭关修行之中。闭关时心想，本就厌恶懒散却又开始了新的懒散生活；自身未解脱，还要解救他人；早就想卸任扎什伦布寺堪布一职，反过来又答应担任哲蚌、色拉两寺堪布。何不像幼儿举动，未来一切唯由佛祖知晓。

引向贤劫①群星中，
圆满神力白光体，
顶礼能仁之王②者，
直至获得妙菩提。

浊世恶风令人惧，
其他圆觉已生畏，
兼具慈悲与智慧，
唯有释迦之主也。

---

① 据佛经记载，我们这个世界在庄严劫、贤劫和星宿劫三大劫中，各有一千尊佛成，每当一尊佛入灭后，就要经历相当漫长的岁月，另一尊佛才会出现。因此，值遇佛陀在世是很难的，佛陀出世就像昙花一现，电光一闪，就又进入漫漫长夜。

② 指释迦牟尼佛。

难以教化诸生灵，
唯有佛祖能摆渡，
然而难见其真言，
思来想去两眼泪。

迷醉三毒之烦恼，
浪费暇满贵人身，
祈求净饭王之子，
以慈相助跟随者，
迷醉三毒之烦恼，
浪费暇满贵人身。

如同无耻疯癫人，
祈求我等予护佑，
生命无常如闪电，
然未觉卧执常见。

善恶不分恶趣因，
祈求以慈护佑吾，
得知烦恼是为敌，
然又不忘心中念。

清规戒律抛脑后，
请看吾身矛盾体，
贪迷财务懒散行，
难以摆脱八俗法。

他人面前装守戒，

请以慈悲护佑吾，
自身未得教化果，
还为他人讲佛法；
自身不知奔何处，
还为别人指引道，
祈求慈悲护佑吾。

以上是根据释迦牟尼佛本生传内容，并且联想到自己与他人的一些言行所作，由比丘罗桑确吉坚赞写于吉祥哲蚌大法场。在此阶段，严守各戒律，并发放了大量的布施。然而，目睹很多因贫穷而处境非常困难的人，由衷感到同情。加之，见到为了此生的享乐而不顾一切从恶造孽的言行举止，心中产生很多感想。

顶礼如父上师尊，
请您听尔如下话，
忙于小事有何用，
闻修佛法是根本。

世间财富如秋云，
亲友聚散如集市，
青春年华如彩虹，
暇满人身实难得。

死神随时会逼近，
彼世处境很凶险，
轮回之处如蛇窝，
名利财富如毒果。

梵天荣华如水草，
唯有三宝能救险，
最终皈处是上师，
需时赐利为佛法。

为了来世要施舍，
守好戒律通善趣，
获得美体靠忍让，
无需挂念现世景。

兜率天[①]域更幸福，
神仙甘露更可口，
神仙衣物更暖和，
神仙装饰更美观，
何必贪迷此种乐，
虔心修法才是真。

此时，我已经临近50岁，即将被老苦所折磨。因此，趁着现在身体健康、相对自由，何不到一处静谧之地，专门修习不惧生老病死之法。

众佛圣智集一身，
无与伦比宗喀巴，
请驻吾心莲花间，

① 梵名 Tuṣita，意译为妙足天、知足天、喜足天、喜乐天，为欲界六天的第四层天。而在佛教典籍中，此天的内院即是弥勒菩萨的弘法度生之处。释迦牟尼成佛以前，在兜率天，从天降生人间成佛。未来成佛的弥勒，也住在兜率天，将来也从兜率天下降成佛。生在兜率天，与一般的凡夫天不同。兜率天的弥勒菩萨住处，有清净庄严的福乐，又有菩萨说法，真是两全其美，成为佛弟子心目中仰望的地方。

祈求赐予如意果。

令人恐惧轮回间，
生老病死无止境，
祈请喇嘛以慈悲，
脱离烦恼轮回苦。

青春风貌如嫩苗，
已被岁月变模样，
如同夏季邦锦花，
到了秋季已枯萎。

青春美貌动人心，
一但变老不忍看，
皮肤松弛皱纹多，
笔直身躯弯成弓。

牙齿脱落语不清，
手脚并用难起身，
落座如同坠地上，
四肢无力难支撑。

头发变白眼凹陷，
两耳不灵记性差，
走路摇晃常摔倒，
生命已然到终点。

亲朋好友也无奈，

盼望早些离开世，
年老痛苦令人惧，
轮回之中难摆脱。

成长中的年轻人，
认为青春能永驻，
彩虹再美即刻散，
应在世外桃园间，
一心修习圣佛法。

回忆所闻佛法理，
不分昼夜入禅定，
不畏衰老与死亡，
从根铲除俗八法。

上有白云帷幔，
中有雾气外衣，
下有林木僧裙，
温和鸟兽做伴。

未有亲敌之分，
心无爱恋憎恨，
脱离物欲烦恼，
尽享知足甘露。

烦恼之业不间断，
生老病死未有尽，
为了脱离轮回苦，

立即前往静修处。

运用精深法与智，
根除生老与病死，
没有聚散分离苦，
祈求获得此妙果。

解除闭关以后，在夏季法会上认真讲解了宗喀巴大师的传记，教授《毗奈耶因缘经》传承。当年秋，两名以喀尔喀王室后裔为主的大批北部蒙古人来到这里，我担任堪布为近千人授予近圆戒，并进行宗教和世俗两方面的祝福。

由于多年来连续接到邀请，金黄年（火蛇年，1617 年）夏季从古格派人来迎接我。出发后来到扎什伦布寺，在那里停留了半个月的时间。之后的路途中，接受了僧伽和信徒的礼供。随各自所愿讲说了佛法。

四月二十三日，来到玛旁雍措[①]旁边。浴脸后从湖底捞出一把石子，大部分石子上呈现出各种神佛法相。第二天，从雪山旁经过时，雪山顶上出现了如同佛幢、宝伞、哈达般的五色彩虹并遍及我们经过的所有路程。直贡巴多增看到后感到很惊奇，产生敬仰之心后一直跟随我们。到了夏拉杂时过来拜见我们，说：我到此雪山之下已有 10 年，但从未见过今天的奇异景象。

五月十三日，由哓仲法王及僧俗头人派来大批骑手邀请我到象雄隆朗白顶（ལུང་ནང་སྤྲའི་ཕྱིང་།）。十五日，应哓仲头人的邀请，登上

① 藏语意为“永恒不败的碧玉湖”。在西藏阿里地区普兰县城东 35 公里、岗仁波齐峰之南。佛教经典说四大神湖中原有四大龙王，起初他们总是兴风作浪，危害人民。到了唐代藏王赤松德赞时期，莲花生大显神通，降服了四大龙王，使他们皈依佛法，逐渐成为藏传佛教的四大护法神。据说玛旁雍措是最圣洁的湖，是胜乐大尊赐予人间的甘露，圣水可以清洗人心灵中的烦恼和孽障。其周围自然风景非常美丽，自古以来佛教信徒、印度教和苯教徒都把它看作是圣地“世界中心”，是中国湖水透明度最大的淡水湖，藏地所称三大“神湖”之一。它也是亚洲四大河流的发源地。

托林寺的仁钦桑布[①]大译师之宝座，敬献鲜花曼扎，为众僧奉献供养，并传经布道。我在各僧院为众福田作集密、胜乐、大威德灌顶，传授《纳唐百根经》《文殊经》《噶当教派源流》等传承。受古格之王甥舅二人邀请，当地僧俗百姓给予无与伦比的崇敬与供养，不愧为忠诚的佛门弟子。随后到木嘎、芒囊、达巴扎西伦布、香孜等地，随愿讲法，授予戒律，引入善道。芒域[②]王派来使者，请我前去，但没能去成。于是，芒域的很多僧俗官员前来拜谒，我与他们结下了善缘。从古格、芒域、日土三地中，出现了晓仲法王、仲巴洛桑朗杰等百余名剃发为僧者，特别委托晓仲法王负责当地的佛法事务。

九月十三日我从古格出发，由施主一直陪送到雪山旁。转神山途中，我为信众作灌顶时，看到该雪山为琉璃色，并且呈现出各种形状便问旁边一位僧人，对此雪山印象如何？他说：又白又亮。问卡纳钦泽，他说：如同上等青石般离奇的蓝。

十一月十三日，我回到扎什伦布寺，广散布施。此时，拉萨与哲蚌寺后山上，有上千人被杀，色拉寺和哲蚌寺遭遇战乱摧残。佛祖在世时，斯加城与古萨城之间发生战争；印度和中国西藏地方两地的佛法均有过兴盛和衰败的不同时期，因此，业力因果无法改变。然而，如今能做的最有意义的事应当是消除分歧，停止

---

① 10世纪西藏著名翻译大师。古格王朝的建立者益希沃，从他的属民中挑选了21名青少年送到现在的克什米尔一带学习语言、佛法。其中19人因病去世，只有两名幸运地活着回到古格，仁钦桑布就是其中之一。史料记载，他于958年出生在今阿里地区境内，13岁出家为僧。经过连续多年出国，从师印度的75位大师，主要学习当地的语言文字和佛教密宗教法。学成归来后，在益希沃的大力支持下，协同印度等地学者一起翻译了众多的佛教经典。在翻译了大量经、论、律、密部的同时，翻译了医药方面《八支心要集》、《八支心要词义全释月光》等，还有文法、工艺方面的书，并进行了繁重的旧佛经译本的修订，在广传教义中门下出了许多善巧有成的弟子，为藏传佛教后宏期在西藏的兴盛，作出了突出的贡献。被当时的统治者尊称为金刚阿阇梨意即道行高、行为规范的高僧，并把普兰的协尔地区作为封地赐封给他，在藏族历史上第一次出现了由地方政府给僧人封赠土地的先例，以示对他卓著功勋的奖赏和德行高尚的尊敬。

② 阿里三围之一。

战乱。于是我为色拉寺、哲蚌寺先后 5 次敬献黄金供品，捐献克什米尔上等净水瓶一对，为哲蚌寺弥勒佛殿和灵塔殿捐献上等供水杯各 7 个。

义成年（土羊年，1619 年），扎什伦布寺春季法会结束后，我为千余僧人发放俸禄，提供斋茶，建立了为期一个月的法会传统，弘扬了各寺院讲修佛法事业。大家议论道：在别地修学一年还不及这里学习一个月收获大。从那时开始，直到现在都从未间断过讲经传法，这也是此生所做最为有意义的事情之一。

那时，我看到卓玛拉康（度母殿）变得非常破旧，没有任何供品，还把轨范师库房当作中心佛殿，度母佛像置于灰尘之中。因此，重建了轨范师库房和中心佛殿，用上等布料制作了顶幔华盖等各种供物。

春季转法结束之后，我因为帕巴久丹旺久（འཕགས་པ་འཇིག་རྟེན་དབང་ཕྱུག）圆寂而前往乃宁寺，为其亲属详细说明情况，将其小弟弟迎请到扎什伦布寺，削发为僧。不久，其二弟也紧随而来，我同样授予近圆戒。老大任命为乃宁寺法台，如同因祸得福一般，从此乃宁寺戒律严格，僧众规模大幅增加。

第八章　应第悉官臣请求主持停战和议，为五世达赖喇嘛剃度

当年秋末，大批蒙古兵抵达北部地区。应第悉官及大臣的强烈要求，我不得不前往调和。以往曾经背诵过《顿列玛》（འདུན་ལེགས་མ）经，但后来很长时间没有讽诵，因此未必能背得下来。然而到达拉萨的那天晚上，梦见自己能完整地背诵《顿列玛》经，心想调和之事可能会比较顺利。于是前往当雄，在那里双方之间只是互相

商议而已，没有取得任何实质结果。我暂居哲蚌寺，看到色拉寺、哲蚌寺遭到损坏，特别是一切智索南嘉措[1]（1543－1588 年）灵塔门饰被洗劫，于是，为利益长远考虑，想办法购置黄金、绿松石等各类珠宝，重新制作了非常庄严而精美的灵塔门饰，如今也依然完好如初。我为色拉寺、哲蚌寺各献一条绘有佛祖像的柱幡，为 3 个僧院多次敬献茶供。之后，暂时闭关修行。

七月之初，所有后藏兵聚集在江塘岗湿地（如今的拉鲁湿地——译者）。十一日中午，蒙古骑兵突然闯入藏兵驻扎的地方，杀死了上百人。听到这一消息后，我感到非常的不安，立即结束闭关，起身步行至当巴村（哲蚌寺下方村庄）。再次快速前行后，看到藏兵被围困在药王山（布达拉宫广场西侧小山——译者）山边，而蒙古骑兵准备分两批用火枪、弓箭去围攻。为避免看到野蛮的杀戮场景，我给拉尊活佛献上厚重的财礼并几经求情，之后，蒙古人停止了进攻。因挽救了近 10 万兵丁的生命，后藏与蒙古两方面将拉萨奉献给了我。为各方下达了判书，在释迦牟尼佛像之金顶光耀所及之处，各自发誓。除非是不知感恩者，所有藏人、甚至世界上所有正义之人都给予了认可和称赞。这也是我此生所办重要的事情之一。

巨鼓年（水狗年，1622 年），一切智云丹嘉措之转世灵童被迎请至哲蚌寺，我为其剃度，授名罗桑嘉措[2]。

萤惑年（木鸡年，1624 年），认定森康贡活佛之转世灵童，我为

---

① 《明史》称锁南坚措，西藏堆龙（今堆龙德庆）人，为第三世达赖喇嘛。

② 五世达赖喇嘛·阿旺罗桑嘉措（1617－1682 年），是我国藏传佛教高僧，于藏历第十绕迥之火蛇年（1617 年）7 月出生在山南附近的雅陇琼结钦瓦达则宫。在 1652 年，36 岁的五世达赖受清顺治皇帝的邀请，来北京弘法。到北京时，清帝与后妃太子并诸亲王请受灌顶，赐以金册金印，封为“西天大善自在佛掌领天下释教普提瓦赤拉拉旦达赖喇嘛”。于 1682 年 2 月 25 日在布达拉宫圆寂，享寿 66 岁。

其剃度，授名扎巴坚赞。作长寿、金刚威德灌顶，授予诸护法神、佛祖入门经传承。春季我到热振寺①闭关一个多月，在外新建了装藏有善逝佛舍利的菩提塔。呕血年（水猪年），直贡与帕竹之间发生了战乱，我又去前往调解。那时，佛祖殿堂大昭寺之金顶已经破损，木料腐蚀，有塌顶之险。然而，因为此殿神力不凡，各上师头人均不敢插手维修。我为佛法不惜性命，在彻底拆除之后，用几百藏克黄铜、几千钱黄金重新建造了金顶。在6个月时间内全部完成并开光加持。我认为这是为藏族人共同福祉而所做的有益事情之一，此事另有记录。

我应邀为法王班觉旺布主持兴建的桑珠格丹寺及其壁画开光。返回途中，布东人排着隆重的僧人仪仗欢迎。当年夏初，完成了在卫藏地区数一数二的扎什伦布寺热绛部密宗院的所有壁画及柽柳女儿墙。

忿怒母年（木牛年，1625年），从北部来了大批朝圣者，我为强巴活佛等上百人剃度，作金刚串等灌顶，授《四释》等经教诵传，满足了他们的心愿。当年及第二年，参加祈愿法会的僧人规模庞大，我为僧众献上前所未有的丰厚供养。前年，为5000名僧众敬献黄金供养，其他时间为僧众献麦粥供养。当年夏初，在扎什伦布寺护法神殿南面新建了3层高、3柱子规模的金佛堂，并完成了柽柳女儿墙和涂装工作，为两尊鎏金佛像制作了精美的顶幔华盖，为金佛堂请了上千个鎏金佛像。

终尽年（火虎年，1626年），来了以济农王为主的北部客人及持莲花的帕巴拉师徒众人。我为帕巴拉等来自南北地区和当地的百名信徒授予出家戒。按照帕巴拉的想法和梦中预示，特授名帕巴确吉坚赞，并作灌顶、授予显密教传承，满足其心愿。在祈愿

① 距离拉萨北面240公里的林周县唐古乡就是拉萨著名寺庙热振寺的所在地。它始建于1056年，距今已有900多年的历史。热振寺是藏传佛教噶当派的第一座寺庙，现为格鲁派寺庙。

法会上,我为大众讲解了佛祖本生传,大家都说受益匪浅。当时,甘丹寺托付很多知名人士邀请我前往担任强孜僧院法台。早在一切智云丹嘉措刚来之时,上师根顿坚赞仁布切也提出过同样的要求,但被我婉言谢绝了。前年邀请我前去担任法台也没去,一方面我早就处在至尊喇嘛(宗喀巴)宝座上,后来的法台及卸任法台均是我的弟子,另一方面也没有打算完成以往贤哲未曾完成的事业。但是,他们眼含泪水,请求我考虑在至尊喇嘛的银质灵塔即将被雨水损毁的危机局面来之前就任。此时,我的内心也感到非常的痛苦。心想,虽不能常驻于此,但是为了完成金顶的维修工程而暂时答应就任强孜法台也未必不可。所以,最后还是满足了他们的心愿。二月一日,我在僧众仪仗的隆重欢迎之下来到甘丹寺。中午时间为僧众作宗喀巴礼赞仪轨。曲果(水源)法台上,开始了《菩提道灯》讲说,所有人都非常敬重我并热情款待,我也为众僧献了斋茶、吉祥哈达、内地点心、银币等供养。

藏历四月十七日回到扎什伦布寺,维修了金佛堂、度母殿,在上面新建了供放佛塔的房子,并且用顶幡、镶花缎、莲花图顶幔华盖等作为装饰。佛堂中间,用1500两银子构成的、由尼泊尔公主请来的度母像以及装藏有善逝舍利的菩提塔以及老绿松石、珍珠等各种宝石和270古雪黄金装饰塔门,里面供奉有由100两银子制成的佛祖像。另外,还用400两银子铸造了佛祖等身像,80两银子铸造了曼陀罗,各用30两银子打造了一对酥油灯,并进行开光,发放布施,详细情况见当时编制的目录中。我很想将《甘珠尔》经重新制版印刷,但至今未能实现。不过,请了完整的《甘珠尔》经供养在金佛堂内。千余尊鎏金佛像个个制作精美,可称之为镇寺之宝。各种法器、乐器不计其数,是雪域藏地寺院中的上乘而奇妙的精品。这些并非因为是转世活佛或是世袭贵族或是有权有势而做成，实则为一位普通比丘放弃我执之见，为佛法和众生所作的一点善举。可作为我这一生中永远值得流传的一件事。

总之，如同格西布多瓦文集中所记载的那样，有些把信教群众供奉的财物毁于火，有些用于建房，而我则献给了三宝。他以供奉三宝为重，说道：开始点供香气扑鼻的甘香松，而后又供香气浓烈的单根线香，现在又准备点供沉香、怀香，使得芬芳四溢。有一次，还花费22两黄金用于造香。我也把供奉三宝作为重中之重，从小到现在上等藏红花又贵又难找，因此，用上百两克什米尔红花制作了精品藏香，并在周边供奉。坚俄瓦格西是以建造寺院和三所依为主，我也先后为热振寺、温寺、扎什伦布、哲蚌寺等卫藏两地各寺院建造了金顶、佛塔、屋脊宝瓶等；为温寺新建宗喀巴大师像，为扎什伦布寺新建4尊银质佛像、宗喀巴大师鎏金像、缎制释迦牟尼佛像；为温寺、岗坚寺新建房屋；特别是为扎什伦布寺新建了密宗房、三佛堂、寝宫、戒规所、上下香灯师房、展佛墙等。正如布多瓦格西特别重视供养僧伽一样，我也曾经为卫藏、阿里、门域等各地各教派僧伽给予供养，为扎什伦布寺3个僧院、岗坚寺两个僧院、白居寺7个僧院、仲孜寺、日乌格培寺、札仓钦莫、日卡曲德寺、伦珠孜曲德寺等地建僧众斋茶基金。特别是在扎什伦布寺，由一切智根敦珠建立了丰厚供养僧伽的传统，每当七、八供养日，由堪布提供常规供养。由于不同喇嘛功德法力有别，这种供养传统有时延续得好，有时一般。但是，我将此发扬光大，一心为三宝祈祷，抛开为己贪心，为僧伽海会提供丰厚的供养。仔细阅读一切智传记后，我感觉从建立寺院基金、供奉三宝的法事、供养僧伽等各方面情况来看，似乎更胜于该尊者，为此感到些许骄傲。

以先贤的行为为榜样利益佛法。具体来讲，不定方位，游走四方，适时作四续部相关灌顶，授予显密传承。从5年记录来看，为出家者担任授戒堪布已有近千人,现在恐已超过万人。凡剃度为僧者,都誓言今后履行堪布之职,永远利益他人。正如佛祖曾说:阿南陀,你如果当堪布和教师,剃度别人为僧,实际上是你为我办的最好的事。凡信奉第二佛陀思想者,从东部汉地到西部杂兰达若之间的所有修法者、学问大师、高贵者后裔、持三戒律者等,都曾为他们谋过佛法之利。总之,基于我自己所具有的优点,即对各个教派一视同仁,不同教派的信徒遍及卫藏各地。另外,大小寺院头人想新建佛堂、维修寺院、建造金顶而提高寺属民众差役者,都应当以我为榜样。

辩论方面,既有实践锻炼,又精通正统教理之故,使对方立论如同沙陀一般不能自立。这般景象曾同我一起交流过的人都有目共睹,并称之为善言明理者,实至名归。写作方面,依靠智慧可以创作很多新的格言警句,但未见有特别的必要性,因此,暂时搁置。为了炫耀自己有多少部著作而凑合的掐头截尾的文章,实质而言没有任何的意义。但是,为了表达自己的心情,加上别人的请求之下,写有三四部著作。不象先前时期一样吉祥,已到五浊时末,遭遇罪恶势力的障碍与干扰,然而,尽享三转法轮者,为弘扬众生利益之源——佛法之宝而忙碌着。

火兔年(1627年)冬季法会上,岗坚寺堪布确吉赤列旺久邀请我前往该寺,为顺利完成壁画的维修工作祈福加持。当时显现出许多吉祥之兆。该寺法会和我自己新召集的法会上,参与的僧人众多,法事特别兴旺。夏季,由上百个精通显密的比丘上师邀请,为700多名僧众讲授《布顿教派源流》。当时,为僧众集体和个别僧院连续奉献了丰厚的供养。

夏季法会期间,岗坚寺派来专使,邀请我前去为顺利完成的壁画维修工作开光。停止闭关后,我前去岗坚寺作隆重开光加持,显现美好吉兆。第二天，要求为众人做一次灌顶，在大法场和前面的草地无法容纳的情况下，移到东面的露天场所，为僧俗大众做长寿等灌顶。大家纷纷议论说，这次法会上的人数之多为前所未有。为法会奉献茶供和绘有精美佛祖像的围幡，各地头领和上师们也发放了布施供养。

回到了扎什伦布寺后，邀请我前去为拉仁布切圆寂作除障法事。邀请人来后，我立即从扎什伦布寺启程，经过江若时该地寺院给予热情欢迎和款待。顺利抵达康布达隆，按照续部仪轨为圆寂的确吉法体作了处理，为其后裔和亲属授予非普遍本尊、护法神传承，为众多门巴人、藏人做长寿灌顶、六字真言诵传。信徒们也承诺，严守戒杀生等戒律、常诵六字真言，为他们指明了善趣和解脱之道。听说当地西南面有一处具有异常法力的赞神居所，得知是巴兹江森赞神后，为其供祭，祈祷祝福，显现出它能圆我所愿之预兆。当时，该地山川如同涂饰了红宝石一般，各种花朵就像琉璃等不同宝石一样格外灿烂。上顶如同水晶塔一样被雪覆盖，雪山之下是如同绿松石一般的森林，山间流淌着清澈的溪流，如同天堂一般令人如痴如醉。往返于森林之间时，触景生情。也是应几位朋友的要求，作诗如下：

三世诸佛之父，
具足三恩上师，
吉祥无比佛祖，
顶礼轮回救主。

护法大神驻地，
雪域珞藏之间，
隐秘锡金边沿，

康布聚宝之地，
山川翠绿如玉，
花如红莲宝石，
又如纯质黄金，
还像松石海螺，
恰似遍地彩虹。

高山直入祥云间，
绿海岸边是森林，
各种飞禽竞歌喉，
上部围有雪山墙，
山间流淌清澈水，
青灰云朵空中飘，
偶尔降下细小雨。

清除一切病害根，
遍地都是好药材，
栊牛柏树杜鹃花，
四季不断药香气。

风景美丽如仙境，
不由自主心向往，
若以理智思考它，
一切本性原为空。

佛祖真言八万四，
三世四圣来源根，
要靠上师明根本，

否则如同空中楼。

不明佛法之真理，
轮回痛苦无尽时，
但愿世间皆众生，
皈依佛陀明真理。

懂得佛法之深理，
不能仅靠诵经文，
跟随真实体验之，
身体力行成就者。

推崇雪域西藏地，
一切持修佛法者，
使人不坠异邪路，
常思恩德勿忘记。

皈依三宝之恩德，
所做就会有所得，
如今虚名比丘吾，
立刻离世也无悔。

以上是康布时期前往欣赏林间美景之时在门藏交界处、大护法神所在地，根据罗桑平措和罗桑达吉两沙弥要求所吟诵，由罗桑平措笔录。

根据部分修法者的要求，我撰写了《修行之法》等几篇文章。特别是觉姆拉日神山是多吉亚姆护法神或是白拉姆护法神，根据我自身所梦之预兆，撰写了《白拉姆供养礼赞》。在那里，为门藏信徒指引善道，为色康札仓僧众讲经传法，满足各自心愿。

在师徒僧伽仪仗欢迎之下，我来到乃宁寺，为全寺僧众发放茶食布施。前往宇顿兄弟修行处朝拜，虽然没有一丝风，但护法神的面罩突然掉落，现出尊容。在场的所有人亲眼所见，感到惊奇。受甘丹曲培寺邀请，我为他们做灌顶，授予教言诵传。一位在山中的修行者，献给我一个巴姆比丘尼用过的托钵，里面装满干果。经过白廓德庆时，根据随从人员要求撰写如下词句。

顶礼上师三宝，
请驻莲花心间，
一切圣殊妙果，
即刻为我赐予。

佛陀之材难寻觅，
暇满人身不易得，
请勿贪恋此生乐，
已到修习佛法时。

魅力青春之身，
如同空中彩虹，
即刻之间消散，
劝君精进佛法。

梵天转法轮王，
享尽世间荣华，
重又坠入火狱，
世间有何可信。

真心为己着想，
就要跟随上师，
多积善业妙果，
常依三学[1]之道。

以上是由到处流浪的游僧、乞丐、疯子确吉坚赞根据晋巴加措的请求在白廓德庆寺写就。应江热瓦头人的邀请，我做除障法事，做灌顶，授护法神传承。下色康活佛前来拜谒，我为其传授《吉祥马头明王诵传》，讲解了部分教经内容，以满足其愿望。

一切遍主持金刚，
顶礼三具上师足，
一生之内成佛法，
唯由祈祷上师尊。

因果之理不会欺，
水中月亮实虚无，
明理二谛之智慧，
成就菩提心之道。

掌握空性原理，
是为万物根本，
为此修持所得，
是为无浊智慧。

解开实性枷锁，

① 即戒学、定学、慧学。

万物本性空有，
此为真理之见，
一心禅定修习。

苦修如此圣法者，
迎来幸福暖阳光，
唱出愉快美歌声，
供奉佛法僧三宝。

以上是由闻思如同大海般深奥的佛经，并一心修行者仁布切桑布扎西劝请，由比丘罗桑确吉坚赞创作，罗桑平措书写的。

在返回途中，受仲孜鼐邀请，我为众人做灌顶，授诵传。为上千人作长寿灌顶，启封曲德寺护法神殿大门，亲手清除护法神像上的灰尘，摆放供物，祈祷祝福。第二天，呈现出让护法神们感到愉悦的兆头，头人和信徒们盛情款待了我。

第九章　在前藏三大寺讲经传法

我回到扎什伦布寺，与上千名僧人一起参加供祭法会。和以往在康布地方时所梦一样，公私两方面接到紧急邀请，要我前往拉萨担任祈愿大法会主持，为佛法和众生谋福利。甘丹寺僧众也邀请我前往。为此，到了拉萨之后讲授了宗喀巴大师秘传等，满足了他们的心愿。各位师徒、各个康村献了丰厚的布施供养，我也回敬了斋茶等供养。途经拉萨到哲蚌寺，为五世达赖喇嘛、林麦法王等师徒讲授了文殊经等很多传承。

重新回到尼木吞地方，在那儿 3 周时间闭关修行。有一天凌晨，梦见《缘起论》变成各种颜色的字体，带着响声飘落在我的心间，感到这才是无浊的幸福。有空时给头人官民教授《诗镜》内容并进行测试，做长寿、护法神灌顶。

扎什伦布寺夏季法会非常兴盛，当年夏天，由根顿珠制作的遍布经堂顶棚的顶幔华盖由于年久失修变得十分破旧，因此全部用上等布料进行更换。当年秋天我开始闭关。到了冬季法会时间，应邀前往拉萨担任祈愿大法会主持。由于南北信徒少而斋茶较紧张，我先后七八次给僧众献了茶供，为释迦牟尼佛像敬献纯金项链，为白拉姆女神敬献珊瑚项链，为其他佛像制作了上等布料的五色佛衣，并祈祷如愿成事。

此时，为了完成甘丹寺金顶工程而到康区募捐和寻找银水的扎西炯巴在那边没有找到银水。金顶工程又不能耽误，于是在太白年（土蛇年，1629 年）一月三十日，太阳刚刚升起，供养空行母、护法神、土地神之后，开始动工。与此同时，康区的信教群众捐献的财产也顺利运到。开始只计划更换金顶。自克珠杰[①]制作金顶以来，曾维修过两三次，因修缮并不彻底，现如今已变得十分破旧，到处长满野草，似乎像故意做旧一般。于是决定重新修建飞檐，为此召集了木匠、石匠、画匠等一起参与维修。所需颜料并未事先作准备，第二天恰好来了一位卖上等颜料的商贩，就像是护法神派来的一样。制作飞檐所需的木料在寺院大殿内整齐地码放着，摆满了 24 柱大小的大殿。金顶的大小比原先的做得更大一些，金顶上制作了飞檐，所以，木材的需求量特别大，依靠信众的艰苦努力，将一根根木料顺利抬到了山顶，完成了飞檐的制作。所需皮胶由住在热振寺修行的我的弟子们化缘予以解决。此时，根据大成就者乃久热绛巴、海堆西绕僧格的要求，我书写了大手印根本经的教经

① 一世班禅额尔德尼克珠杰格列贝桑，是全藏敬信的尊者宗喀巴的首要弟子，在藏传佛教史上声名显赫。

祈愿辞。由于紧缺银水,无法对黄铜与黄金进行加工,不得已派比丘洛追加措、格西晋巴加措两人到东部康区寻找银水。他们走到工布时,与达温巴确吉扎尼本琼等茶商一道继续前往,募得了大量的供养物资,深感得到上师与各路护法神的帮助。我梦中也离不开三宝形象,为了避免遗忘,特此记录如下:

昨晚睡梦中,
多显过往事,
最初以当真,
实为虚幻影。

空中的彩虹,
水中的月亮,
真假的意念,
奇异的画卷。

那时一两天时间之内,太阳就变成了血红色,不少善知识作了很多预言。因此,大家议论纷纷。我心想,这些可怜的生灵,偏要从事佛祖明示为烦恼与痛苦之源的罪恶为业。大多数出家僧人不守清规戒律,把上师与亲友当作敌人,多数人不知道阎罗王正血口大开,随时有可能让死亡降临,而且对此生的一些内外现象疑神疑鬼,到底是过于愚蠢还是内心被恶魔控制?大导师布多瓦之言:我们对佛的智慧还只是知道微小部分而已。由此想到:

向您皈依不受欺,
所言无谎吾敬礼,
明辨是非行善道,
正义之人言如下。

汉蒙藏地鬼卒，
是否真会来临？
如同一手遮天，
无法进行抗拒。

已知必会来，
无法作抵抗，
为免坠恶趣，
惟有行善业。

乐无知足苦能忍，
此生利益有何意？
死亡之神必定来，
做好准备是上策。

为了此生亲友利，
愚者也知要努力，
实现长久之利益，
更应为此苦精进。

以上由追随释迦牟尼佛祖的普通比丘罗桑确吉坚赞撰写并寄送。愿因此善举能够脱离世间八法束缚、获得觉悟。

此时，我受邀前往尼木为温萨丹增杰姆逝世讽诵《度亡经》。

在哲蚌寺，我为活佛献珠嘉玛长寿灌顶。根据拉萨民众的请求，在吉郭顶地方为所有僧俗信众作祝寿仪轨。重新回到甘丹寺时，金顶工程的所有木工部分全部顺利完成。一根防风大梁十分沉重，导致大家难以抬上，在众人灰心之时，似乎获得了天神的相助，没有费更多的力气就顺利地抬到顶上。大家把这一喜事作为一件奇妙的现象到处传送。尼泊尔工匠们搭起了金铜加工作坊。我在闭关修行之余常到工地，察看不同工种的工作情况，并为僧俗信徒，特别是修行中的比丘讲经传法，为寺院僧众授予文殊经诵传。此时，应下密院师徒邀请，我给密院僧人作集密吉祥灌顶，讲授传承，引起了显密善知识极大的关注，且被深深吸引。

这一时期，夏季美女尽显青春风采，广阔大地被绿宝石装点，结满果实的果树、四处绽放的花朵、巴扎图一般吉祥回旋的江水、飘动的云朵、如同琉璃般清澈的天空，都使人心旷神怡、浮想联翩。

顶礼上师！
百万坛城之中，
身着僧服之主，
行止佛陀一般，
请以慧眼视我。

轮回内外一切法，
勿以表象判真伪，
如能看透两面性，
就能超脱常断见。

通晓显密二经教，
熟知格言教诲文，
具有传承加持力，
惟可皈依上师尊。

解脱心切信徒们，
勿被空谈所迷惑，
勿以寡闻而禅定，

心向可敬上师尊。

常思积福与忏悔，
断除表象之迷恋，
缘生之道无可欺，
万物空性明揭示。

此时，应甘丹寺活佛与上师以及各康村等邀请，为工匠们摆设茶酒宴席，给予盛情款待。午饭之后，到北部山顶散步，看到外面的风景，心中顿时浮现出各种景色。

顶礼三恩上师，
请住吾心莲间，
一切圣上妙果，
请求即刻赐予。

吉年萨嘎达瓦①，
本为活动筋骨，
登上甘丹山顶，
欣赏如画风景。

观察表象之物，
实际本性为空，
又显各种形色，
实空同在一体。

---

① 藏历四月称之为萨嘎达瓦。四月十五日是佛陀诞生、成道、涅盘三期同庆的吉祥日子，是佛陀纪念日。

八万四千佛法，
最终落脚于此，
不惧火狱苦难，
不迷天神享乐，
均为虚幻之物。

明理要靠上师，
非为空洞说教，
获得吉祥加持，
师徒传承永续，
推崇至尊之法。

无障生意识，
但见非由生，
未生或受障，
难以作决断。

意识本空性，
呈现各意念，
实为虚幻物，
难断执常见。

他人忙修习，
吾却未理清，
何为修习物，
一切随愿走。

即刻生与死，

极乐现空心，
瞬间不分离，
烦恼不在乎。

外向寡闻者，
闻此觉矛盾，
真正瑜伽师，
闻此生欢喜。

此时，贡唐纳谷瓦大修行者诚挚献上完整的《甘珠尔》经，请受六臂怙主诵传，要求赐予书面的教诫。

顶礼如父上师，
请住我心莲间，
暇满人身难得，
将会迅速失去。

不可荒废时光，
即刻凝心聚力，
无欺上师之宝，
由衷为其皈依。

三界轮回有情，
慈悲之心相待，
无始之起至今，
身处迷茫之中，
受尽轮回痛苦，
已到清醒之时。

一切靠修心，
被称大手印，
不可有异议，
一心勤修练。

身修圣神像，
口诵金刚经，
心念大手印，
常年不间断，
不染自相毒，
祈愿获菩提。

另外，应修行者请求，我还以格律诗的形式写了大量关于本尊修行、《菩提道论》及其实践的内容。

六月份上旬，圆满完成了金顶工程，选择吉日良辰，以吉祥大威德金刚仪轨作隆重开光加持，并为工匠们发放黄金等满意的酬劳，为僧众献上丰厚的供养。此金顶的长度与宽度，均大大超过原来的尺寸，共耗费黄铜上百藏克、黄金上千钱，因此显得金碧辉煌。其外形独特而丰富，如同财神之宫令人啧啧称奇。过去一些大财主利用五六年的时间才能完成的金顶修建工程，我们则用短短5个半月的时间就圆满完成了金顶的所有工程，实为一切智喇嘛尊者之恩(指五世达赖喇嘛)。六月十三日，应广大僧俗信众的请求，我为几千名信众作长寿灌顶，参加者人数之多，被称为自甘丹寺建寺以来聚集人数最多的一次。修建金顶的同时，彻底维修了银质灵塔前的佛像、供台以及周围的即将倒塌的廊房。

在制作大金顶之余，为强孜僧院楼顶新建了成人身高大小的屋脊宝瓶和佛殿屋顶胜利幢上方金质顶饰。利用剩余的木炭，锻造了扎什伦布寺鎏金佛殿铁链门帘。七月初，我经拉萨、哲蚌、尼木吞等地抵达扎什伦布寺。不久，马尔康地方的阿旺活佛师徒一行远道而来，根据他们的请求，给予受戒、讲经。当年秋天，在银灵塔殿内，绘制了降服鬼神和上师佛菩萨像等壁画。

第二年，即铁马年（1630 年）萨嘎达瓦上旬圆满完成。在当年春季法会上，按照以往传统，我为僧众授予大金刚持道次诵传，为密宗僧人讲授了《五道次明灯》，寺院法事活动兴旺，众人欢喜。根据法王班久旺布之邀，我开始往北部地区出发。途中，札仓堆巴僧人们排着僧人仪仗欢迎我，十分敬重。我也为众人讲经授法，敬献丰厚布施供养。供奉有佛祖像的整个大殿内僧人均得到了布施。在桑珠甘丹寺，为僧众作普明灌顶，讲经传法以满足各自愿望，公私两方面均给予丰厚礼待。

随后又回到扎什伦布寺。当年夏天，新铸造了煮粥用的生铁大锅。用信徒捐赠的大小不一的生铁，铸造了可以满足大殿所有僧人斋茶、斋饭的大铁锅。虽然经历了 3 次返工，但最终还是圆满完成，并设宴庆贺。在秋季闭关一个月期间，善行发达。闭关结束之后，我应邀到珍仓南北、姬隆（འབྲིང་མཚམས་ལྷོ་བྱང་དང་སྐྱེ་ལུང་།）等地传法，来往途中为仁青孜官员讲经传法，满足其心愿。当时，在南部地区利用闲暇时间写下如下感语。

具备三恩如父上师，
请以慈悲恩养于吾！
铁马铁羊年份间，
信教徒众邀约下，
来到藏门接壤处。

喜遇桑热护法神，

及其向善土地神，
欢喜之心以供奉。

信教大众福田上，
常撒功德好种子，
人群聚来又散去，
外在分心情景多。

然而万物难逃脱，
无常之苦如梦境，
吾将此理明心中，
如同水中之月影。

一切皆为虚幻物，
对于三界众生灵，
怜悯之心由衷生，
落入万事繁琐中，
常被琐事将心分。

然则佛法之精要，
掌握事物无自性，
时刻不忘勤修习，
是为显密法核心，
铭记心中是根本。

在冬季法会、祈愿法会、春季法会、新法会等法会上，聚集了庞大的僧团，来自不同地方的施主敬献了丰厚的供养。有一次，山中隐修的一位修行者要求我随自己所愿为他撰写一篇简短的道歌。

一切吉祥之起源，
顶礼至尊上师足！
事物均以两谛①看，
法实有而自性空。

熟知两谛修行者，
实为法智践行者，
赞美无障修行法，
无浊净心初本性。

清晰看透是王者，
此理永驻记忆间，
常来久往勤修习，
断除我执之所见，
平等相待至上行。

瑜伽之行如上述，
请君铭记并践行，
如若依此苦修行，
不久得来三身乐。

我特向拉帕第本官②及大臣提出申请，派来精通书写文字(དཔོན་ཡིག་པ།)的一批人员。为此，于铁羊年三月四日，先后派来了70余人。在吉祥八日，正式开始了书写《甘珠尔》经的工作，以夏鲁大译师校订过的《甘珠尔》为母版。如果发现有疑问之处，立即仔细

① 指真谛与俗谛，并称真俗二谛。谛，谓真实不虚之理。真谛，又作胜义谛、第一义谛，即出世间之真理。俗谛，又作世俗谛、世谛，即世间之真理。

② 指山南拉加里王。

翻阅夏鲁大译师文集，认真比对，最终确定正确的写法。我自己亲自做了校订工作。不求进度，质量为上，对书法技艺出众、无错写、漏写者及时奖励护身符并进行表彰。

当年的十月十五日，圆满完成了《甘珠尔》经的书写任务。虽然是用普通墨书写的佛教经卷，但由于书写准确，用纸讲究，卷夹精美，因此，见过世面的善知识们一致认为是雪域西藏所有《甘珠尔》经中的精品之作。当月十八吉祥之日早晨，由噶究巴、热绛巴高僧参与的198位僧人，用上等绸缎包裹，双手高捧，一部部请回。我手持香气四溢的银质香炉，带领显密教精通之比丘70余人，以宝伞、胜利幢、佛香、乐器等各种供物齐备的仪仗队将《甘珠尔》经迎请至大殿内，以吉祥集密仪轨隆重举行开光法事，并为密宗僧人、大殿僧众敬献上等茶供，为书写者给予丰厚的金银酬劳，个个心满意足，祈愿由此而生的福报成为佛法兴盛、利益众生的善资粮。我自己为佛法和佛祖作了一点点有益之事而心中感到欣慰。当年秋天，以温杂活佛为主的和硕特客人和以喀尔喀阿萨海为代表的北部游客先后到达，要求我到前藏（西藏中部）来。

我由于外出非常频繁而有些心烦，加之上了年纪之后没有心思出远门。但是，由于达龙晓仲活佛和第悉仁布切的多次邀请，被迫前往拉萨。威势之主热译师多吉扎巴之转世活佛——乃宁确吉热罗不久前圆寂，邀我前去做祈祷和火供法事，按照吩咐我完成了相关法事。我与确吉热罗是同岁，而且属于金刚兄弟①，他的圆寂使我不由想起了诸法无常的道理，正如西瓦拉（言寂天）怙主所言：

走入尸林间，
目睹白尸骨，

① 在同一位上师前接受密法灌顶的法侣。

吾身也将亡，
不过也如此。

不久之后，我也会走同样的道路，如此之祸随时都有可能降临到我的头上，心生无常信念。一切随身之物由他人掌管，没有权力给予一点点的施舍、积德。正如杰赛仁布切所言，为未来所备之物如同干河中的鱼。因此，时刻要放弃贪欲，一心修习佛法。为以后着想，不断积攒食物和财富，最后，如同蜜蜂一样，不辞辛苦积攒下来的蜂蜜，自己却无权享受。尽管如此，多数人把毫无意义的事当作很有意义的事，实属无心无眼之可怜的举动。为表达对愚昧众生的同情之心，心中所想记述如下：

梵天王与转法轮，
所设筵席视如敌，
享受知足圣甘露，
如此之举值得赞。

常见之魔把持心，
身中八法之毒害，
生老病死无法逃，
请君时刻记心间。

如同太阳落山影，
随时逼近阎罗王，
四处没有逃脱处，
时时不忘死亡事。

有权统治三空界，

拥有财富如大海，
然则死神招呼后，
被迫裸身跟随它。

剪刀利器刺全身，
幻觉各种恶趣形，
后悔过往之所为，
最终束手有无策。

排泄之物恶又臭，
陷入污泥难脱身，
身体肿胀眼球陷，
不思饭食口干渴，
瞪大双目四肢抽，
呼吸急促心跳快，
可怜叫声长不断，
无人理会无人救，
坠入恐怖之悬崖，
知此处境灰尽心，
空手裸身弃人世，
随时都会走此路，
还能安心闲处否？

斤斤计较微小利，
突然之间离人间，
不能辨别大小利，
或成旁生或成疯。

不顾艰辛与风言，
点点积累之财富，
最终无权来享用，
赤身裸体奔阴间。

辛劳积累之财富，
如同蜂巢中蜂蜜，
无关他人夺其果，
这种现象人人见，
但是不为其所动，
心智愚笨双眼瞎。

当下如若想积累，
虔诚之心守戒律，
多闻多施知荣辱，
积累如上智慧财。

充满圣财之宝库，
不惧他人来抢夺，
没有生老病死苦，
与此结缘永安祥。

我途径年域前往吉雪，在拉萨为部分色拉、哲蚌格西，安多地区多位活佛、部分蒙古官员作金刚灌顶，为百人授近圆戒。为下密院僧众讲授大手印根本经，为佛法兴盛和利益众生祈祷祝福。利用祈愿大法会之机，系统讲解了佛本生传。作为格西班觉的内供物，各用一藏克银制作了文殊佛、度母像，后请到扎什伦布寺供养。在哲蚌寺，我为一切智活佛作完整的时轮金刚灌顶，为僧众作大威德灌顶,传授本人部分著作。在小昭寺,应上密院师徒要求作吉祥集密灌顶,诸位上师心满意足、称赞不止。

返程途中,受到尼木吞三寺的盛情供养。在尼木,由第巴旺堆嘉措新建了全部《甘珠尔》大藏经,为此,特作开光加持。在此时期,心中呈现各种画面,记录如下。

贤劫好时光,
恩重本上师,
尽显菩萨行,
思来化烦恼。

从今至菩提,
若想离恶趣,
引入解脱道,
惟有皈上师。

不皈上师恩,
另寻皈依处,
如同弃圣宝,
捡来普通石。

优于天神身,
人身很难得,
不觉惜其贵,
只为此生忙。

如同乞讨人,
进入财神库,

扫视一圈后，
空手归家中。

必定会来到，
不知何时来，
随时可降临，
死神虽可怕。

依然麻木间，
如同遇旁生，
可笑又可怜，
无人可担保。

死神伸黑手，
今日夺你命，
为何不焦急？
病痛折磨身。

生活不自理，
体弱呼吸急，
亲友围身边，
药法无可治。

睁眼伸双手，
不想即死去，
死神见此景，
不由来嘲笑。

离弃珍宝身，
孤独空手行，
恐怖荒野中，
任人来宰割。

拥有三界财，
无权带一厘，
亲友不计数，
最终孤一身。

不思此大怖，
贪恋此生乐，
祈求圣上师，
救赎皆众生。

此时，一些蒙古人抢走了楚布（མཚོར་བུ།）牲畜，损坏直贡木台（ཐུ་ཐལ།）牧场，我心想这种行为是扰乱佛法和迫害有情幸福的恶行。于是，立即前往北部清理那些刽子手。当北部牧民生擒蒙古强盗进行大肆杀戮时，我挽救了很多生命。在巴绒朝圣时，遇到两位修行者，我为他们讲经传法。一路上绿草茵茵，花团锦簇，心情格外爽朗。

难得夏季好时光，
生机盎然百花艳，
然而四季忙轮转，
未有片刻停歇时。

山花烂漫好时光，

积累福德行善业，
人生短暂勿浪费，
顶礼三宝寻解脱。

此后到当雄地区，接回后藏部队。不知是受到兵丁的污染之因，还是步行太累，总感觉身心疲惫，瞌睡不止。为了警醒自己，特撰稿如下：

慈悲之主上师尊，
根本依怙圣三宝，
如同空中湾彩虹，
立显极乐之法身。

无时之起至如今，
愚昧之中混时光，
现在已到清醒时，
起身积德又行善。

胜于如意之宝石，
难得比肩佛陀眼，
珍惜暇满之人身，
勿被慵懒所荒废。

知晓阎王之无情，
懂得恶趣间可怖，
付出持续精进力，
最终寻求解脱道。

第十章 回到扎什伦布寺,继续忙于传法利生大事

我回到扎什伦布寺,闭关修行一个多月,功德圆满。到了秋天,由达纳地区施主邀请,并在那里盛情礼供。根据对象不同,施各类教法满足了各自学佛所需。之后,以法王班久坚赞为主,常木齐僧院等共同邀请了我。在声称具有与拉萨大昭寺释迦牟尼佛一样加持力的格顶佛祖像前,讽诵赞词、诚挚祈祷,为100余人受斋戒。为从江廓、金嘎、玛(རྒྱང། དཀྱིལ། མག)三地赶来的大批信众授予寿马、披叶女神等护神传承,根据不同对象,给予讲经传法,满足各自意愿。

返回的路上,我受到堆琼第本官的盛情接待,为将来成为善缘结下了良好的缘分,后回到大法场(扎什伦布寺)。过去在维修甘丹金顶时,与扎什伦布寺上师们协商后,派吉康上师桑结白桑和夏孜上师根顿卫色到后藏地区迎请活佛。为了西藏人民的幸福,释迦牟尼佛冠全部用上等黄金制作,更换了原来用的质量一般的黄金。小昭寺金顶有如三、四日的月亮,将其改建成十五日满月一般。为了活佛(五世达赖喇嘛)的功德圆满,特邀请至扎什伦布寺。内外所有占有欲很强的人,此时突然想奉献一些供养钱财,然而,对于被贪欲迷醉之人而言:

大海或是山脉,
并非吾之负担,
有恩不能报答,
是为最大负担。

如上所言,我虽无任何过失,但若免去职务也属命中注定。此时,我为前来的日喀则上访者说了一些公道话,正如至尊萨

班所说：

内心不知羞耻者，
恶语连连当炫耀，
干兹之地小诸国，
弑父之后敲锣鼓。

有敌意者听到我的所言后，有过各种各样的议论。但我对此无任何害人之心。没有愤怒，没有不安心，没有产生报复心理。然而，由于造成了较大的误解，知心的朋友也有过一些后怕。正如续部第五十章里所说：无论任何时间、任何地点，不可搅乱师傅的心，如若搅乱上师的心，必将坠入地狱。

恐怖无间地狱，
令人无比痛苦，
诋毁上师之人，
最终归宿是也。

有能力控制心气的大成就者林巴，在为信众讲说《五三昧耶》（ཚིགས་ཚིས་དམ་ཚིག་ལྔ་པ།）时，发现其中有两名心存芥蒂者，于是即刻作忿怒状，并圆寂。大成就者乌坚巴前往艾地方时，恰罗喇嘛一位心存芥蒂的近侍前来拜谒，非但未让其拜谒，反而对他进行了一番训斥。途中，临近他出生的村庄时，大成就者说，不信守誓言者最好连见都不见为好，更不用说与其谈论。于是用围布遮住视线，避免见到该村庄。

过去完成甘丹寺金顶工程之后，反复要求我担任强孜法台一职，虽不情愿，但最终还是答应了。然而没有能够按照甘丹寺要求正式就任法台。将扎卡瓦第本官为我所献的财产捐给了寺院大管

家,并把其中77头牦牛作为银质灵塔供奉酥油灯的资本。此时,对于近来的些许感想记述如下:

具足慈悲其他佛,
未能教化遭遗弃,
无依无助迷茫间,
祈请佛祖以慈救。

无常之物如秋云,
敌友聚散如集市,
恶世寿命如闪电,
有识之士应思索。

黑恶魔鬼势力强,
无耻行为搅浑水,
贪欲毒水迷醉心,
文明风尚抛云外。

誓言戒律不信守,
不怕言论不知耻,
争相竞赛直奔向,
可怖恶趣悬崖处。

勿言长远诸现象,
且看冬夏不同季,
福祸兴衰难预测,
深知此理却装哑。

现世诸事皆容易，
菩提之道难寻觅，
请思是否有路径，
逃离现世苦海狱。

生来奔向死神前，
如同山洪无法挡，
未有势力与之抗，
麻木不仁如旁生。

应对敌人扶亲友，
贪恋世间诸琐事，
如同扬起无果穗，
最终未有任何果。

统治三界之国王，
也无稍许闲停时，
孤身前往另世界，
世间繁华不可信。

琐碎事务耗此生，
迷茫之中费时光，
随时可遇死神王，
生命如同风中烛。

如同梦中见筵席，
现世荣华不值恋，
获取永恒之幸福，

一心追寻解脱道。

新年传召大法会的某一天，我梦见在狮子宝座上，有与成人等身一般大小的金质释迦牟尼佛像一尊。我即刻向其行叩首礼，出乎意料的是，佛像显现出微笑的尊容，并且泛起微微的光亮。对此，我心生无比崇敬，为一切有情利益诚挚祈祷。此时佛像似乎变成真身一样，突然醒来，虽只是一场梦却感到非常的惋惜。

相较佛祖无异样，
顶礼根本上师尊，
祈求引向菩提道，
慈悲为怀勿离弃。

六趣有情未觉卧，
三界痛苦监狱中，
愚昧之链捆手脚，
恶业风暴四处起。

烦恼暴雨不停歇，
孤身困在荒野中，
无依无靠六有情，
祈请佛祖以慈悲，
引领解脱之正道。

初春时节，由于中心佛殿年久失修，栋梁褪色，部分木料腐蚀变形，加上遮阳屋顶过矮，决定进行维修。此时，岗坚寺师徒一致邀请我前去绰浦祈愿法会。在至尊跟前，我与僧众一道祈祷一切众生利益之源泉——佛法兴旺发达。在绰浦下方朗赛林草坝上，我为上百名信徒作长寿灌顶，由天神降下花雨，在场的所有人亲眼所见。大家都说，比在岗坚寺为大众灌顶时的人还要多。之后我到曲德寺、伦孜曲德寺、森格孜曲德寺等地朝圣，为信徒讲经传法，满足各自心愿。寺属官员及上师、大施主们发放了大量的布施供养，给予盛情接待。

当年初夏，乃久热绛巴要求我为《大手印根本经》撰写一部释文，并要求突出中心意义，论据要充分。于是，我很快开始了释文的写作。首先撰写了大手印根本经的内容概要，指出：由于不同大手印门派的信奉者觉卧的高低和智愚之分，出现了些许差异，但总体上都是依据显密经典中佛祖的真实思想而形成。因此，我将各位贤者的观点一一列举并进行释义，使得各派人士感到非常满意和欢喜，成为防范坠入弃法悬崖的金刚围墙。大家议论道：没有想到甘丹山派也有如此系统的大手印修炼传统，可以称之为第二佛祖之法饰。

夏季之初，我与扎什伦布寺600余名僧人一道研修经典，作各种法事。

吉祥足指闪光耀，
青莲之中梵天王，
诸神顶饰释迦佛，
请求赐予吉祥福。

万物恰如夏天云，
人之寿命尤其短，
可比空中之闪电，
怎敢虚度好时光。

夏季莲池中花朵，
随着时间渐衰败，
血气方刚青春身，
瞬息不停渐衰老。

如同赶集中路人，
清早聚来午后散，
至亲挚友与随从，
不久各个将离去。

辛劳采得蜂蜜汁，
最终他人去享用，
不择手段积得财，
瞬间变成他人物。

世间荣华不可比，
梵天王与转法轮，
长久享受财富后，
重新坠入火海狱。

天神享用如意树，
取之不尽果甘露，
然而不久又变成，
食饮污物之饿鬼。

脱离身心诸烦恼，
转生有色无色天，
重又变成互残食，

无尽痛苦旁生身。

贤者看待三善趣，
如同地狱般恐怖，
智者不会贪恋于，
天界荣华与富贵。

佛祖文集记载道，
一切生者终死去，
一切聚会终离散，
一切积蓄终用尽，
位居高处终落地，
佛祖所言未有欺，
然而愚者不上心，
执意忙于无谓事，
求得世间诸享乐。

业力烦恼如洪水，
冲进轮回苦海间，
可怜众生无所依，
请求佛祖作怙主。

亲友之恋无法舍，
见到敌人生瞋怒，
不能辨识利与害，
请求佛祖作怙主。

不愿得苦却行恶，

追求安乐不积德，
恶世有情矛盾身，
请求佛祖作怙主。

不愿行善不感恩，
放弃誓言与戒律，
不知廉耻之有情，
请求佛祖作怙主，
祈祷来世任何时，
世间荣华视如毒，
但愿永不生贪恋。

当年秋，我应年堆信徒们的邀请，分别到仲孜、江热、乃宁等地，受到特别礼供，为他们做消灾灌顶及经文传承。在藏扎村为信徒作集体灌顶，在色顶寺为僧众作吉祥金刚大威德四灌顶。在雪囊、甲热赛、哲木、甲扎、甘丹曲培、尤仲、西奈僧院等地，为僧俗信众讲经传法、作集体灌顶等，受到热情礼供，大家如同互相竞赛一般，纷纷敬献丰厚的供养，给予周到的服务。我为修建完工的西奈僧院的僧舍作开光加持。回程途中，在赛甘丹颇章寺，以吉祥集密方式为密宗师班典曲金主持修建的密宗寺院作隆重加持，并为当地僧俗多次讲经并作长寿灌顶。经过仁青孜后回到大法场（扎什伦布寺）。

从初春开始，维修了遮阳房，扶正了已经变歪的部分柱子，全新绘制了木料和墙壁的图画。完成的质量令人满意，如同世间一切美丽集于一处一样。为此，我付给工匠们满意的报酬，坚持办好冬季和春季传召大法会。同时，也为新建的法会提供物质支持，为芸芸众生搭建解脱之梯，特新制一幅巨幅堆绣唐卡，中间是怙主无量光佛，两边为文殊菩萨和金刚持，上方为阿底峡和宗喀巴大师，下方为和睦佛和药王佛，右方为观世音菩萨，观世音菩萨上方为狮吼佛，下方为不动怙主，左方为度母，度母上方为释迦佛，下方为欲界诸王。后来用剩下的原料又制作了一幅堆绣唐卡，主要供有释迦佛，释迦佛上方为燃灯佛、弥勒佛，下方为无量光佛。最初于木狗年（1634 年）五月上旬某一吉日开始画图，当为两幅唐卡画底线时，天上响起了悦耳的梵音，令众人欢喜。最初于十月十八日迎请至中心佛殿内，与对以往新书写的《甘珠尔》经行开光加持的做法一样，对巨幅堆绣唐卡作隆重的集密加持。为众僧发放布施，给予匠们满意的报酬。当月二十五、六日，正好与日喀则法会不谋而合，因此，在上百名僧俗面前将堆绣唐卡展开，并为僧众提供斋茶。

此时，一位来自彭波地方的高僧要求赐予一篇指点修行的格律诗，撰写如下：

浊时有情从轮回，
痛苦之中求解救，
为此化作万千身，
顶礼至尊上师足。

世间所见万种物，
心中浮现外形矣，
追根究底未实有，
如此理会是正见。

无始至今跟随之，
我执之见应断除，
一心铭记所有法，

本性为空是修炼。

践行利众菩提心，
世间繁华视幻影，
不违吉祥三戒律，
专心修炼是圣行。

精力集中不分散，
抛开我执之邪见，
明理一切诸法性，
可以称之正见也。

善用深邃智慧，
探究诸法本性，
为此不断磨练，
终明究竟实义。

诸法不经推敲，
表象所显虚影，
恰似空中彩虹，
要从法智入行。

确吉坚赞根据三世佛之圣言简要撰写了吉祥观、修、行之方法，但愿成为你们信众的常诵祈祷经文。以此所积功德，愿一切有情迅速获得解脱。应几位修行者请求，特写如下诗文。

无比恩德根本师，
永驻我心莲花间，

生死涅磐一切法，
未有点滴实性者。

远离常见与断见，
明理空性为高见，
深思万法空性理，
抛开昏沉和懒散。

精心培育正念知，
是为上乘之修习，
远离功利之想法，
平等摄持诸有情。

远离一切罪恶业，
一心修善是圣行，
以上观修行之法，
是为一切有情者，
断除愚昧之黑暗，
获得智慧之宝剑。

为了一切利益与幸福的来源，能仁之教法从如今世间如污泥中尽量抚养成长，我等见闻觉知一切众生利益之源，是传播佛之教言。因此，想用黄金汁新建一部完整的《甘珠尔》经。从初冬开始加工黄金，元月八日吉祥天，佛经书写人员开始了书写工作。前后两年，又恰逢我的本命年，虽有发生了些不祥之事，但我对死亡并不畏惧，没有产生任何担忧及后悔事情。

不过，扎什伦布寺的师徒们精心做了许多避障法事，并要求我闭关修行。于是，我也适时地多次进行闭关修行。不过，我对因自身利益而进行的受灌顶、念长寿经、布施等活动并不太情愿，更愿意努力多做善事而积功德。

那一时，依据产生的各种分别心撰稿如下：

无欺皈依处，
三宝与上师，
请驻我心间，
赐予圣妙果。

寿命如闪电，
只有一瞬间，
从今下决心，
积德为来生。

世间一切法，
无常如冬日，
梦中活百岁，
醒来非如此。

生老病死苦，
可以获解脱，
如若不努力，
永在轮回间。

如同三岁儿，
不顾罪与恶，
只见眼前事，
追求此生乐。

如若获三身，
一切罪恶散，
追求永安乐，
智者谁不愿。

谋求此生乐，
争取更多利，
念经又布施，
如同用黄金。

购买空穗果，
仅为自身利，
忙做各法事，
佛说类似行，
通往恶趣道，
如若我挚友，
智眼宽广者，
步入上述道，
是为有眼者。

俯瞰悬崖底，
挣脱八法链，
然而只利己，
谋求解脱道，
有违大乘教。

在此阶段，产生了强烈的离俗厌世之心。

三宝自性集一身，
顶礼至尊喇嘛足，
恶时五浊竞争风，
恶魔势力占上风。

大都忙于行恶业，
出家僧人不守戒，
表面庄重实虚伪，
净饭王子之教法，
如同燃尽中油灯，
谋求获得解脱者，
以廉之心修佛法。

诸法无常如夏云，
众人寿命似闪电，
不可再行无谓事，
已到谋求长利时。

轮回之海难见底，
恶趣痛苦不可忍，
已到智者逃脱时，
不断变身轮回间，
尸骨可堆一座山，
屡受阴间严折磨，
相比海水还要多。

过往与人争与斗，
相互残杀不计数，

离别亲友伤心泪，
汇聚一起可成河。

明知此理无动心，
难道尔心由铁铸，
中阴路途令人惧，
即便来世善趣身，
智者不会因此乐，
世间荣华无意义，
追求解脱才是真。

很早之前，我曾请求第悉藏巴赐予密宗院供养庄园，但一直久拖不决。如今虽未再次提出申请，但是第悉藏巴很痛快地将珠嘉巴官员及佣人、堆拉村中的四五户人家以及部分分散的土地赐给了密宗院。帕索寺属下庄园与吉雪洛乌黄房交换所得的 900 两银子足够用于百余名僧人每年的衬钱与供养茶粥所需，因此将其作为僧院集体的资金。另外还将帕索寺拉章属地（比扎什伦布寺过去 3 个僧院经师的条件还要好）全部捐献给密宗院，作为闻修密宗僧人的基本生活来源。另外还购置了佛塔、金刚钟、钹、法鼓等密宗法事所需器物。

除了一些非常重要的佛事活动外，我基本上不外出，一直处于闭关修行状态。虽然没有专门用药治疗，但是托上师三宝之福，有从大本命年邪恶中暂时解脱之征兆。认识到轮回的特性，特别是看到当前人们的我执之见、变化莫测的敌亲关系、不可信赖的地位高低，还有少数出家僧人跟随五浊之风，迷醉于贪瞋与骗术，正在可怖的恶趣火坑上尽情表演，见到此景，不由心生如下感慨。

饰以相好特征，
言以各自所需，
明理三世诸法，
以慈保护众生，
与之释迦佛祖，
无别慈祥上师，
祈请慈悲救助，
五浊恶时众生。

不懂佛法冠法王，
我等还持喇嘛名，
众生面前骄又傲，
如此行为不符名。

自称利益诸有情，
心有不悦抢他物，
出家僧人迷世俗，
如何成为众生师。

口说一切利益源，
只为佛法与僧人，
然而多数持教者，
忙于破坏众生利。

不守教规和戒律，
还称大乘瑜伽师，
如同破损旧房上，
搭建庄重大殿堂。

相邻村落之寺院，
搭建豪华讲经台，
美女跟随作服侍，
如何守戒请思索。

不听三恩上师劝，
疑是听到地狱中，
没有煮烧这一说，
踏入佛门着僧服，
违背戒律无廉耻，
疑是恶趣视作成，
神仙居住之乐园。

削发为僧入佛门，
心被毒水皆侵染，
不愿依法遵行止，
对于佛法祸害大。

善于狡诈与骗术，
专为利己感觉好，
疑将舍己圣普萨，
视作愚痴不悟者。

智者唾弃罪恶行，
无廉无耻为此忙，
疑是终审阎罗王，
离世或是断门牙。

为了供养佛菩萨，
繁重差税让人累，
害人之举当善行，
五浊之时人如此。

以上是由罗桑确吉坚赞根据现今人们的各种行为在脑海中呈现的情形有感而发。以此功德祈愿一切有情断除烦恼,迅速获得解脱之道。同时,祈愿自己成为众生充满慈悲的解脱之道的指引者。

贵体足趾闪宝光，
忆其容光圆心愿，
圣上喇嘛与佛祖，
无别永驻我心莲。

无时之起至今天，
生老病死浪翻涌，
无尽烦恼与痛苦，
轮回之海未有尽。

常在恶趣世界中，
残暴之火把身焚，
偶尔喜获善趣身，
不知珍惜不除障。

尽把恶业与恶友，
误作快乐之源泉，
由此坠入轮回狱，
无尽痛苦如繁星。

无依无靠独自受，
生老病死与离别，
各种烦恼无穷尽，
傲慢之声震四方。

尽享欲界之欢乐，
梵天王等世间神，
重又坠入地狱间；
尽享天界百味果，
又在恶趣食腐肉，
呼风唤雨四洲王，
又成愚昧之旁生。

亲朋好友围四周，
不久又成孤一身，
积攒财富满大地，
最终空手归西天。

善趣之身与享乐，
未有任何可信处，
恶趣之身更如此，
无尽痛苦不可忍。

自己种下恶业苗，
结成恶趣之果实，
如同四季之变化，
佛陀也无方法救，
由此珍惜此生时，

务求获得三身果。

我们先后邀请到了80名书写人员，在日常和重要时节为他们提供丰厚的礼遇。他们也不追求速度，而把准确、美观作为目标认真完成。过去，由于密宗院没有干净余房，在僧院内堆满了各种供品、法器，拥挤不堪。于是，新建了中心佛殿与怙主殿。在大殿上方，新建了供奉两部《甘珠尔》经的经堂。夏天，来了两位尼泊尔雕刻工匠，在洛桑群培法王的策划安排下，用两个月时间制作完成了纯红檀木弥勒佛像及其宝座，以闪光背景装饰。此佛像工艺精湛，与印度中心地区的佛像无任何区别。我心想，在北部卫藏地区由檀木制作佛像实为不易。新建《甘珠尔》经也绝非一时权宜之计，或是为了自己有很好的名声，一切都是精益求精。如，花费很大精力专门购置优质藏纸并以上等颜料涂色，用金汁仔细书写，既讲究美观大方，又讲究准确无误。在上下页眉处，用金汁绘制出美丽的装饰画，用上等布料制包布。光是经板上的金汁装饰线，就花费了30余两黄金。经绳也由上等绸线及红布制成，使一切跟随佛法者心生欢喜，并且自始至终未遇到任何障碍，一切非常顺利、圆满地完成。前后所用时间也不是很长，那段时间，我基本上在闭关修行、积累功德。然而从色拉、哲蚌、甘丹及康区来请授沙弥、比丘戒的人络绎不绝，因此，只能抽出某一段时间满足他们的心愿。仁布切桑结多吉看到大手印经释文，心里非常满意，并称赞其为大手印经入门向导，承诺由他发扬光大。来到此地的岗布活佛、玉木活佛等各教派人士要求我为他们讲经传法，于是满足了各自的心愿。最终于当年的九月降神节那一殊胜的日子，举行开光加持仪式。十月三日严格按照以往的传统将《甘珠尔》经迎请至佛殿内，由密宗僧人以集密仪轨隆重开光。当时，天空中显现彩虹，尽显吉祥之兆。我为寺院及众生敬献布施，为工匠们支付以金银为主的报酬。新佛殿内供养有檀木制作的宗喀巴像，银质文殊菩萨、度母像，在左右两边有鎏金材质的大成就者像和噶当派上师像，另有多个教派的众多高僧大德造像，两边整齐地摆放着两套《甘珠尔》大藏经。对柱幡、顶幔华盖等各种供物进行重新制作，使整个佛堂成为功德无量、金碧辉煌、吸引众世界眼球的神圣之地。

从第一次冬季法会开始到神变祈愿大法会期间，聚集了众多僧人，佛事兴盛，信徒们敬献了丰厚的供养。那段时间，我大都处于闭关修行中，新建了春季两次法会并为僧人提供衬钱和茶食，并使其成为传统。当时，由于各地都流行天花病，来这里的僧人不是很多，领取衬钱的有600余名僧人，我为他们讲授了洛扎大成就者持金刚文集的所有内容。不久之后，确吉洛桑群培师徒开始为《甘珠尔》殿绘制佛祖十功德壁画，尼泊尔工匠着手为密宗殿、《甘珠尔》殿上方制作金质屋脊宝瓶。虽然无法与甘丹寺等相比较，但是为了能有一两件稀世厨具，我专门为寺院敬献了一口可以满足法会斋茶的大锅。对于从远方而来的信徒，我通过讲经传法分门别类地满足各自的心愿。

上年末，大批蒙古人进入西藏，发生了持久而大规模的冲突，在这期间，所有施主纷纷要求各大活佛作为双方和解的证人前往调停纠纷。因此，我于夏季前往白朗鲁定（པ་སྣམ་ལྷུ་སྡིངས།）地方完成了一件确保一方平安的伟业。此前在拉萨，由于个别人员出现了一些非常不妥的情况。但是，一切智（五世达赖喇嘛）继承了“译师要拜第二师，我只惦念及仲顿法王您一人”的传统，加之，囊索索朗群培本人也畏惧因果报应，因此，很早就说服拉仁布切等大人物，反复要求其诚心作忏悔，不能有违修炼菩提心之承诺。从为一切智服好务、为佛法事业兴旺发达考虑，他们与臣下等人一样毫不犹豫地行跪拜礼,在扎什伦布寺众僧前,真诚地做了忏悔,以求善结良缘。不久之后,然江巴①根敦崔成专程前来敬献许多珍贵的佛像,其中有以扎噶庄园的主供、纳若译师的上等鎏金材质本尊金刚橛一尊、阿底峡大师本尊胜乐瓶状佛像、热振寺主供佛像等为代表的诸多珍贵供物。于是,我不禁感激:哪里需要解脱众生,哪里就可顺利呈现佛陀慈悲之心和伟业。

第十一章 为一切智达赖喇嘛授比丘戒

那时,曾派专人邀请我前去拉萨为一切智活佛授比丘戒。于是,我在十月份经过年等地顺利抵达拉萨。当时,正是燃灯节,由于哲蚌寺有患天花的病人,因此,一切智活佛暂时居住在甘丹康萨内。固始汗用武力征服了很多地方,为一切智敬献了非常丰厚的礼品,我也得到 2000 两银子等很多礼品,应请做了消除障难的灌顶和随许,为达赖活佛授宗喀巴大师之大多数经典著作诵传。祈愿大法会结束后,索朗扎巴法王邀请我到萨瑟地方,为我做了 3 天的祝寿仪轨,并应他们的要求讲经传法。

之后,我应邀前去甘丹寺,受到了卸任法台及各康村的热情欢迎、丰盛款待。那座一旦见闻觉知就能救助一切苦难的银质灵塔,在一段时期内出现了原有供品尽散失,又没有人敬献新的供品的情况。考虑各方面因缘,我敬献了用 100 两银子制作的曼陀罗,以求利乐有情。为全寺和各康村僧众作了以行部为主的三誓词灌顶,为百余人授出家戒。应然江巴桑丹白桑的强烈邀请,我前往拉木萨色,受到了各方面的热情礼待,连尊莫菜的护法神汉

① 精通经义者,藏传佛教寺院里一格西学位名。

也行三次叩拜礼，露出非常恭敬的表情，我为在此聚集的几百号人讲经授法。

又重新回到甘丹康萨，为一切智活佛敬献金刚串灌顶，并于四月五日担任授戒堪布。十日，为扎巴坚赞活佛担任授近圆戒的亲教师。当时，哲蚌寺的天花病还没有完全消除，因此，一切智活佛未能驾临。我们于当月的二十五、六日，为圆满完成的哲蚌寺大经堂壁画作隆重的加持。不久之后，未再见有天花病传染者。之后，到觉木隆寺为僧众作吉祥金刚大威德灌顶。前去桑耶寺，朝拜各圣迹，为弘扬佛法与利乐众生祈祷。特别是有幸拜谒格结理玛林(遍净响铜殿)殿主供佛——无量光佛，见到其百看不厌、胸中闪光的形象，心中不由自主地产生无限喜悦和满足。与周边人员一道讽诵了祈求往生极乐世界入门经，在石制格丹朗杰殿作吉祥金刚大威德四灌顶及尊胜佛母灌顶。在茶卡，为执事僧及阿里僧院的师徒们讲经传法，满足各自的心愿。拉加里王臣派来庞大的迎宾马队，跟他们一起经过切嘎、日果，居住于扎西通门。从达布札仓寺、沃卡地区等周围地方来了很多修行者、僧人，满足了各自求法的心愿。尤其是为晓仲王之转世活佛然江巴洛桑丹巴达吉等担任授戒堪布与亲教师，为成千上万人授居士戒，指明善趣之道。在伊琼瓦内为建成的寺院壁画及佛像进行开光加持。此地上部有一口著名的温泉，在此留宿洗浴一晚。加日寺与甘丹绕旦寺聚集了很多信徒、特别礼供尊者，我也为他们祈祷祝福。来到扎西通门，此时，塔布江热瓦施主盛情邀请我前去，但未能成行。于是派来几名头人和随从，送来丰厚的供养，请求赐予教诫。于是撰写如下：

闪耀吉祥慈悲光芒，

心中盛开福善之花，
释迦佛与至尊上师，
顶礼足莲有礼叩拜。

忠善之根驱使，
获得暇满人身，
然而如同彩虹，
即刻消失无影。

强壮身躯之花，
遭遇时间霜打，
身边亲朋好友，
聚散如同秋云。

此生利益如儿戏，
一切罪恶之根源，
请君切记世间物，
爬满毒蛇之树林。

无尽轮回苦海中，
孤身一人无皈处，
唯有三宝可信赖，
不分昼夜祈救护。

获得胜生与定胜[1]，
尽享永久之安乐，

① 胜生，佛书所说人天善趣的圆满福报；定胜，解脱位和一切智位。

重在修习戒定慧，
佛祖教言铭记心。

放弃一切个人利，
虔心谋求他人利，
此为诸佛成就因，
请将慈悲记心间。

如若空中下珠宝，
满地金银有何用？
获求终极利与乐，
惟有积德又行善。

以上是应江热洛桑群增之要求，由周游世界的苦行僧罗桑确吉坚赞在琼结日沃德庆寺口述，膳食官洛桑塔杰书写。由此所积善资粮，祈愿成为获得解脱之道顺缘。

在那里，官臣双方均给予特殊礼遇，尤其是扎西拉奉献了上百两黄金等难以计数的供养，为上千名信徒开示上师瑜伽。在艾(དབེ་ཕྱོགས)地方很有必要修建一所修行山庙，考虑到对佛法兴盛有利，便嘱咐扎西拉在阿旺扎巴修行师曾经修行之地——空行帐中建立能容纳至少5名修行者的山庙。返程途中，我在切嘎为上千名群众每日授予居士戒，为法台仁布切授予长寿灌顶。在与之相邻近的伦珠曲定寺，琼结本萨(དཔོན་ས)母子俩要求做长寿灌顶、祈求赐予教诫善言。

慈祥之钩触心理，
使人引向解脱道，
顶礼上师双足前，

想说利人两三句。

难以过渡三苦海，
唯靠此生寻出路，
要知此生易逝去，
不分昼夜应行善。

一会儿见于大海边，
一会儿现在山之巅，
此生如同太阳般，
无常如梦不可依。

三界轮回之大海，
三毒污水不间断，
可怖恶业泛巨浪，
三重烦恼接踵至。

生者皆亡聚终散，
位居高处终落地，
此生荣华与快乐，
如同无间地狱火。

一切众生视如己，
时刻念其三烦恼，
为此发出菩提心，
努力钻研深广道。

非为出家之凡人，

讲授布施等三经，
易于获赞易践行，
可谓教言之精华。

神与上师作顶饰，
皈依无欺之三宝，
慈善之心积福德，
时刻修习法七支[①]。

如果乐修金刚乘，
自身显如神灵相，
掌握空性无实理，
常诵闻空无别经。

由此所积善资粮，
不图报酬不为己，
皆为三界众有情，
但愿速成圆觉者。

以上是应对佛法和持佛法者具有不二信仰的女王白莲曲尼桑姆之请求，由周游各地的罗桑确吉坚赞在佛法兴盛地——艾切嘎尔庄园创作，由小沙弥罗桑达杰书写。

随后，以大殿堪布格列坚赞为主，由乃东孜施主与各众、泽当各权贵人物前来本瓷边界迎接我们。在泽当驻留一天期间，聚集了很多信众，我为他们讲传了禅定要义。第二天，雅砻地方的萨迦、噶举、宁玛等各教派的大批僧人齐聚，他们手持各种法器，排列

① 休学佛法时加行七法。

仪仗欢迎,来到了四柱大殿。此时,天上布满五色彩虹,降下吉祥花雨,随后抵达昌珠、日乌曲林、日沃德庆、坚耶等地。在日沃德庆寺,以乃东晓仲为主,由穷结上下部各教派寺院僧人排列仪仗欢迎。在此,我根据各自意愿为他们作灌顶、授传承、随许,并为堪布仁布切出资修建的如天宫般的大殿和护法神殿中新绘制的护法神壁画给予隆重开光。此时,乃东晓仲仁布切也有听闻我教言的意愿,经由纳木夏巴内务管理噶玛桑杰介绍,决定如同会见萨迦晓仲和红帽噶玛巴活佛一样与其相见,并根据乃东晓仲的要求,作长寿等灌顶,授予多种随许和京俄六法等教法,要求我赐予简短的教言,赐之如下:

舒适天神乐园中,
出生天人百叶王,
祝愿贵体永长寿,
社稷永固不改变。

请听暇满之人身,
难以获得易逝去,
为此请勿废良机,
争分夺秒行善事。

顶礼三宝弘佛法,
关心百姓饥与苦,
社稷佛法两不误,
追寻佛之弟子路。

不必向您言过多,
教诲愿词归一句,

如同以往圣国王，
政教事业同兴旺。

以上是根据米旁索朗旺久扎巴坚赞王要求，由僧人罗桑确吉坚赞在王宫乃东孜写就。

我在路途中受到吉增寺师徒和强巴林僧人的仪仗欢迎。在强巴林寺驻留3天期间，应施主众人要求，做了一次集体灌顶。之后去相邻的日乌朗杰寺，充堆王要求我与之建立法缘关系，于是特授莲花生上师瑜伽续。第二天，在贡嘎曲德寺活佛多吉旦巴等师徒隆重欢迎下，我朝拜了内外各所依，随后，经过曲沃日渡口、尼木吞、尼木等地抵达扎什伦布寺。此次给卫藏各地大部分寺院僧人每人发放了一钱银币布施。当年秋，为《甘珠尔》殿新绘制了精美的佛祖功业壁画。根据第悉藏巴王的想法，我敬献了上乘的丝绸锦缎多卷，于是，获赐谢嘎布、莲伦绕等处作为寺属领地。此时，坚赞吞布寝宫变得十分破旧。前年雨水很多，致使且濒临倒塌，于是，祈愿大法会结束后立即开始了维修工作。历经7个月后，除了木材未上漆之外，全部完工。

当年秋，来了一大批以色钦法王①、杜热施主等北部蒙古人，因此，我前往吉雪之后为法王和施主作大威德四灌顶，授文殊经教传承等。为一切智传授《大释无垢光》《绰浦百根经》《布顿一切智所著集密教法源流》、萨迦班智达文集中的部分内容、《殊胜赞》《胜出灭神赞》《宇妥精义》《四部医典》等多种经教传承。在祈愿大法会上，我讲解了《佛祖本生传》并为利益众生祈祷祝福。

回到扎什伦布寺后，我为金汁《甘珠尔》经敬献了上等布料的两套包经布。秋季，我在达那寺、嘉钦孜寺、岗坚群培寺、伦布孜

① 固始汗的侄孙伊拉古克三呼图克图彻辰绰尔济（藏名色钦曲杰）

寺、仁钦孜寺、赛地作胜乐、集密、大威德、喜金刚等灌顶。为赛地区作吉祥集密灌顶，满足各自的心愿。在大法场（指扎什伦布寺）完成了冬季大法会上的祈祷祝福，并开始了用上千两白银锻造的、比拉萨觉卧佛还稍大的佛祖像以及各由1000两白银锻造的善逝八佛塔工程的施工。

龙年（1640年）秋末，丹增确吉杰布（固始汗）派人到甘丹颇章宫，双方认为大王后因年迈不能前往扎什伦布寺，因此，要求我在女王夫妻抵达大昭寺朝佛之前必须到达前藏。在藏巴汗的催促下，我来不及算出发日的吉凶，于四月十八日离开扎什伦布寺。到达仁布时，接到从“顶上”（藏巴汗）下达的传话，说大批蒙古人已经抵达当雄一带，现在尚且不了解他们的真正来意，我应当立即返回扎什伦布寺。于是，我按照要求返回了扎什伦布寺。到达崩措地方时，有使者赶来叫我继续在仁布等候。十几天的时间里无所事事，无聊闲停。之后又有信使告诉我，蒙古人可能往后藏方向去了，请返回后在莲地方等候，并想办法说服他们回去。到达莲地方的当天，听说第巴吉雪巴主仆到甲喀尔去了，剩下的人将于明天和蒙古王及其部队一起抵达白朗。于是，我立即跟随部队，起初准备直接去扎什伦布寺，看到蒙古人驻扎在碧温草坝上，上百名骑手，驻守大桥东边到索地方进行封锁，预防藏巴汗安全。

我们虽不敢对藏巴汗有任何违抗之心，但是由于在扎什伦布寺旁边新建了一座大寺院，扎什伦布寺背面新筑了高大围墙，对此，因有人将其取名为“扎西司嫩”（压服扎什伦布寺之意）之故，大多数人认为这是蒙古兵入藏的根本缘由，那因果报应。正如尊者世亲所说：“引发刀兵战争事，全是造业者所为。”自正式到达战乱发生地以来，我与藏巴汗、商卓特巴之间未曾有任何信件往来和交谈，正如佛宝所知一样。

此时，藏巴汗王臣反复提出要我做中间调停人，虽然对汗王认真相劝，但他说，已经立下了7年内不会改变的誓言，因此丝毫不听劝告，并要我马上到哲蚌寺去。在经过北路去前藏的路途中，险象环生，但是托神灵和喇嘛之福，我还是顺利抵达了拉萨。

在色拉寺，我为因卓尼法王金巴塔杰圆寂而举行的祈愿法会担任主持，为其银质灵塔作隆重加持。因塔内装藏了聚合僧伽的法轮，此后都说僧院因此才得以和睦相处，僧侣人数才越来越多。之后，为了挽救德庆宗两位宗本的性命，需要我迅速前去。我立即前往并将吉雪达巴珍土地和500藏克青稞分给了他们，同时指定宗政府由吉雪巴代管。

在拉萨闭关修行两个月期间，我在哲蚌寺为一切智传授《罗桑顿珠尊者文集》等内容，给以森康贡活佛为主的众多善知识授《杰赛文集》等内容，满足各自心愿。这时，喀尔喀厄鲁特（ཁལ་ཁ་ཨོའི་རོད་ཆོས་རྗེ།）法王及其后裔们给寺僧献了丰厚供养，如同圆满时期的供养一般。

铁蛇年（1641年）十一月份，藏巴汗和首领双方派来信使，邀请我与仲巴杰曹二人前去签订和好协约。我们按要求立即出发，一部分人跟随仲巴仁布切一同前往。十二月五日我从哲蚌寺出发，经过堆龙，接受兰巴曲桑等大小寺院的热情欢迎和接待，我也奉献斋茶、发放银币布施等予以还礼。我仔细朝拜了兰巴寺内外所依，到达林嘎当天，藏巴汗双方派来的人员赶到，要求我必须与噶玛巴师徒一起结伴前往。因此，我暂时在林嘎宗等候。一个月的时间内，先后派去两批骑手前往迎接，但是，圣者（达赖喇嘛）依然没有来，仲巴杰曹也因病未能前来，最终三月八日曲德雪被占领。第悉仁布切很是为难，邀请两位上师前去救命，并以请求的口吻说：只是满足藏巴汗自身的心愿而已，并没有给两位上师制造麻烦,还说已去迎请萨迦晓仲等贵人,你也要尽快赶到。

我来到扎什伦布寺以后,发现萨迦晓仲已经到达。我向萨迦晓仲询问应当如何拜谒为好。虽然之前我未曾拜谒过噶玛巴,但此次遵从王的命令而来,王派来向导,告诉我们先由萨迦晓仲敬献哈达,而后由我敬献。按照王的旨意互献哈达,互致祝福。我想尽办法为第悉仁布切做一些有益的事,然而,因为之前已经有誓言之故,只做到了保住性命而已,其他没能帮到什么。之前他未曾有旦夕祸福的任何准备,因此,连一天的生活所需也拿不出来。我向其敬献了粮食、茶、酥油,还提供了衣物。

那段时间,忧心于轮回中的烦恼,特别是因为现今人们被三毒所左右,上演着颠倒黑白的闹剧,致使不少人走向悬崖,有些正朝着离散、灭失、衰落方向走去。目睹这些情况,我心里感到非常痛苦,然又无可奈何,心中产生了看破红尘、怜悯众生而勤于祈求三宝的想法。

洗去众生身上,
迷惑三毒污垢,
赐予圣法甘露,
顶礼释迦之王。

可怖世间大海,
泛起业力波浪,
受尽烦恼之苦,
请护可怜众生。

地狱饿鬼旁生,
均在苦中煎熬,

无依无靠众生，
请以慈悲救护。

虽然言之善趣，
依然受尽老苦，
身体渐已衰弱，
请以慈悲救护。

聚者终将离散，
积财终将用尽，
生者必将死去，
请以慈悲救护。

生老病死衰落，
如同可怖魔牙，
处在其间人们，
请以慈悲救护。

如今世情变换，
就像佛陀所言，
世间繁华如梦，
财富如同蜂蜜，
万物如同山上，
飞泻而下瀑布，
对于迷茫中人，
鲜活事例指引。

有些如同猎手，

追赶逃跑野兔，
遭遇强盗欺凌；
有些为求安乐，
反而忙于恶业，
结果以泪洗面。

受尽业力之苦，
如处中阴有情，
恶业魔力折磨，
如此可怜众生，
惟有您可救护。

藏巴汗卸任后，噶钦师徒驾到，但举止有些过分。我以个人身份非常有礼地敬献了酥油茶以及尽可能好的供养。对于杰曹仲巴向我所提的问题，一一作了回答。汗王和我从哲蚌寺邀请了一切智，以隆重的僧人仪仗迎接至扎什伦布寺。之前，新建佛像及八善逝塔等工作因战乱而有所延迟，为此，立即装藏后由一切智主持，色拉、哲蚌等寺的众多喇嘛和仁布切等上千名僧人以吉祥集密仪轨作了隆重的加持。委任汗王为施主，为僧众敬献了丰富的供养，所结下的良好因缘堪称浊时为弘法所作的重要贡献。

那段时期，白廓德庆寺、纳唐寺等不同教派的寺院要求我担任他们的堪布。担任这些寺院的堪布，的确对于佛法和众生会有一些好处，或许是过去缘起所致，期间遇到各种障碍，因此，我没有答应。夏鲁替寺和日普寺喇嘛们说：一切智布顿仁布切是萨迦祖师和大司徒绛曲坚赞等大人物的上师。大皇帝也曾给予过高度褒扬，赐予诏书印玺，使夏鲁寺成为雪域最高级别的寺院。因此，要求我必须前往担任夏鲁寺堪布。

我并非是看中权位大小之人，毕竟一切智布顿仁布切对于各教派信徒来说如同佛陀再世。虽然早知幻化佛塔顶部已经倾斜，时刻都有倒塌的危险，但那些有权有势的官员和寺院喇嘛都没有对其进行维修。如果继续置之不理，定会损灭。我心想如果能得到一切智布顿大师的加持力定会实现心中所愿。于是，我在水马年（1642 年）六月二日这一吉祥的时间前往夏鲁寺，三日后登上法台。第三天前往日普寺，为众僧讲说《传记一掬花》（རྣམ་ཐར་སྙིམ་པའི་མེ་ཏོག）的内容，在大殿中担任供奉仪轨的主持。为上下寺院都发放了来自汉地的茶、吉祥哈达等供养。

在扎什伦布寺夏季法会上，我为僧众授予《集学论》传承，为部分在山上修行的善知识授由京俄罗追坚赞所著的《修心》《戒轮圆满次第论》和《密题明镜》等经教传承。依靠新获得的寺院供养土地，在为大殿僧众提供斋粥的基础上，每月发放二藏克粮饷；或者停止供应斋粥，每月供应 3 藏克粮饷。在征求导师们的意见后，他们同意后者。自此至今，都按照这个标准发放粮食。

马年（1642 年）十月，藏地如同整体遭遇魔障一样发生了大规模的战乱，好在持续时间不长。月初喀尔喀派来额尔德尼洪台吉和两位活佛等大批人马，要求我前往当雄。于是，我经过林嘎到达梅朵莲。在此，为格旦法王班觉加措、东科尔活佛等人授予出家戒、沙弥戒等，并为他们讲经传法，受到他们的隆重接待和欢迎，然后顺利返回。中途又有人掀起战乱风波，起初由工布地区噶举派寺院僧兵将沃卡增其寺及其 500 余名僧俗烧死挑起战乱，之后又把嘎瓦东神洲寺彻底践踏。虽然噶玛巴活佛发令不要破坏寺院，但仍有很多寺院遭到破坏。噶扎寺和松绕林寺占领了南木林，他们又被卫藏部队包围，大部分襄地区遭受战乱洗劫。为了利益彼此，我前往南木林进行调解，外来部队全部劝返。为了保住松绕林寺的以往状态，我向圣者请求赐予印玺，并向双方认真托付。然而，他们未能把握住，重又出现危险局面。于是我又动身前去调解矛盾，由于路上遭遇大洪水而没有去成。但是，通过口信，对双方进行耐心劝说后，基本达到了同亲自前往一样的效果。双方各自维持一半的寺院庄园，确保了寺院只是异地而没有解散僧伽的后果。哲域园林人闯入仁布打仗，所到之处寺院难以保全，在这紧急关头，由于我的努力，并未酿成毁寺等恶果。

这段时期，我见到多数人的各种行为举止，心生怜悯，向轮回中所有众生的唯一怙主释迦牟尼祈祷如下：

纯金所构山峰，
披上深红晚霞，
如同伟业光辉，
闪耀释迦之主。

我等生于恶时期，
可怖五毒魔障下，
一切生态呈暗色，
生在愚昧绝法地，
能仁之王所言法，
渐被时光所淡化，
佛门弟子诸圣明，
还有可敬持教者，
获得解脱自相安。

佛法之宝灯，
如同无柴火，

佛祖所传教，
如同白昼时。

空中诸星星，
外形显神圣，
实则藏五毒；
身着僧衣者，
不知耻与羞，
也不守戒律，
不但自不净，
影响周边人；
行为下流者，
未有自持力，
心存嫉妒恨，
恶业行不止。

为了众生利，
先祖定规矩，
但有无耻者，
将其皆丢弃。

疾病战乱不间断，
无情夺去众生利，
如此无助众有情，
就像围网中动物。
我等有情无皈处，
惟有佛祖是依怙。

污浊侵染争利时，
慈悲之人想放弃，
千万诚心祈祷下，
重又拾起救苦杖。

无边无际轮回海，
痛苦烦恼起波浪，
淹没其中云众生，
请以慈悲予救护。

分辨是非之眼，
愚昧内障所遮，
如同瞎眼跳崖，
请看愚昧有情。

对于不洁之身，
如宝贪迷不止，
烦恼视作幸福，
请看愚昧有情。

贪心如同瀑布，
瞋心可比烈火，
嫉妒飓风四起，
请看愚昧有情。

愿求幸福舍烦恼，
现实行为恰相反，
善举视敌罪视友，

请看愚昧诸有情。

战乱不止饥荒多，
各种疾病不间断，
痛苦一茬又一茬，
请看愚昧诸有情。

抛弃世俗入佛门，
然又身披作战装，
手持弓箭愤怒相，
如同有眼跳火坑。

恶臭难忍不洁净，
处在黑暗环境中，
忍受极端痛苦者，
请以慈悲予救护。

美丽青春靓花朵，
时光霜冻无情打，
如同塌顶破旧屋，
临终之人请救护。

舍弃亲友与财富，
舍弃肉身与享乐，
孤身一人奔彼处，
请以慈悲予救护。

离别亲友愚敌人，

心愿不成愚烦事，
一切难有顺心时，
请以慈悲予救护。

生活富足权势大，
骄傲蛮横目无人，
一旦破产无可救，
请以慈悲予救护。

冷热痛苦不可忍，
饥饿难耐互残食，
恶趣痛苦无穷尽，
请以慈悲予救护。

如同虚空般广大，
前世父母众有情，
脱离轮回之苦海，
请求引领解脱道。

晓仲法王师徒从吉雪赶来听法，在夏季法会上，我为上千名僧众授四大教言根本传承，还单独传授《三十四本生传》及我本人的部分著作和释文。由于扎什伦布寺南边的围墙倒塌，立刻着手进行维修。由于战乱和天灾等原因，民工的生活十分困难，我特地为他们提供食物。经过努力，包括3座佛堂在内的所有工程顺利完工。

水羊年(1643年)十二月十九日我前往夏鲁寺，二十四日在朗赛财神大供养仪式上担任主持。落座于一切智布顿仁布切宝座上，为广大僧俗信众作大乘心生起仪轨。我应热绛巴洛桑丹巴达杰之请撰写了龙树大师所著《五次第释义》。

初冬时节，温萨活佛，厄鲁特王土尔库岱钦檀越双方驾临，敬献了令人惊奇的供养。由于所愚障碍之因，小活佛（温萨活佛）不幸得了天花病，不久之后圆寂。随从人员努力做好一切后事，用所献 2000 余两白银铸造了活佛像及降神佛塔，用宝石装点后供养在温寺。我与温寺僧众一道以吉祥金刚大威德仪轨为其作了开光，天降吉祥花雨。

昌都堪布温仲的转世活佛来拜见，我为其授近圆戒，讲授佛法，满足其心愿。土尔库岱钦和固始汗法王捐资塑造了六庄严、二圣、萨迦班智达、一切智布顿大师、宗喀巴师徒三尊、历辈达赖喇嘛、温萨巴师徒等许多印藏大译师和班智达的像，还用 2000 两白银塑造了比大昭寺觉卧仁布切还大的佛祖像。在新佛堂中间，由康济鼐出资塑造了我的巨大泥塑像，称为喇嘛拉康。东面是供有释迦牟尼像的汉地拉康，西面是从曲米度母像为主的鎏金拉康，对新建的鎏金佛堂进行装点，摆放各类供品，布置十分精美。同时，给矛工匠们丰厚的酬金。表现神变月七日至十五日佛祖功业的堆绣唐卡完成后，于木猴年（1644 年）八月上旬，我同寺院密宗僧人一道，以吉祥集密仪轨作开光加持，在大殿内诵经、广散布施。

木猴年（1644 年）初，厄鲁特大官康卓加布亲友和大批随从来到卫藏，在卫藏各地广散布施、捐献所有财物、出家受戒，过着隐秘修行的生活。色钦法王以前来到西藏时，财富之主后金国王[1]控制着除喀尔喀厄鲁特之外的所有蒙古和汉地的上万城市，尚未属于佛教信徒之列，其实力非同小可。当时人们议论道，法王如能前往，对于佛法和众生都将有益。法王说，我的身、语、意已经奉献与

① 指洪台吉。蒙古人对洪台吉尊称为博格达汗。

您,如果您让我走,我可以立即出发。至此,他带着对后金之王的信件与礼品离开,要求五年内返回。到了那里以后,呈现许多奇异吉兆,王与民众对他非常敬信,纷纷入佛门,将法王作为顶饰,给予丰厚供养与服侍。本来要求他长期留在那里,但是考虑到已约定好返回时间,只好答应以后再次回来。返回之路启程时,王为一切智活佛以及我师徒俩捎来信件和每人 1000 两白银、各种宝石器皿、丝绸布料等优厚礼品,不作教派区分,为西藏的噶玛巴、萨迦瓦、达隆巴、主巴等大喇嘛都捎去信件和银器具等礼物。对卫藏僧众奉献斋茶,发放银币布施。他派来的金字使者于木猴年(1644 年)十月抵达,广散布施供养。

在这之后不久,喀尔喀大王卫津也来到西藏,如同前面一样做大量的布施供养,最后断然醒悟,破除各种障碍,毅然决然地削发为僧,我给他授予沙弥戒。在那段时间,我为前来的拜谒者做金刚串灌顶,授予《纳唐百根经》随许,并授予布顿仁布切、一切智根顿珠的文集和寓言教诫等传承,为来自外地的信徒授予近圆戒、近世戒等,满足了各自的心愿。

木猴年(1644 年)即将过去之时,打算对夏鲁寺佛塔进行维修。但在寺院主要高僧大德塑像和大慈悲自成像面前进行卦算后,认为现在不适合对佛塔进行维修。因此,只能作罢。有一天,梦里一位披着袈裟的身材高大的比丘对我说:现在到你维修佛塔的时候了,并洒下吉祥花瓣后离去。

十一月十日,在洛桑群培法王指挥之下,正式开始维修工程。虽然已到隆冬季节,但感觉不是很冷,有时似乎要刮起大风,这时候若有人抓起一小撮我曾亲手触摸并加持过的青稞向空中抛洒,立刻就能扭转乾坤,不再刮风。安装塔顶宝伞时,天空中浮现出吉祥八宝图样的彩虹,天神降下如雪花般的花雨,众人皆有目共睹。

过去的塔顶是用石头垒成的，为了供养诸善逝、利益佛法，用50余藏克黄铜、200余钱黄金精心制作塔顶宝伞的装饰、宝幢等，并于十二月初顺利完成。由日普寺主持仁庆索朗却珠贡献的大铜锅也用于上述塔顶的制作。

当月十五日，我前往夏鲁寺。第二天，以吉祥金刚坛城仪轨与寺院僧众一道做开光的准备并于十七日正式举行开光仪式。此时，将王子姐妹与喀尔喀卫津官员尊为施主。当初，一切智布顿大师新建大佛塔开光时，任命蒙古官员为施主，此次维修工程的开工日期和任命施主等都与当初的情况不谋而合，显现吉祥圆满之因缘。我给予工匠们丰厚的酬金，为参与开光典礼的僧俗大众摆设筵席，敬献吉祥哈达。温暖的气候并浮现的彩虹、天降花雨等奇特吉兆令所有人心生喜悦。

第二天，在夏鲁寺举行供奉财神仪轨。在扎什伦布寺为由色钦法王和札仓法王出资铸造的两尊银质佛像、大画师洛桑群培法王师徒绘制的本尊与度母壁画、朱古曲英嘉措师徒绘制的佛祖传记、高僧大德传记等作吉祥集密开光加持。

一切众生利益之源唯有佛法可以皈依，而宏传佛法又要靠寺院学经制度。为此，为各教派寺院僧人多次敬献斋茶斋饭、发放布施。特别是考虑到闻思毕业后进行闭关修行乃佛门弟子的重中之重。为此，特在轨仓日山上建立以噶青杰曹巴为主的20余名持教者修行院。在琼地甘丹拉顶、嘉地欧竹群宗两地建立由噶究热绛聚集的修行院，委托吉仲志巴并出资在塔杰寺建立修行院。为在热振、塔布、吉雪、尼木吞等寺三戒具备的修行比丘们提供生活条件，这些修行院的所有僧人均严格按照仪轨静修，体验如大海般的显教精髓，成为佛法一饰。

与此同时，鉴于温寺原上师们所居寝宫等虽具足加持力，非常殊胜,然而存在面积偏小。为此,在此前面开始修建24柱大小的房子。经过7个月的建设,已完成女儿墙、糊墙等工序。无上佛祖以慈悲利益众生,正如:

“佛陀解脱众生,
非为用水洗罪,
非用五指解苦,
非靠出让觉卧,
而是明示佛理。”

如上述所言,主要通过讲法、传法。因此,语的功绩最为至上。木鸡年四月,为了新立金字《甘珠尔》经,安排拉加里王主仆从艾地方的文稿书写人员中认真选拔,最终召集出众的书写人员111名;为了在温寺和密宗僧院护法殿中新立各护法神的面具,召集7名塑像行家,用上万钱金子炼成金汁,在来自内地的蓝色纸和经过染色后的如同琉璃般的藏纸上,每一经卷用36古雪金子书写,共有108部。顶盖用元朝时期的优质布料叠加而成,前帘4层,白玛吞替周围用红布装点,后帘用元朝时期的门孜丝绸制作,经夹板涂以深红色颜料并用上百钱金汁绘图装饰,到九月份全部完工。

由本人和译师热绛巴次旦坚赞、奔仓吉仲洛桑旺杰以及热绛巴洛桑丹巴塔杰一道负责校订,成为今后值得大家信奉的具有示范意义的写本。由噶究热绛巴组成的仪仗队手持各种供养法器列队,本人手持香炉在前引领,将金字《甘珠尔》经请到寺院里,并以吉祥集密仪轨作开光加持。为负责开眼的比丘和僧众发放布施,给予丰厚的供养。迎请《甘珠尔》经和开光加持的那一天,天降吉祥花雨,人人赞叹。

与此同时,塑像工匠们完成了上、中、下三士护法,吉祥集密护——吉祥天母班旦拉姆、姊妹护法以及温寺吉祥五怙主、三女神等佛像的立像工作，并且献上珍贵的装藏物。这些护法神像均由上等药泥制作而成，并用绿松石、珊瑚、珍珠等宝石装点，活灵活现，足以威慑邪见，吸引贤哲。对于《甘珠尔》经的书写人员及其塑像工匠们，无论在日常还是每一阶段都提供满意的饮食，并发放了金银、绿松石、珊瑚、蜜蜡、茶叶、布料、马具等各种物品作为酬劳。对于温寺佛殿内的红檀木胜乐本尊、吉祥金刚大威德八岁等身像以及用白、红檀香木制作的弥勒、文殊、观音、佛祖像等，继《甘珠尔》经开光仪式结束后，第穆活佛、日喀则第巴朗杰扎西、擦瓦绒郭乌头人等康区的大批客人前来拜谒，为僧众献斋茶，发放丰富的布施，还单独给我敬献了丰厚的礼品。对有意愿追求暇满人身价值的善知识们作如下提示。

光明救主燃灯佛，
再生佛祖洛桑扎，
恩重如山根本师，
为其顶礼请救护。

获得暇满人身宝，
不能追求根本利，
舍弃宝石拾小利，
虚度人生令人悲。

如同秋季空中云，
人之福祸难预测，
亲眼所见不为然，
与之旁生有何异。

世间荣华如风中，
莲花叶上一滴水，
何时掉落说不准，
贪恋此生实不值。

生来奔向死神口，
随时可遇不测事，
不为所动贪此生，
常见之人何等愚。

离弃亲友与财富，
如同荒野中遭劫，
孤身一人奔彼世，
唯有佛法可皈依。

善业结出安乐果，
恶业结出烦恼果，
因果无欺亲眼见，
倒行逆施如跳崖。

轮回之顶至地狱，
业力烦恼汹涌起，
生老病死常折磨，
时刻不忘轮回苦。

可怖轮回大海中，
能够救度船之主，
唯有上师各尊长，

时常皈依未有错。

积蓄有尽聚终散，
高位有降生终死，
时刻记牢无常见，
争分夺秒苦修习。

此生八法易迷恋，
浊世生灵命短暂，
彼世恶趣令心寒，
努力精进解脱道。

为了救度三苦中，
反复煎熬众有情，
努力修炼菩提心，
迅速获得解脱道。

为前来拜谒的第穆活佛及地方施主等大批人员授予金刚串修法随许。日喀则第巴朗杰扎西请求赐予教言训句，书写如下：

胜于十万太阳光，
纯金制作具百叶，
如同神奇莲花般，
顶礼一切智足部。

慈悲心中不放弃，
凶恶时期诸有情，
身着酱紫僧衣裙，

顶礼第二佛祖身。

暇满人身具吉祥，
远离罪恶一身正，
善趣菩提解脱道，
追求高尚应结友。

难寻通往善逝道，
此生不容虚中度，
如若虚度定后悔，
无尽痛苦接连至。

罪恶之果不立显，
不像利刃砍树枝，
恶有恶报慢显现，
来到彼世亲自受。

不以恶小而为之，
知耻明理弃小恶，
布满空中诸星星，
均有细微灰尘构。

善举善言和善意，
无论大小不可弃，
春天到来暖大地，
种子发芽不可挡。

病老相随如形影，

一时一刻不停留，
就像太阳落西山，
径直走向死神口。

浊世众生命短暂，
如同风中之水泡，
何时灭失难预测，
精进善业为上策。

流离失所轮回间，
唯一皈处三圣宝，
布施守戒与忍耐，
除此之外无他友。

佛与喇嘛尊为上，
白皙双手戴宝环，
搭配八法之项链，
离怒能仁行为雅。

对待百姓如子女，
百姓也会尊如父，
野生动物要禁猎，
恶人抢匪要严惩。

若持门派之所见，
说明修炼不彻底，
如同竹篮装面粉，
如此之举应抛弃。

享用再生佛祖法，
纯洁甘露神之饮，
世间繁华如火烧，
为了众生入菩提。

学习神圣菩萨行，
教规戒律视如命，
不久可获三法身，
无需多言智慧人，
千言万言归一句，
学习以往贤哲王，
一心修善不言弃。

以上是根据第巴喜孜朗杰扎西的请求由持显密教秘诀之人罗桑确吉坚赞写于大寺扎什伦布。

我为林堆法王吉采堪布仁庆扎西、土登朗杰等堪布及卸任堪布、桑旦堪布等众多善知识作六臂怙主、长寿灌顶等。为前来拜谒的布东至尊师徒授予上师瑜伽行和吉祥天母班旦拉姆随许。不久之后，一大批被称之为由东科尔晓仲嘉哇嘉措夺舍[①]转生的东科尔师徒一行到来。我给东科尔晓仲授予近住戒，赐名多居嘉措。另外，授予色青台吉等人以近住戒，给廓罗吉转世灵童授出家戒等，不胜枚举。噶托喇嘛维色坚赞之转世请求赐予精要的教诫善言，我撰写如下：

顶礼利益众生的能仁之王，请求赐予吉祥和福运！

---

① 密法，使自己的灵魂进入别人身体的一种法术。

大海之中有孔木，
百年一触鳖颈项，
暇满人身也如此，
须知难得勿虚度。

万物无常如秋云，
青春资材如水泡，
寿命短暂如闪电，
坚定信念修佛法。

梵天王之巨财富，
做梦也勿向往它，
一切皆为烦恼源，
努力精进解脱道。

获得善趣之果实，
根本要靠守戒律，
哪怕生命遭威胁，
照样守好是贤哲。

常思常想皆众生，
均是养育我之母，
慈悲怜悯与菩提，
利乐之源记心间。

皆法实为无自性，
愚昧之因似实有，
掌握无我之利器，

斩断我执之命根。

一生一世获解脱，
唯一道路是入法，
浊世有情须清醒，
闻修佛法获三身。

在一切智活佛的安排下，第巴和罗桑确吉坚赞双方为了消除障碍来到桑珠孜，我为他们授予得闻经教之诵传。马年动乱之后，当时孜东、色夺金、扎玛曲德等很多寺院和大小地方官员均遭到掌政者的严厉批评，连一封信件也很难呈递上去。因此，我在中间做了很多协调工作，以防止事态进一步恶化，用纯洁善良的心获得吉祥与福音。

一月份的祈愿大法会上聚集了大批的僧人，为佛法和众生利益祈祷祝福。法会结束近两个月时，精进于积德行善。初冬季节，我对前藏地区雅鲁藏布江以南的贡嘎曲德寺至达拉岗布寺之间江南江北的各派寺院不分大小均奉献斋茶、发放绸缎和钱币等布施。活佛也特派师徒，对后藏地区的大寺院同样进行供养，由此所获善根祈愿成为一切有情众生抵达菩提道之缘。

春季，我前往谢通门温泉，当地僧俗百姓给予隆重的欢迎。期间为900余名僧人提供斋茶、斋饭并发放布施。岗木活佛和西白法王二人邀请我前去为新建的寺院所依撒花加持，为各所依进行撒花，为修行者讲经授法。我在图登寺和达尔顶寺大殿中为僧众讲解了《修心七十七经》，凡步行能走到的寺院和札仓钦莫、甲贵雄、若格措寺等都敬献了斋茶、发放了布施供养，并各赠送一优质顶幔华盖。我为8000余名僧俗群众作长寿、马头明王集体灌顶。住在温泉期间，迎请了杰赛仁布切塑像，并进行祈祷、供养，给予日乌珠增、札仓钦莫、土登、扎西格培等寺先后捐赠了一座供养庄园。

回程途中，为江孜觉卧佛进行加持，为僧众提供布施。在扎玛曲德寺僧人仪仗队的欢迎下，我为新建成的佛殿开光撒花，奉献供养布施，然后顺利回到扎什伦布寺。此后，赛仁钦孜派人邀请我前去，途中纳唐寺堪布、上师、僧众夹道欢迎。在此驻留一天，朝拜了内外各所依，给予供养，发放布施。

俄尔寺在鲁古日山上设宴欢迎，在仁钦孜由扎什伦布寺密宗院热绛巴们为新建成的佛殿进行开光加持。当年春天非常寒冷，但开光之日天气却很好，良缘齐具，为在场的僧众献茶食、发放布施，之后重新回到扎什伦布寺。森康贡活佛突然来到扎什伦布寺，请求授予多个教法传承。虽然非常忙碌，仍然抽出时间组织法会。开始时，讲解了至尊宗喀巴大师及克珠杰的部分文集内容、《噶当派文集》《菩提道次第广论》全部以及大部分噶当派源流等内容，之后还单独讲授森康贡活佛授《密宗次第》、我自己的部分著作、《纳唐百根经》《修法大海》《怙主十三教言》等诸多经教随许。为拉章坚赞吞布之顶制作了鎏金的胜利幢，还用 17 两黄金为甲那拉康(汉地佛堂)主佛释迦牟尼像制作了宝石灌顶，并作诗如下：

闪耀吉祥福喜光，
宝石点缀纯金幢，
献于净饭王之子，
由此所积善资粮，
祈愿佛法弘四方，
利益三界成福海，
如同虚空般众生，

迅速获得三身位。

夏安居时，我为以各个转世活佛为主的扎什伦布寺上千名师徒以及白居寺的堪布与上师们授金刚串灌顶。闭关结束之后，前往岗坚群培寺，为新立的佛祖像开光加持，发放布施。从岗坚寺返回后，秋季为500余名僧人提供饮食供养，佛事和顺。与转世活佛一道前往温寺，授予部分教法传承，之后他们师徒前往前藏。由大画师曲英嘉措做主，在佛殿内绘制了令世界惊叹的诸善逝佛与十六罗汉像等；在中心佛殿和怙主殿内绘制了佛菩萨和诸护法神像，栩栩如生，活灵活现。我为此进行了开眼、加持、发放布施等利益有情众生事宜。色钦法王特派西绕喇嘛师徒，将一尊吉祥金刚大威德鎏金佛像、各种法器以及由大皇帝赠予他的特别礼品等敬献于我。桑普林堆师徒们和不少僧人、隐修者前来拜会，满足了他们的闻法心愿，特别是向温寺僧众授吉祥金刚大威德四随许法、吉祥五怙主、三形吉祥天母等传承。

在此期间，还为僧众奉献了饮食供养，为热绛巴洛桑丹巴达吉授吉祥时轮金刚瑜伽诵传。此时，襄地方的施主与僧众邀请我前去，途径格培山来到贵仓修行山庙，为仲巴杰曹巴尊追坚赞、宁多嘉措法王等持三藏比丘隐修者授予《蓝琉璃注解》及其他教理传承。这里的隐修者，出于内心深处的崇敬给予我特别的礼遇并讽诵长寿经，我也回敬了丰厚的供养。

之后，邀请我到扎西孜寺并盛情款待，我授予他们灌顶、随许等。之后前往扎西曲宗寺，作祈祷祝福。返程途中正好赶上吉仲芝娃修行地达杰寺十五供日，为隐修者作上师瑜伽行传承、撒花祈福，双方给予特殊礼遇。来回途中，列巴群觉在仲堆康萨家盛情迎送，表达祝福。

我回到扎什伦布寺后照常举行冬季法会，为祈愿大法会着手准备珍珠祖衣[①]等各种供品，为僧众奉献厚重供养，为弘扬佛法、利益有情众生诵经祈福。祈愿大法会结束之后，为我特派多吉坚赞分别敬献热振寺等拉萨河以北的寺院斋茶，发放绸缎等布施供——对后藏地区的大寺院也与上述一样。

春季第二次法会上，我为僧众讲解噶当宗派源流中剩下的部分和律部教理等，并为先后到来的噶究巴、热绛巴、隐修者等授予经教传承、出家戒、比丘戒等。法会期间，每天为僧众提供一次斋茶，并于散会前发放布施。那一时段，分别完成了一尊银质佛像，10 余尊鎏金铸像，可以满足全寺僧众斋茶所需的大生铁锅的修、铸、造等工作。在法会上就开始烧煮斋茶。春季开始后，为 4 个僧院发放用以解决斋茶资金的布匹，为 3 个法相院[②]捐献法鼓各一个。

从前年开始，堪布仁布切西绕云丹专门派来人马邀请我前往白廓德庆寺，于是我于五月一日从大寺出发。途中，久丹寺、章木切僧院、仲孜寺、杰吉采等寺院的师徒排列仪仗欢迎。特别是白廓曲德大寺和孜金寺出动所有高僧大德排列隆重的仪仗迎接，寺院也装饰一新，盛况空前。到了拉章噶布以后，我为堪布和上师们授予六臂怙主十三言灌顶、传承。在克珠杰法座上，我为众僧授予《文殊赞》《七义行修心教授》[③]《菩提道次灯论》等内容。我受邀前往大部分僧院，并为他们讲经传法，为新绘制完成的章木切僧院壁画开光加持。总之，受到该大寺院师徒们的崇高敬意和无微不至的礼供。

---

① 比丘所穿的黄色上衣。

② 藏传佛教教徒学习、辩论显教佛学的经院。

③ 噶当派七种修心方法。

我还受邀前往格顶寺,为他们集体授予吉祥时轮上师瑜伽行等传承。又受邀前往乃宁寺,由老堪布、上师们骑马迎接。僧人们排列仪仗,姊妹护法神列队欢迎。由堪布仁布切新立很多壁画与塑像,我为此进行了开光,并单独传授了几部随许法,为众僧讲经,从参卓僧团开始对所有僧人发放布施,奉献供养。特别是为乃宁寺和白居寺(白廓德庆寺)多发放哈达一条、斋茶5次。

我接受了江热、仲孜、白康措巴、白朗县官等的礼供之后来到夏鲁日普寺,并主持一切智布顿的供养法事。此处如同来到了莲花生金刚宫殿一样,身着英雄武士服装的人和僧人们列队欢迎,恰逢五月长净十四戒行时,呈现良好因缘。在该寺,我为所有僧众捐献上等布料、为念修(为本尊修习、供奉)僧特别捐献一卡丝绸。此时,色钦热绛巴邀请我到其寺属庄园——甲庄园(藏文字面意思为铁庄园),用7天的时间作修行,善业发达,礼供细致。在那里我也敬献了斋茶和其他供养。在新建的俄珠曲宗修行山庙中停留两天,并处于禁食修行中。返回时,来到萨木扎修行山庙,为隐修者发放布施,讲授《至尊多吉瑜伽母教诫》。之后来到扎什伦布寺。

夏季,我为上千僧众讲解《菩提道次第中论》。此时,从吉雪而来的至尊母(རྗེ་བཙུན་མ།)师徒、各方的隐修者、请受各类戒律者等纷纷聚集此地,我按照各自所愿讲经授法。闭关解除后,为期一个月的秋季法会期间为参加法会的僧人献茶食供养,发放衬钱。由大画师朱古曲英嘉措虔心创作的表现佛祖重要功绩、十六罗汉、弥勒生平、宗喀巴生平、圣上罗桑顿珠及克珠桑杰益西生平的大唐卡,以上等布料镶边,成为世界一饰及珍贵供物。秋季,在我处于严密的闭关修行中时,色钦法王先来到,随后对宗喀巴大师开创的格鲁派持有特殊信仰的后金国王(སྔུར་ཇེད་ཀྱི་རྒྱལ་པོ།)以虔诚之心派人送来珍贵礼品,为寺院献斋茶供养,并为每位僧人发放一两银币布施。

我给大皇帝寄去回信和精选的礼品，随愿为使者讲经授法，并将来自皇帝宝库中的珍珠与斋茶一道赠送给后藏地区的各大寺院，给白居寺13座僧院赠送了顶幔华盖、上等绸缎，给昂仁曲德寺以黄金和珍珠布施，献三四次斋茶。

此时，达拉法王、喀尔喀王汗王的母亲等也来敬献供物，为僧众发放布施等，我授予他们各自所愿经教传承。

初冬时节，由朱古曲英嘉措设计并素描的杰钦朗推赛（财神天王）堆绣唐卡制作完成，于夏鲁财神供奉节上前去捐献，我为僧众发放布施、供养。今年各地砖茶非常稀少，因此祈愿大法会期间所需斋茶的准备工作由我来负责，虔诚的信徒们纷纷捐献斋茶供养，施主众多，僧团庞大，法会隆重，盛况空前。

我于元月十五日为岗坚寺新立佛祖像献5两黄金，为僧众进行供养。之前，为岗坚寺捐献了一尊工艺出众的银质佛祖像，并进行开光加持，还用很多黄金为扎什伦布寺弥勒大佛等所有大殿内佛像进行涂装，为弥勒大佛供献琉璃等珠宝制作的项链，为弥勒殿和中心殿上顶制作了精美的顶幔华盖，还为护法神殿内所有神像及其他佛堂内的各所依制作了佛衣、项链、耳饰等。

三月初，汗王施主到来，我为其做了除障法事。春季第二次法会上，同本寺僧众一道为来自卫藏两地的受戒人员、隐修人员、色顶寺僧众等人献丰厚饮食供养，为集体授予克珠杰所著《金刚大威德生起次第》和《火供妙果大海之传承》，为隐修者授予由京俄罗追坚赞所著《菩提道次利他精要》的内容，为色顶寺师徒和隐修者授予八足怙主等各护法神随许。此次法会，将据传由灭累佛[1]等四善逝佛加持过的能言至尊弥勒佛迎请至此。我同上千名僧众一道迎

① 也称拘留孙佛，贤劫第一佛。佛教谓人寿命4万岁时拘留孙佛出世。

接，并向其敬献上等佛衣、来自内地的大珍珠项链、上等珊瑚串大小各一。为消除自己与他人的不顺之障，为谢通门以下的所有大寺院送去布施供养，为扎什伦布寺捐献黄金。不久之后，为第一次所立《甘珠尔》经写本捐献优质经布。夏安居时，特此讲解了教义，发放布施；在秋季法会上同样献茶布施。

遍持年（土鼠年，1648 年）八月，前往莲伦绕地方。强钦寺经师带来了很多请求受戒的僧人，还有来自康区和上下密院的修行人员，我满足了各自的心愿。为吉采堪布授予《菩提道行》传承，并为白廓德庆堪布授予《法王教诫》等传承，授予莲地方百姓长寿灌顶，还为帕索拉康的僧众献哈达，为格丹绕杰林僧人献斋茶，每人发放两藏克青稞布施。给大户人家发放一藏克青稞，小户人家发放半藏克青稞，派人为绒强钦寺献茶布施。

我回到温寺后，为新建成的僧舍进行开光加持。大殿之上卡居佛堂内新置色林玛佛为主的所依、供物排序登记。对大殿和中心佛堂等内的佛像涂金供养，为圣者罗桑顿珠法像献僧衣，桑杰益西尊者法像前献白瓷碗，上方制作优质顶幡，给新旧护法神殿献哈达。同温寺僧人一起为从尼顶寺而来的师徒一行人以及从卫藏两地而来的大批隐修者，讲授《吉祥金刚大威德四随许法》及《菩提道次》《大手印》《大威德生起圆满》等显密教传承。

之后，霍尔噶究巴、霍尔主仆等前来拜谒，敬献各种供养品，授予长寿灌顶等。根据请求我撰写格律诗如下：

心智聪慧行伟业，
皈处佛法教一方，
解除教化众生苦，
顶礼吉祥上师足。

自从现在至后世，
善知上师不离弃，
崇信善恶之业力，
弃恶从善予加持。

轮回之界视火坑，
以慈培生菩提心，
日夜坚持菩提行，
明理无我根本道。

在温寺修完胜乐本续内容的僧人前来应考，为每一位应考者发放礼品。为其他隐修者和温寺僧众授予本续经教诵传，每位僧人发放一钱金币。我回到扎什伦布寺后不久，为近侍鼐夏巴、隐修堪布、古格群则等部分隐修者讲授《菩提道次疑问解答》等经教传承。冬季法会上，为近2000名僧人每人发放一钱金币布施，同时为后藏地区各大寺院献茶布施。此时，从阿里、康区、青海等地来了很多请求受戒的人员。不久之后，达擦活佛前来为僧众发放布施供养，我为其及其他隐修者授《五次第释义》等多种传承。后金国之人（སྟོར་རིང་ཀྱི་མི）西绕喇嘛与色康的噶究巴一起献上宗喀巴发愿所依释迦牟尼佛像。色康噶究巴等请我授出家戒，我满足了他们各自心愿。我热情接待僧俗客人，回答他们关心的问题。

十二月份第穆活佛到来，祈愿法会结束之后，我立即处于闭关修行中。其中有第穆活佛、仲达确吉、俄尔寺塔孜瓦等。根据他们的意愿我讲授了多部经教，对上百名前来求授沙弥戒者的心愿予以满足。

违越年（土牛年，1649年）二月十八日委托朱古曲英嘉措设计弥勒大佛堆绣唐卡。开始进行素描时，突然从天空中射下几道光束照在布料上,之后出现了之前未曾见过的彩虹。堆绣唐卡的背面写满了佛祖长短密咒、弥勒佛誓言以及广、略、中格律诗祈愿词。与此同时,在吉仲洛桑曲扎的指挥之下,正式开始扩建展佛墙。为僧众发放布施,对周边的各大寺院敬献斋茶、发放丝绸锦缎供养。擦瓦活佛、阿齐图确吉等客人为寺院发放布施,捐献财物。我为第穆活佛、厄鲁特确吉以及几位隐修者授予《修心》《怙主十三法》《二十一度母》等经教诵传随许。

为上述求法者授予善知识夏热瓦和朗唐巴的教传,作三定能上誓言和开天门灌顶。森康贡活佛与第穆活佛先后多次要求我授予用于装藏的诵词手册,为此特地撰写后给予他们。我为仲巴杰曹讲授京俄罗追坚赞的著作,应仲巴确吉要求,讲授《劝诫亲友书》《入菩提行》,给擦瓦活佛、仲巴杰曹、噶钦朗卡等少数人作胜乐钟灌顶和胜乐广释传承。在大护法神殿内献哈达讽诵祈祷祝词。

夏季法会上,为僧众每人发放一两银币的布施,给后藏地区大部分寺院也送去斋茶、发放金银布施,对白居寺每人发放一藏克青稞。

六月份,弥勒佛堆绣唐卡全部完工,由我同密宗院僧人一道举行火供仪式并予以加持,并为参与的僧人敬献哈达,给予工匠们满意的报酬。按 15 卡为一幅堆绣唐卡共使用 270 余幅布匹、两叠上等顶幡以及精制嵌花缎两叠,用卡迪布整块镶边。夏安居期间,为僧众授予能仁之主等 20 余个经教诵传。

八月份,我为已完工的闻思洲壁画等维修工程作开光加持,满足了前来拜谒的客人及求授戒律者等上百人的各自意愿,为噶钦卡甲瓦等隐修者授予大威德圆满生起传承。我派吉仲本仓前往哲蚌寺、甘丹寺、热振寺等前藏北部大寺院,为其送去斋茶、银币等布施供养。此时,扎什伦布寺大殿的无量光佛、弥勒佛等壁画绘制工作圆满完成。在密宗院辩经场等地进行加持，为护法神殿各神像敬献哈达，撰写祈愿词，为密宗院赠送佛像顶饰及佛被。

仪态年(铁虎年，1650 年)五月大法会上，谢通门一带百姓为僧众奉献茶食供养，还为大拉章单独做供养，祈愿我长久住世。十四日，弥勒佛新堆绣唐卡开始启帘，恰逢从内地而来的客人送来了丰厚的礼品，结下顺缘。夏季安居期间，我为僧众授予《宗喀巴大师传记》。

秋季法会上献给僧人饮食供养，发放汉地珍珠布施，对周边的各大寺院也供献斋茶、发放布施。第巴仁庆孜邀请我前去为他出资新立的曲德寺所依作开光加持。我与密宗院僧人一道步行至古鲁日山时，俄尔寺堪钦盛情欢迎。到仁庆孜以后，为罗布法轮洲内佛像和壁画进行开光，作火供仪轨，为赛地方信徒作长寿灌顶，为施主们讲经传法，满足各自的心愿。在那里，我受到师徒们的细心礼供，我也回敬了茶食供养和丰富的布施。返回途中受到色钦热绛巴的款待，途径甲地回到扎什伦布寺。由吉仲洛桑曲扎负责，共出资 4000 余藏克黄铜、8280 钱黄金的大小金顶修建工作正式开始。

我应施主汗王的强烈请求前往达旦寺。于是，九月二十七日正式启程。途中对谢通门土登大僧院、扎西格培寺等大小寺院供献斋茶、发放布施。为谢通门新寺格丹曲定寺进行开光，送去祝福。我应邀到扎西格培寺，为其祈祷祝福。到达旦寺后，从十月三日开始，分别授予集密、胜乐、大威德四随许法等。之后奉献斋茶，给 800 余名僧人每人献一条哈达、一卡丝绸锦缎、一卡门孜丝绸等，对达旦寺上下佛堂全部敬献哈达。

在觉木囊寺，我为尼僧们授予上师瑜伽行传承，奉献茶供和门孜丝绸，之后重新回到扎什伦布寺。施主汗王捐献出强钦和俄尔曲廓宗两地,依靠这两个地方,同时积极创造条件,各自新建了隐修僧团。不久之后,格丹曲廓师徒及塔巴瓦师徒等人先后到来,我为他们作胜乐大威德四灌顶、部分护法神随许等。

在第一次冬季法会上,为扎什伦布寺献珊瑚布施供养,为后藏各大寺院也同样送去布施。三月份,嘉木样活佛与随从、土谢图汗父子等喀尔喀僧俗客人到来,带来了丰厚的礼品,活佛接受沙弥戒。另外,还授予大威德四随许法传承等。

新法会上,我为僧众讲解《五十位上师概况》等内容。五月份,由吉仲负责,完成了帕索寺维修工程的壁画绘制等工作。夏安居时,我为僧众授予《文殊赞》等经教诵传,发放金币布施,捐赠大口水缸一对。这次来了上百名受戒人员,按照教规戒律,在南北房屋中设置的坛城边一起受近圆戒。八月十八日,开始对金佛殿主供弥勒佛像进行维修。二十八日我与密宗院师徒一道对新建大小金顶进行加持,给密宗僧人发放额外布施,为全寺僧众发放一卡丝绸锦缎布施,并为金顶维修工匠们发放满意的薪酬。新绘制的大唐卡由堪布、上师、僧众迎请到护法神殿内。

十月份,我为帕巴拉转世灵童授出家戒,授名帕巴杰瓦嘉措。十一月份,我为本寺众僧献布施,给后藏地区设有讲经院的寺院发放金币布施,并为新建的法会提供条件。由洛桑丹增负责的帕索吉康大殿壁画圆满完成,我与密宗院僧人一道撒花加持以及厄鲁特王都热洪台吉及随从、喀尔喀王诺门额津及随从、内地的恰噶喇嘛西绕等大批客人先后到来,广散布施。森康贡活佛也前来听讲,满足了各自心愿。

十一月十七日,我与活佛、厄鲁特喀尔喀王、第巴吞巴等一起到夏鲁寺。曾经有几位夏鲁堪布训诫护法神时,突然出现昏厥、流鼻血等不祥之兆,后来果断中断了堪布训诫(护法神)的传统。出于对弘扬佛法和利益众生考虑，我亲自进行训诫（护法神），并为曲杰护法神父母敬献上等佛衣、哈达、三头手持法器等。三十日举行供奉财神法事，并为四大天王制作、更换装饰布和衣服。第二天到日普去，捐献可以用来制作整个大殿顶棚的上等布料及一卡门孜丝绸，并为每名僧人奉献斋茶、散发哈达布施。在扎什伦布寺举行了二十九日驱鬼的仪式。

欣悦年（水龙年，1652 年）二月初，热绛巴晓仲师徒、吉雪第巴法王转世活佛及其父亲阿卡曲古、吉雪台吉措吉多吉等先后抵达，广散珍珠曼扎等布施。我根据他们的意愿作灌顶、授传承。

当月二十四日，上万名僧人及 2000 余名尼僧、密咒师聚集在法会上，我每日为其敬献 5 次斋茶、一次米粥，中午和晚间每人供奉一碗糌粑、一坨酥油和一块肉。以上供养共花费 240 余藏克茶叶、近 200 藏克大米、10000 多藏克糌粑、3600 藏克酥油、2400 只牛羊。第一天，为每人发放一条哈达。第二天，发放老门孜丝绸一卡和干茶两碗。第三天，发放一两银币和一卡布匹，还根据各寺人数多少分别献大哈达 15 条、顶布 15 个，布衣 17 件，还有丝绸锦缎、卡其布、金马鞍、银马鞍、白糖等。对主持法会的堪布及上师等单独敬献额外的茶、物布施，对支乌拉差役者和乞丐等上千人每人散发一杯茶及丝绸锦缎，祈愿由其所积得的善资粮成为他人与自己获得菩提境界的善缘。

圣者一切智即将前往内地时，约定好在那噶玛会面。于是，三月十一日我与扎什伦布寺上师们一道经温寺到达格丹绕杰寺，格丹绕杰寺列队仪仗的热烈欢迎。我为他们讲经布施。经过托布杰村庄时，为乌佑各寺献茶布施。翻过雪古拉山后，与俄尔寺堪钦会面。二十二日正式拜谒了一切智，在吉祥、圆满因缘中互致问候，互敬珍贵礼品。并为一切智传授《修心》等经教诵传。

此时,我对一部分行为粗鲁者告诫如下:

无比恩德根本师,
顶礼释迦王之足,
为劝朋友走正道,
慈悲心语言如下。

仇恨忿怒嫉妒心,
罪恶之中为最甚,
哪怕危及生命时,
亦勿生起忿心。

如对佛陀起怒心,
无数无尽大劫期,
坠入可怖火海中,
烧灼之痛未有尽。

如与持戒僧人间,
内部出现仇恨心,
长久时间所修福,
前功尽弃无所得。

抱有害人之心者,
祈求佛陀也无果,
对上不敬遭报应,
违愿之果接连至。

天与非天阿修罗,

一切成为吾之敌，
同样不会离弃之，
烦恼忿怒嫉妒心。

亦可摧毁金刚山，
坠入可怖火海中，
万劫不复遭焚烧。

做到洁身又自好，
必须离弃愤怒心，
依靠忍耐平常心，
今世来生必得福。

在此，为森康贡活佛、羊八井堪布、施主汗王父子、拉加里王、第巴吉雪巴父子等人授经教诵传，并为很多人授戒为羊八井和堆龙上部各寺院发放布施。接到第巴吞巴瓦的邀请，但是没能去成。三十日返回后藏。在莲地方受到僧人列仪仗欢迎。在帕索的7天里，多次敬献斋茶、每人发放一两银币，授予本尊护法神等随许。为延续传承，还专门做长净修行，朝拜各所依，为各所依献哈达、祈祷，为新绘制的大殿壁画与新建僧舍撒花加持。隆囊各寺及强钦林等寺送去布施。

回到温寺以后，我开始7天的闭关修行。闭关结束后，孜东晓仲前来拜会，供献被称之为仲孜拉赛王亲手制作的一切智根顿珠之心愿所依等珍贵供品，向他们师徒回赠了礼物。在温寺的一个月期间，每天敬献斋茶，给近200余名僧人散发粮食、银币、哈达等布施，授予《上师颂》、温萨耳传历辈大德传记等诵传，为护法神殿捐献从汉地来的白檀木护法神像。

回程途中，我先到灵鹫山法台，朝拜了新建堆绣唐卡，为寺院僧众授予上师瑜伽行传承，为每位僧人散发一银币布施，仔细朝拜各所依，并献哈达。扎什伦布寺僧人列仪仗欢迎，奉献斋茶，为每位僧人发放一两银币布施。给弥勒大佛堆绣唐卡捐献盖布，并捐献黄金用于弥勒佛殿壁画绘制和度母殿中两尊度母像的装点，还捐献优质布匹用于制作上下弥勒佛殿的顶布。六月份，为弥勒佛涂金，敬献哈达、银禅杖等，给谢热拉康柱子涂上新漆。十五日，用纯卡迪布制作了大殿顶布，给后藏其他寺院散发布施。

夏安居时，为僧众授予《宗喀巴文集》中的《菩提道次》详解等。秋季法会上献斋茶，每位僧人发放哈达一条。十月份，为南部各寺院送去斋茶和丝绸锦缎布施。十一月份，确吉洛桑丹巴从蒙古而来，供奉大量的礼品，为密宗院举行长寿仪轨作施主。与此同时，吉雪晓仲长兄也献来以九尊无量寿佛为内容的编织唐卡，成为好的缘起。之后，为后藏地区各寺院送去斋茶和 160 匹马驮运的物资。十二月份，给扎什伦布寺众僧布施粮食，对其他各大寺院也广散布施。

尊胜年（水蛇年，1653 年）祈愿大法会上，我为来自四面八方的上千信徒作长寿灌顶。此时，派人给塔布地方的大小寺院送去茶食等供养。二月二十三日，我为 23000 余名僧人、3000 余名尼僧、密咒师提供了 3 天的饮食供养。由于僧人众多，茶、酥油、大米、糌粑、肉等开支超过以往。我给每位僧人献哈达一条、门孜丝绸一卡、丝绸锦缎一卡、银币一枚，金币每两人一枚等。其他参加法会者也同以往一样给予所需茶食。以上支出是根据吉仲洛桑曲扎等管理人员的记录而抄录。新法会上，给每位僧人发放一坨砖茶。当月十三日，为了新建蓝底金字《甘珠尔》经，专门组织了书法班。四月初，安排了在温寺修建 20 余间僧舍的工作。五月份，对鎏金佛像进行洗尘、涂装。

夏季法会上为僧众授予京俄罗追坚赞所著《菩提道次利他精要》传承，给土登堪钦阿旺丹巴授予善知识布多瓦大师论著。包括本寺在内，为后藏绒地方的各大寺院送去斋茶和珍珠布施，用近700 两银子新立吉祥金刚大威德双身像。

八月份，为顺利完成的《甘珠尔》经进行加持并举行火供仪轨，给密宗僧人每人增发一条哈达，给全体僧众发放一卡多丝绸锦缎，给 108 名书写人员每人发放 360 藏克青稞作为酬劳。用上等蒙古布料 40 余卷制作了《甘珠尔》经布、前帘，用色康噶究巴捐献的丝绸制作经绳。之后，又为后藏绒地方寺院送去布施，对吉雪晓仲法王的转世灵童授予《二十一度母经》随许，为部分隐修人讲授《菩提道次》论著。

十一月份，包括本寺在内，为后藏绒地方各寺院散发布施。此时，从内地来的克拉喇嘛（ཁལ་བླ་མ།）、达尔汗法王（དར་ཁན་ཆོས་རྗེ།）、色康噶究巴（གསེར་ཁང་དཀའ་བཅུ་པ།）等人带来了大皇帝的珍贵礼品，克锡王（ཁི་ཤིག་ཕང་།）等献来无上礼品，对此给予尽可能好的回赠。

胜利年（木马年，1654 年）元月祈愿大法会上，一部分厄鲁特官员、岗坚群培寺师徒前来为我祈寿。此时，从四面八方汇聚近3000 名僧俗群众，我为他们做长寿灌顶。圣者从汉地返回时，我专门派人送去礼品。现在，他特地派人给我回赠了丰厚的礼品，为僧众广散布施。给后藏地区各寺院捐献卡迪布各 3 卷及珍珠布施，以作为举行新法会的开支。特别是为岗坚两僧院捐献了汉地珍珠六钱和上等布匹一卷，为这里的 4 个僧院捐献手掌大小的珊瑚。祈愿法会结束之后，由吉仲洛桑曲扎负责，着手维修石板路、门廊、伙房等，给密宗僧人布置了佛殿维修的工作。供奉鎏金弥勒佛像的主殿内用纯金打造了像框。

三月份，森康贡活佛、上百名隐修者前来拜谒。五月份，第巴法王从吉雪前来拜谒，先后为他们讲授心经、大手印等经教诵传和随许。应昂仁堪钦的强烈要求，讲授由至尊喇嘛桑杰益西所著的修心教程。在新的法会上，为西藏绒地方寺院僧人奉献斋茶，每人哈达一条、门孜丝绸两卡、布一卡、银子一两等布施。石板铺设完工后，给大殿熬茶、献哈达，授予无量寿佛上师瑜伽行经教传承，重新又给寺院发放一次布施。此时，在温寺，至尊喇嘛桑杰益西的外所依大佛塔宝伞、胜利幢等新建完成。

六月份，为后藏地区各大寺院送去斋茶和哈达布施。七月初，圣者一切智一行驾临扎什伦布寺，僧人列仪仗欢迎。他在扎什伦布寺驻留5天期间，寺院和我个人都给予盛情款待。之后，在日喀则也受到崇高的敬意和礼供。我和他师徒在一起半个多月的时间内，我给他传授了以温萨噶举之独特教诫法为代表的很多内容，对其他僧俗信徒也作随愿灌顶，授予经教传承、随许等。

八月上旬的一个吉祥日子，由一切智安排，施主汗王来到扎什伦布寺，献来丰厚的布施供养。不久之后，为寺院大殿僧众坐台捐献了长卡垫，也为本寺部分僧院和温寺、岗坚群培僧院捐献了一部分卡垫，给各位高僧额外熬茶一次，为本寺每10位僧人发放一钱黄金。

十月十五日，为僧众献干布施①一次。后藏各寺院也送去布施供养。十一月份，包括本寺在内的后藏绒地方各大寺也送去供养品。十二月，厄鲁特王鄂齐尔图台吉及随从等大批北部客人前来拜谒，献丰厚供养。由他出资新铸的一尊成人大小的纯银无量光佛像供养在密宗院内，为前来参加祈愿大法会的僧俗群众作长寿

① 粮食、物件、器皿等物品。

灌顶。

致醉年(木羊年,1655年)二月,蒙古官员阿巴赖的妻子等前来拜谒并广散布施。噶钦根顿催成邀请所有的隐修人员给予丰富的布施供养。我也给每位隐修僧人一两银子,讲授善知识切卡瓦所著的关于修心一至五部分内容。

五月份,曼室利殊喇嘛和诺布等一行人从内地来此,恰噶喇嘛派人送来了印制《甘珠尔》经的精美汉地纸张。六月份,石板广场的回廊、门廊等维修工作圆满完成。为此我与僧众一道进行祈福和加持,给每位僧人发放一钱黄金布施,讲授《修心八辞》等。

夏安居期间,给僧众发放一两银子,后藏绒地方各寺送去斋茶和丝绸锦缎布施。秋季法会上,给本寺捐献绸缎,给僧众每人发放一两银子。在温寺连续用4天的时间吟诵《甘珠尔》经,期间为僧人熬茶供养,每人发放一两银子。与此同时,为上百尊佛菩萨像涂金装点,给护法神殿敬献哈达。

九月份,给后藏绒地方各大寺院送去斋茶和布施,给吉雪活佛和隐修人员讲经传法。十月一日,给古格芒域等地的格鲁派寺院送去近8藏克斋茶、2260条哈达等。其余的阿里地区寺院则不分教派发放斋茶和1130条哈达。此时,不丹珠旺活佛前来拜谒,带来了很多礼品。对此,为其回赠礼品并授予上师瑜伽行诵传,给后藏绒地方各寺院送去斋茶和布施。以朱古曲英嘉措为主的一批优秀画师完成了密宗院大殿的、无与伦比的、雪域所有寺院之顶饰的壁画绘制工作。

十一月八日,以集密仪轨作加持并撒花祝福。由土尔扈特官员贡布亚顶作施主,给每位密宗院僧人发放哈达一条,给画师们以满意的酬劳。从二十四日起,我感到身体有些不适,因此,推算进行为期一周闭关修行。闭关结束之后,嘉木样活佛前来拜访,供献各种供养物，并祈寿足莲永驻。由于他驻留的时间较长，我先后授予《大威德四随许法》《纳唐百根经》《菩提道次第广略论》等经教传承，并由密宗院师傅传授了南卡坚赞大师所著《本尊生起圆满法》等经教传承。

到了十二月份，给2000余名僧人每人发放一两银子、一条哈达、布匹等布施供养，给上师和活佛们敬献精制哈达等物。在密宗僧众吟诵两遍《甘珠尔》经期间，为其提供全天候的茶食供养，每人发放一钱黄金和粮食等布施。为岗坚、俄尔、日普、色夺金、温寺等送去斋茶。给岗坚寺发放165两银子、卡迪布5卷，给俄尔寺发放210两黄金、卡迪布5卷，给日普寺发放110两银子、卡迪布两卷，给色夺金发放210两银子、卡迪布5卷，给温寺发放151两银子、卡迪布两卷。当月，给岗坚寺熬茶63次，每3位僧人发放一钱金子，共布施124钱黄金；给温寺熬茶41次，给色夺金熬茶21次，献上420余条哈达，并为后藏地区120余名隐修者献斋茶和每人一钱黄金布施。不久之后，给热振寺、甲玛群、拉萨三大寺、上下密院等吉雪上下各地共40余座寺院熬茶，散发1931古雪[①]金子、5726两银子。另外，还为南部各大小寺院献茶布施。当月二十五日，给扎什伦布寺2000名僧人每人发放一钱金子。当月初，由本寺诸位喇嘛、各僧院僧人前来作祈寿法事，我每天为他们熬茶三四次。祈愿大法会时，一切智圣者也派群则那卡坚送来厚礼。此时，朱古曲英嘉措捐献无量光佛主辅三尊像，并供养在与宗喀巴大师相近的右边柱子上。

丑颜年（火猴年，1656年）二月，给谢通门上下部寺院——甲贵雄、达旦、拉孜曲德寺熬茶，发放167钱金子布施。三月十六日，

① 衡量金银等重量的单位。一雪为一钱，一两有十钱。古雪：约等于市制七分。

前来的108名本义巴(官方书写人员)开始了《甘珠尔》经的书写工作。该经书全部用内地生产的蓝纸,并花费近4000两金子制作包括包经布和顶幡。在新法会上,为扎什伦布寺的1970余名僧人每人献哈达一条、银子一两、布匹两卡。此时,森康活佛与温萨活佛前来,强巴灵童与厄鲁特几位头人等为僧众奉献优厚供养。

四月份,为色夺金、达隆朗卡、夏鲁日替、参卓巴、纳唐等寺熬茶,每两名僧人发放一卡布布施。为桑普寺熬茶、献供、发放700钱金子布施。五月份,为谢通门各大小寺院熬茶,每两名僧人发放一卡布的布施。六月份,包括本寺在内的后藏绒地方大小寺院熬茶,散发880余钱珍珠、590余钱金子、900余条哈达等布施,为本寺4个僧院献上等罩顶布,10余座修行山庙按人数发放金子、珍珠、哈达等布施。

九月十三、十四日,《甘珠尔》经的书写工作圆满完成,放置于非常讲究的架子上,从这里迎请至石板广场,与新旧佛像一道举行开光加持仪式。在庆祝筵席上,为全寺每10名僧人发放一钱金子布施,还特别给密宗僧人加发一条吉祥哈达,给每名官方书写人员发放哈达一条、金子3钱、银子4两的酬劳。另外,还发放了布料、珊瑚、蜜蜡、衣物、驮马等大量物品,满足了各自的心愿。总之,在先后两次的《甘珠尔》经新建过程中,均摆设开工筵席并对书写头人及书写质量、速度优异者额外给予奖赏,对校订者也是如此。此时,刚好收到了由恰噶喇嘛和额克亲王寄来的锦缎材质的经绳,缘起甚佳。

十月份,为后藏绒地方各寺院熬茶并送去200匹马驮运的物资。当月十八日为律部的年初时节,这一天,吉雪活佛接受沙弥戒,给我供献了丰厚礼品,对上师等人也奉献了优厚的供养。那段时间,各地来了很多请求授戒人员,我满足了他们各自的心愿。强林医生(བྱམས་གླིང་ཨེམ་ཇི།)等大批僧俗客人从汉地而来,带来了大皇帝的上乘礼物及其他各类礼品,我对此一一回赠。按照强林医生的强烈愿望,授予沙弥戒,赐法名桑杰坚赞。他捐献了 88 件《甘珠尔》经衣,5 部新立《甘珠尔》经的锦缎经绳及银环等,分别用 2000 钱金子新立了佛祖与宗喀巴大师像,用 733 钱金子新立无量光佛像,用 605 钱金子新立无量寿佛像,以上均在十五日前完成。

十一月五日,昆京喇嘛和西绕喇嘛二人邀请了扎什伦布寺诸上师和隐修者,敬献了布施供养,给后藏地区各大寺院送去斋茶基金和布施。为色夺金寺熬茶一次,发放 17 卷布匹和其他供养物,给喀尔喀诺木齐授予近圆戒。先后新立极乐世界和甘丹世界唐卡,作精美的裱装后,在祈愿大法会时节献给了寺院。

十二月十六日,闻思洲各所依新立完成,与密宗院僧人一道开光撒花。厄鲁特王巴图尔台吉、济农、格丹塔杰等施主前来拜谒,缘起甚佳,我授予各种经教传承,满足了各自的心愿。全寺僧众用 7 天的时间讽诵《甘珠尔》经,期间每日熬茶两次,斋粥一次。最后一天,为 2000 余名僧人发放制衣布料,为后藏地区大部分寺院熬茶,并送去 100 钱金子、20 匹马、一些大蜜蜡、7 串手珠等布施。护法大王神谕:哲蚌寺师徒要从本人处取得祈祷诗词后反复讽诵。于是哲蚌寺大管家来此求赐祈祷词,我立即撰写后送给了他。

金种年(火鸡年,1657 年)元月三日,为法会熬茶、献哈达。祈愿大法会上各大寺上师、活佛、曲隆堪钦、蒙古头人等邀请我并献祈寿礼。祈愿法会即将结束时,献丝绸锦缎、金马鞍等大批布施。当时,札仓法王江央西绕供献中原风格的吉祥金刚大威德唐卡和金银布施。佛陀说:诚心皈依上师是此生与来世一切利乐之源泉。然而,在很多地方出现了一些人:开始按自己意愿求法,之后不久就产生傲慢情绪,对上师也不恭不敬。因此,我以慈悲之心撰写如何皈依上师的教诫。

一切佛陀五圣智，
依据众生所需显，
无欺皈处上师尊，
永驻我心莲花蕊。

一切有情眼前利，
永恒利益及安乐，
唯有皈依上师后，
渐可实现佛之言。

听过上师一句话，
不管水平深与浅，
务必敬信忌指责，
佛陀所言亦如此。

请授六字之随许，
即便长达六劫期，
以礼供养该上师，
难以报尽其恩德。

诚心敬供善知识，
胜于敬供佛菩萨，
可获更多圣福果，
龙树大师亦如此。

放弃一切礼供行，

唯独礼供己师傅，
亦可获得殊胜智，
若对上师不恭敬，
罪孽之中属重罪，
坠入恶趣遭苦难，
一劫一劫无止境。

诋毁上师之罪孽，
听来天人生惧怕，
无间地狱中煎熬，
永无安宁之时日。

废寝忘食精进于，
显密教理不间断，
但若污蔑己上师，
亦将坠入地狱中。

即使智力再优秀，
仅凭自己去学习，
如同老狗寻食物，
遇见何物遂食之。

污浊时期难觅得，
没有瑕疵之上师，
但要以礼必皈依，
戒严智圣上师尊。

具足智慧严守戒，

方能战胜内外敌，
暂时永恒利益树，
能够结出丰硕果。

白廓德钦寺堪布前来敬献精美的曼扎，我根据其意愿授予修心的教诫。二月十五日，由大密咒师贡觉坚赞作施主，密宗院僧人、扎什伦布寺各上师共同举行祈祷法事。我暂时进行闭关修行。来自康区的客人和受戒人员等不少人先后前来拜谒，特别是岗坚堪布、杰吉堪布、土登堪布等。我根据土登堪布的心愿授予《圣观世音念修》随许，还给不少人授戒。后藏绒地方大小寺院熬茶并发放布施。

三月六日，开始了中心殿的维修工作，新作菩萨及八大弟子顶饰。圣者四臂观音像莲花座，内殿中新立精美佛像及宝石装点。佛祖及其弟子像等先后花去461钱金粉与8600东帮（སྟོང་པག）金箔，使其成为养眼甘露般百看不厌，另外还新制作了上等布料的顶幔华盖及柱幡。那时显现出获得神与上师加持的吉兆。为扎什伦布寺每名僧人发放20斗青稞的布施，为孜东曲德寺献两粒大珊瑚，为扎什伦布寺密宗院献大小珊瑚共24粒。

四月份，为温寺僧众献茶布施。此时，顺利完成了由3藏克合金铸成的佛陀像及18藏两（གསེར་ཞོགས་ཉག）[①]合金铸成的弥勒尊者像，形态十分优美。当天，恰逢举行内殿各新立佛像举行开眼仪式，缘起甚佳。我之所以先后花费大量的金银财宝新立宗喀巴上师、佛祖、弥勒、无量光佛等像，其目的就是心向往于我的所有有情众生尽快踏入喜足天、极乐世界中。为色夺金寺院熬茶，献各类布匹多卷。强巴林寺和措根顿岗寺堪布等贤哲为我供献祈寿礼品，

① 旧时藏制重量，一藏斤的1/20，约重2/5市斤。

为他们讲经传法。不久之后，泽当阿曲寺、日沃德钦寺、贡嘎曲德寺等前来献礼祝寿。我向以上各寺回赠了斋茶、布匹、珊瑚、蜜蜡等。为扎什伦布寺4个僧院供献大量的珊瑚作为今后的斋茶基金。有人估算相当于每个僧院捐献了近5000斗青稞的供养布施。

五月份，用两克合金铸造了佛祖像，用18藏两合金铸造了弥勒佛像，用近200两银子铸造了佛祖像。当月底，为密宗僧院举行酬补仪轨作礼供，献上哈达。前年八月份，由部分蒙古人、康巴人、塔工人等组成的部队进攻南部。与此同时，萨迦晓仲与第巴吉雪巴等也前去调解，作了不少努力。然而，双方都不听劝解，互相对峙达一年之久。正如：

一切恶趣中痛苦，
人间皆能遭遇到，
冷热煎熬如地狱，
旁生痛苦也要受，
即便具备强势力，
亦是不可抵挡它。

正当周边的世界被痛苦的火焰摧残时，有人希望我前去调解。我始终牢记佛陀关于利益有情众生就是对我的最大恭敬等教导，为一切有情众生怀有慈悲之心，决定前去调解。我心想，如果空手去调解可能不合时宜。于是派索朗平措、噶钦群觉等官员、随从，分别为第巴管家和不丹世袭工送去丰厚的礼品，为各自的军官赠送共100余条哈达、上千两银子、50卷布匹、3两黄金及绿松石等各种礼品。双方不是因为赠送财物而动摇，而是从心底听从了劝告，双方达成了四五年时间内不再挑起事端的协议，使得战乱中的百姓不再生活于水深火热之中。在前后两次的进攻南部地区的战乱中,双方之间都有乃宁吉仲等人物被俘虏。和解后,互相交换了200余名被捕人员,使他们得以回到各自家中,安乐生活。

以上所行之善业,
积得殊胜诸福报,
但愿轮回中有情,
业力杂染浪四起,
三个烦恼苦身心,
坠入轮回苦海中,
获得解脱圆满道。

在夏季法会上,我为昂仁、拉孜曲德、达旦、岗坚、俄尔、纳唐、夏鲁、色夺金、温萨、达隆朗卡等寺送去斋茶和黄金等布施,给温萨寺供献上等布料的顶饰及柱幡等,特别为本寺夏季法会期间熬茶、发放黄金布施。当年夏天,为新立的两尊佛祖像捐献4藏克合金,新立的一尊弥勒佛像捐献18藏两合金。

总之,前后共献6552钱金子,在当年内新立佛像7尊。之前,用纯金新铸宗喀巴大师像等11尊佛像。为此,不少智者给予充分认可和赞许。但是不少吝啬者表现出无法理解,甚至产生嫉妒之心。本人虽没有视金钱如粪土的觉悟,但心中始终铭记着佛祖关于视世间繁华如火盆、如秋云的教导,由此产生如下感想:

财宝装满三空界,
权势统治天下人,
一旦落入死神口,
堆积如山般财富,
无法带走一分厘,

不能带走一随从，
如同荒野遇劫匪，
赤裸空手孤身行，
贪恋此世诸享乐，
实为疯子不可取，
生在善趣自由时，
应谋根本之利乐。

此时，新立一尊银质能仁王像、10 尊响铜佛祖像、10 尊弥勒佛像。另外，还用 48 藏克黄铜新铸其他佛像，用 65 钱金粉涂装后显得十分亮丽。佛陀说：如果新立一座哪怕如钢针大小的柱子、草叶大小的宝伞的佛塔也能摆脱地狱中的刀剑之苦。一个心慌意乱者看一眼绘有善逝者形象的壁画，或听一声佛铃也能脱离轮回。我对此深信不疑，这也是我先后新立如此多尊佛菩萨像的原因。

圣地中心金刚地，
才艺出众诸贤哲，
精心打造所依像，
可比世间稀有宝，
因此而生加持力，
消除众生烦恼苦，
获得佛与菩萨身。

当时，在本寺聚集了 343 名僧人，我为每 20 名僧人献一钱金子，每名僧人献一条哈达。不久之后，吉雪吉仲益西和施主汗王等先后来到，我给他们作长寿灌顶。众施主离开后，我立即处于严密的闭关修行中。

在秋季的新法会上,我为 777 名僧人提供同原来一样的供养,发放珍珠布施,佛事兴盛。用金箔为温寺新立佛像镶身,使其成为令人心旷神怡的所依供物。当本寺密宗僧人吟诵完《甘珠尔》经两遍时,我特献 15 钱金子作为酬谢。

当年八月上旬,吉雪活佛联同密宗院 4 位导师开启无量寿佛坛城,作祈寿法事。吉雪活佛请求赐予用于祈寿仪轨的愿词。因此,我以事续的独特风格撰写了无量寿佛祈愿祝词。为密宗院僧人及其服侍人员熬茶并每人发放一两银子。那段时期,从拉萨三大寺、南部地区以及康区、达布、工布等地来了大批善知识请受近圆戒。我虽然因年逾古稀而有种种不便,但未曾有任何懈怠之处,自始至终努力践行持律圣贤之良风。当月内,给襄地方各寺院献珊瑚、蜜蜡等布施,给近 200 名温寺僧人每 5 人献一钱黄金布施。

九月上旬,给后藏地区 38 座寺院熬茶并合计发放 655 钱珍珠布施,为扎什伦布寺各佛堂大小佛像供献 200 余钱金粉用于涂装。为使众生脱离生老病死之苦,在扎什伦布寺由众僧讽诵《甘珠尔》经 3 遍,为此,供献大批珍珠及布施。温寺和这边的两个密宗院也连续几天举行酬补、驱鬼等仪轨,为此用哈达及布施予以酬谢。不久之后,给包括本寺在内的很多大小寺院供献斋茶、上百匹上等驮马以及回向礼等,为 4 座僧院各发放两匹骡马作为茶供基金。霍尔法王及徒弟前来供献大量布施供养,并且捐献了萨班法王之本尊文殊佛鎏金像、央贡活佛之本尊佛陀能言像两尊,我依照他们所愿传经布道,并为上百人授予近圆戒。

十月上旬一吉日,我为中心殿佛祖像制作完成的精美佛衣,撰写如下愿词。

忆想尊容可获得,

一切所愿圣妙果，
至高上师无别样，
顶礼无二释迦足。

伟岸身躯黄金山，
用以上等丝锦缎，
所制佛衣闪金光，
由此所积功德水，
愿成获得遍知因，
佛法兴盛众生安，
同祝扎寺大法场，
聚满三藏大法师，
讲修昌盛永不变。

不久之后，给土登朗杰等江北各大小寺院送去斋茶、多匹驮马。本寺上千僧众集体讽诵全部《甘珠尔》经和《大般若经》两遍、《般若八千诵》115遍，先后献30余次斋茶，每人发放一两银子的衬钱。密宗院上百名热绛巴举行祈寿法事，为他们供献上等哈达。温寺近200名僧人讽诵《甘珠尔》经，为每人发放一两银子的衬钱。给后藏8座讲修兴盛的寺院献去斋茶和回向礼，按照僧侣人数向寺院捐献卡迪布共30卷，为山中隐修的110余名修行者每人发放一卡布料、一坨蒙古茶，给萨迦曲廓伦布等寺也送去回向礼。当年末，给前藏江南60余座寺院献斋茶、回向礼、5000卷布料。当月，为扎什伦布寺4座僧院献60藏克沱茶，为吉雪地区各寺供献279钱金子、635卡布料，为本寺2000余名僧人每人捐献13藏克青稞，为尼木吞以上、甲贵雄以下范围内的所有大小寺院送去斋茶、回向礼及10540藏克青稞。

我从嘎哇年开始就没有外出，基本处于闭关修行中。以往的每一年，为近千名僧人接受比丘戒担任堪布，正如佛祖所言，能以堪布和亲教师身份传授出家戒和比丘戒，是对佛祖的最大敬意。因此，即便到了近百岁的年纪，我也舍弃安闲度日的想法，继续担任堪布一职。为此发愿如下：

佛祖所言教典中，
一切福报解脱位，
增上戒学①为根源，
为此以往岁月中，
有近十万求法者，
前来请求受戒律，
一心满足众所愿，
但愿身着出家衣，
不久之后断杂染，
最终获得圆满果。

我为后藏以本大法场为主的50余座寺院供献斋茶及80卷上等布料。

悬垂年（土狗年，1658年），我给予本寺众僧优厚礼供，为2000余名僧众发放大批供养物。据工作人员换算，大致有价值32530藏克青稞。此时，蒙古灵童和西绕喇嘛及亲属等大批信众前来拜谒，供献丰厚供养并作祈寿法事。我给温寺熬茶、供献蒙古茶127包、30两银子、220条哈达。蒙古官员昆都仑和内地的西绕喇嘛师徒等到来后，为僧众发放了布施。西绕喇嘛在蓝房子（呼和浩特）

① 七种别解脱戒和三种菩萨戒。

建立了修行山庙，要求我为山庙赐予寺规。于是我撰写了一篇符合佛法典籍的简短寺规，为蒙古王等几人作长寿灌顶。大皇帝派来使者进行慰问并赠送丰厚礼品。不久之后，我给本寺及后藏不同教派的60余座寺院熬茶、献回向礼，为集体发放大小蜜蜡471粒、大小珊瑚248棵。在这之前，从蒙古而来的大成就者拉尊及洪台吉施主等为僧众发放布施供养。喀尔喀拉尊晓仲及大成就者拉尊邀请后藏地区120余人修行者举行盛大的祝寿仪轨，发放布施。不久之后，为全寺2000余名僧众熬茶、献哈达788条、丝绸锦缎上衣15件、长衣11件、上等伞盖24个、各种颜色布料1356卡、丝绸锦缎984卡、门孜丝绸194卡等布施供养。

第一次冬季法会至新法会期间，众多僧众与施主为祈愿足莲永固诵经修法、熬茶献供，整个仪式隆重圆满。全寺僧众讽诵《甘珠尔》经3次，《般若八千诵》上百次。期间，满足了蒙古王色钦台吉等人的心愿。此时，萨迦晓仲从西藏中部返回，派来使者要求与我专门相见。虽然此时我处于严密闭关中，但考虑到萨迦寺为雪域规模最大的寺院，出身高贵，加上喇嘛年事已高，于是满足其愿。正式相见时，他口中讽诵着新创作的赞词，向我鞠躬行礼，我也同样向他回礼，希贝法王及其随从前来念经祝寿、献礼。夏鲁日替寺师徒也念经祝寿、献礼，祈祷我足莲永固。曲廓林寺师徒来到日喀则，要求我授予经教传承。于是，授予至尊文殊随许等，并给每名僧人献温萨哈达一条，每两人散发一钱金子布施。晓仲军官、夫人及随从从尼木吞专程前来，同时白廓曲德寺的大堪布和经师等尊贵客人来到，我按他们所愿传经讲法。

在雪域之地，不作门派之分，主动肩负起尊贵佛法兴盛之重任，在传经布道和供养布施方面竭尽所能，因此之故，受到位居法台的所有善知识们的推举和膜拜。为佛法与众生利乐祈祷永驻人间,来献祈寿礼者源源不断。为此,我也一一进行了回礼。例如,给日乌德钦和坚叶二寺熬茶、献珊瑚、蜜蜡等布施供养,给白居寺等后藏地区各寺院熬茶布施,给从萨迦大寺到乌佑扎嘎寺之间的4000余座寺院熬茶、散发各种颜色的布料108卷、顶幔华盖10面等。夏令时节某一良辰吉日,我为寺院捐献了一面可以覆盖大殿的巨型顶幔华盖。

悬垂年(1658年),用黄金铸造佛祖像6尊、无量光佛像13尊、文殊菩萨像3尊,合计22尊佛像花费2127两金子。坐台和背景装饰用去35藏克黄铜以及3000古雪金粉,用上等绿松石和珍珠等装点后成为众人养眼之甘露。中心佛殿上顶的十六罗汉殿内的各佛像用158古雪金粉进行涂装,制作丝绸锦缎佛衣,供陈精美器物,为佛法兴盛祈祷。用2400两内地上好银子铸造佛祖像7尊、无量光佛像11尊、弥勒像一尊、五智如来佛像等共24尊,铸造工艺出众、造像精美。较早开始新建的许多三宝所依、依教化对象所需无障而至上殊胜所依供奉之处——各佛堂,从寺院南门前开始逐一进行了彻底的修缮。各所依之前供陈心灵幻化而得各类顺物。

下令安居时期为众僧熬茶、布施。应各执事安排,于牛宿月(6月15日-7月15日)一良辰吉日,我同各上师一道前往大经堂,为上下各佛堂主供所依及怙主殿各佛像撒花赞颂,为众生利乐祈福。当天,喜好白方善道之天神不断降下花雨等瑞相。

十方圣贤与佛陀,
及其弟子如亲临,
精美佛堂各所依,
降下供赞吉祥雨。

由此所积福德海，
解救三苦中煎熬，
如同虚空般众生，
祈愿成为利乐源。

供奉《甘珠尔》经的宝物有很多，用红白檀香木等散发香气的木料、内地珍珠8两4钱、蒙古佛珠5串、青金石和白玉串珠等，另外还有用各位施主捐献的各种宝石精心制作的半满璎珞。用金银等宝物为央孜曲登拉康制作了半满璎珞，用378两金子铸造了5尊弥勒佛像。当月内，给乌佑两寺及强钦吉采寺等后藏80余座寺院熬茶，发放230钱金子及珊瑚、蜜蜡、丝绸锦缎等布施供养，给温寺大经堂制作上等材质顶幡，礼供温寺等后藏各寺僧团，解决官员百姓急需难办的各类物资。因此，正义之人均赞扬我为满足众生所需之宝瓶，始终以驻世所有佛门弟子的功德为榜样，并体现在具体行动中。如同过去在天竺和雪域两地出现过的圣贤的功德幻化而成的工匠一样，此时也自然聚集了精通于建造身语意各所依之杰出工匠，由他们新建的各所依被认为是雪域西藏未曾有过的精美之作。修缮和扩建由本寺创建者一切智所建造的佛祖殿、弥勒殿、度母殿等，新建了10余间佛殿及其各所依、供——详情在寺志中有一一记载。概括而言，以大银塔及八善逝塔为主的金银珍珠材质大小的佛塔共37座，金铜材质的噶当灵塔等共382座。语所依有4套金字《甘珠尔》经，配齐包经布、帘子、经绳等。用红色软布为一部有120卷跌的金字《甘珠尔》经制作了经绳，为上述6套《甘珠尔》经制作了上等布料的包布，共650面。残存不齐的有130卷跌，混装的有68卷跌等。身所依有宗喀巴上师像，金质佛菩萨像44尊，纯金材质两尊，能言弥勒佛像等。另外，还有本尊、佛、菩萨像等诸圣贤大德所依，来自于印度的响铜像1000余尊、药泥塑像22尊、大成就者米扎左吉本尊大慈悲像等。由红白檀香木等制作而成的有佛像69尊,青金石、水晶等材质的佛像30尊,银质佛菩萨像89尊,黄铜佛像343尊,汉地佛像120尊,响铜佛像295尊,鎏金像742尊,药泥塑像32尊等,共3199尊佛像。绘制上师、佛、菩萨像的布画及刺绣佛像115尊,各主供佛像供献有猫眼般宝石项链、珍珠项链、珊瑚项链、红宝石项链、白玉项链、蜜蜡项链等共108条。还有金刚钟、双面鼓等少许,玛瑙供器124件,白玉供器355件,珊瑚枝37件,珍珠曼扎及桌台等12件,黄金曼扎及桌台等4件,银质供器554件,绿玉供器7件,水晶供器29件,其他瓷器类200件,龙蛋瓶等奇特供器8件,出自不同地方的做工精美的供器506件,汉钹及蒙古钹51对,汉鼓和蒙古鼓10面,净水碗26套,花瓶5对,蒙古产净水碗5套,大口净水碗60套,黄绿色净水碗36套,黄绿色花瓶45对,黄绿色油灯65盏,上等布料制成的胜利幢13对,珍珠等宝石制成的半满璎珞70个,另外还对所有佛堂制作优质材料顶幡。

过去各佛堂没有用于供灯开支的专门基金,如今每年定期分送300藏克酥油用来展示的堆绣唐卡为代表的佛像35尊,专门用146两金子为祈愿法会制作的曼扎两座,用3两金子装饰的3块头饰,须弥山样珍珠佛衣16件,丝制佛衣8件,珍珠佛被3件,丝织佛衣8件,珍珠佛被3件,丝织和绘制的佛像8尊,花费1895两银子购置的大茶壶19口,花费110两银子购置的茶壶两口,柱幡157个,胜利幢62件,可以覆盖大殿的顶幔华盖4件。

另外,还有龙树、世亲大师等所传《般若八千诵》(印度版)及印藏多位高僧的印度版佛经多部,上师帕巴仁布切及至尊仁达瓦修持过的《般若八千诵》两套。

灵塔舍利方面,有善逝灵塔、吉祥燃灯佛圣智灵塔等,藏有芥子般印藏高僧大德的具足加持力的舍利，还有宗喀巴大师、布顿一切智大师等的法铃、僧衣，以大乘法王之由大皇帝所赐佛帽等为主的无教派之分的众多高僧大德的僧衣、佛冠、唐卡等。另外还有7个装有编织而成的金刚大威德唐卡等的具足加持力的珍贵所依。以上只是大概叙述而已，如此介绍并非图名图利，而是以赤诚之心所做一切，祈愿成为一切有情众生利乐之源。

立建所依诸善举，
如同天空云层中，
降下吉祥甘露水，
浇灭五浊怖畏火，
祈愿芸芸众生母，
获得遍知一切道。

为扎什伦布寺怙主殿吉祥天母献供五佛金冠，镶嵌有绿松石、玉等珠宝。请托如下：

欲界之主吉祥母，
献供宝物五佛冠，
祈愿消除病魔障，
获得四方之胜利。

同时，献供珍珠项链数条和绘有吉祥天母的精美唐卡、黑白怙主的珠宝项链、上等钹、枪械等，为各护法神殿之顶献动物皮张、上等布料顶幔华盖、围帘等。重又请托如下

浊世护持佛法，
圣智怙主法王，

尤其欲界天母，
姊妹随从护神，
请求保佑扎什伦布寺，
三宝所依供物，
凡有不轨恶人，
请以法力灭除。

如同为扎什伦布寺奉献三所依供物一样，为本寺密宗院所献供物如下：吉祥集密四阐释等多部经典5套，大小银质佛像8尊，铜像95尊，塑像两尊，大威德柳琼玛等21尊，新旧响铜、金子佛像271尊，檀香木等佛像6尊，银质佛塔一座，灵塔110座，护法殿内新塑护法神像，各种丝织和绘制的唐卡112张，玉、玛瑙供器85件，水晶供器56件，珍珠箱及檀香木箱子6件，银质大曼扎等63件，银螺两对，木质供器68件，酥油灯等230件，净水碗28套，法钹17对，法鼓9面，金刚铃12个，大乘金刚铃100个，铜锣4对，五佛冠171件，佛被208件，僧衣142件，还有僧帽、柱幡、顶幔华盖、胜利幢、斋饭锅等。寺内主供有阿底峡大师亲制擦擦模具、克珠一切智法铃、历辈温萨活佛作灌顶使用的器具、帕巴仁布切上师的禅杖、一切智索朗嘉措加持过的开眼匙及众多上师善知识塑像等。为此发愿如下。

以此所积善资粮，
布满虚空闪宝光，
驱散众生苦黑障，
开满利乐水莲花。

温萨法场是历辈法王的道场，现今为本人的根本修行地。因此,在原来的基础上新建所依情况如下:善逝《甘珠尔》经全套,响铜佛塔 159 座,泥塑佛像 25 尊,银佛像 8 尊,金佛像及响铜像 500 尊,檀香木佛像 12 尊,石木等材质佛像 60 尊,五吉祥怙主及天母像 3 尊,药泥塑像 20 尊,银质佛塔 10 座,编织、刺绣、绘制唐卡 22 张,白玉、玛瑙供器 176 件,水晶供器 58 件,金质曼陀罗一个,银器 50 件,瓷碗 17 口,各种供器 93 件,景泰蓝供器 62 件,净水碗 35 套,酥油灯 83 盏,珍珠、珊瑚、水晶项链 16 串,法钹 16 对,法铙 19 个,法鼓两面,法铃 95 对,金刚钟 15 个,佛被 144 件,上衣 78 件,以及法螺、铜锣、白海螺、金鼓、围帘、胜利幢、斋饭大锅、护法殿利器等。

以此所积善资粮,
世出世间安乐源,
祈愿佛法兴十方,
一切众生获解脱。

从七月上旬开始,在扎什伦布寺大殿及温寺连续数日讽诵《甘珠尔》经,并为僧众作不间断的供养和 1700 两银子布施份子,还捐献银瓶子 8 对、佛被 50 条。此时,4 位上师、各活佛、宗府官民前来献礼祝寿,为大殿熬茶、布施。我也一一进行回礼,给僧众布施供养,还趁闭关间隙努力做各种善事。同时,在温寺献布施供养,为老少僧人进行《胜乐本续经》考核等。我勤于寻找佛法长久驻世之道。解除闭关后,给大殿和密宗院吟诵《甘珠尔》经法会熬茶、煮粥,广散布施供养。如为密宗院献 44 钱金子衬钱以及近 2000 条哈达。

八月份,给大法场春季法会熬茶、布施供养。为格丹绕杰、温寺、色夺金、岗坚群培等附近寺院熬茶数日,先后讽诵《甘珠尔》《胜乐本续》《文殊赞》《现观庄严论》等。为俄尔、纳唐等几大寺院熬茶，供献1600两银子、7卷布料等布施供养。先后为僧团布施供养均为佛教永久驻世之目的利乐之源。此时，我也以同样的目的为吉雪地方三大寺等共8座寺院熬茶、敬献347钱金子布施份子。

本月，每当吉日良辰之时，本寺讲修导师、活佛等均献来曼扎及供养，祈愿我长久驻世。僧侣们纷纷为法会熬茶，讽诵《甘珠尔》经，密宗院也作禳灾仪轨。我帮助还清强钦修行院因寺属庄园所欠债务，为一部残缺不齐的旧版《甘珠尔》经作修缮补印，制作经夹板。用金汁内地蓝纸上书写《般若八千诵》《贤劫经》，大殿上部回廊周围绘制善逝佛像，为勾金线花去100钱金粉。我为本寺噶钦、热绛巴以及外来者接受比丘戒担任堪布，为近200人授予出家戒并赐法名。

九月降神节，为包括本大寺在内的后藏绒以上地方的68座寺院、修行山庙的僧众熬茶，散发418颗珍珠布施。用4368钱黄金铸造药王佛及弥勒佛像4尊，667两银子铸造弥勒佛像两尊，504钱黄金铸造无量寿佛像一尊，祈愿由此所积善资粮成为佛法昌兴、利乐众生之顺缘。

悬垂年(1658年)内，我为塔布地区8座寺院熬茶、散发大批蜜蜡。此时，本寺大殿上方回廊内各壁画工程圆满完成，我给各位工匠满意的酬劳。在壁画下方书写如下文字。

众生导师释迦佛，
所立尊像福德源，
祈愿众生获善趣，
最终登上解脱宫。

比丘画师洛桑氏，

绘就壁画眼甘露，
祈愿由此聚善法，
成为佛法兴盛因。

热振堪布及师徒一行前来拜谒献供。本月内我给温寺厘玛拉康捐献佛祖大铜像一尊及珍宝装饰的莲花座。应杰康孜巴活佛请求,特撰写如下愿词。

无量光佛释迦祖，
吉祥文殊洛桑扎，
无别根本上师尊，
三门顶礼莲花足。

祈愿所有众生母，
现今始起至菩提，
永不降生恶趣道，
获得暇满之人身。

具足一切善知识，
性情和善无分别，
祈愿上师以慈悲，
不离不弃护弟子。

出自上师宝瓶口，
显密两宗经教义，
装满弟子福心田，
祈愿破除一切障。

由此所积善资粮，
祈愿成为众生母，
获得戒定律三法，
圆满慈悲菩提心，
现时修习佛法中，
祈愿免遇任何障，
一切善事如所愿。

不久之后，芒康果乌头人等前来受戒，我满足了各自的心愿。当月内，我为后藏绒地方20余座寺院散发斋茶、回向礼，布施供养物若干箱，向乞讨者发放救济物，用564两银子铸造金刚不动佛像一尊和弥勒佛像3尊。本月十五日，用477两黄金铸造了3尊佛祖像、两尊无量寿佛像，用500两银子铸造3尊大小不一的弥勒佛像。

十一月一日，开始了第一个冬季法会，我为此献斋茶及优厚衬钱。第巴母子及乃宁法王师徒等从吉雪前来拜谒。此时，给襄地方各寺熬茶、献布施供养和回向礼，给北部昂仁曲德寺熬茶、献55钱金子布施。十一日，本寺高僧活佛们开始诵经祈寿，为此早晚提供斋茶，直到一月中旬从未间断。为本寺2000余名僧人献丝绸锦缎等布施，相当于每人8藏克青稞。同时，给甲贵雄、达旦、多吉丹等后藏上下各地寺院广散布施供养、回向礼，并为源源不断前来受戒的人满足其心愿。如同在寺志中所记载的那样，吉祥厘玛拉康（西）完工后，新立各所依及供器。概括而言，用3464两银子铸造银佛像41尊，用648藏克黄铜铸造铜像167尊，同时用600钱金子作焊接，并用黄金、白玉、绿松石、珊瑚、水晶等宝物装点，献珊瑚、珍珠项链55串。墙上挂有唐卡，供器有银质曼扎等55件，玛瑙、白玉、水晶等供器26件，法钹7对，法铙5对，各种瓷器81件，瓷碗22口，净水碗7套，还有酥油灯、法鼓、顶幔华盖、柱幡等。为吉祥厘玛拉康（西）壁画题词如下：

大恩大德根本师，
与此无别释迦王，
文殊龙树无著等，
顶礼根本续上师。

可比天神所居房，
吉祥无量宫之内，
佛与弟子栩如生，
此殿目录记如下。

紧接着记录了吉祥铜佛殿内所供3年所依及各种供器。晓仲台吉师徒等从吉雪而来，他们还与本寺上师一道邀请了密宗院师徒共同献祈寿礼，为僧众散发布施供养。采斯护法神汉（ཚེར་གཞིབ་ཚེས་སྐྱོང）也要求我暂时放弃前往离五浊之地的想法。接到护法神汉信件的那一天，刚好用280两金子铸造了两尊佛祖像，喜结良缘。当年的第二场法会上，也同以往一样，从世俗和宗教两个方面给予特殊礼供。我给采斯护法神汉回信如下：

手持红莲宝石剑，
显现多闻天变身，
祈愿利乐诸众生，
护法居士永胜利。

诚心乳浆之海，

所开信件之花，
送达比丘手中，
内心格外喜悦。

五浊垢染之火，
焚烧众人心灵，
离开闷热之地，
前往纯净圣地。

然由护神请留，
考虑佛法昌兴，
愿能发挥余热，
放弃离世想法。

祈请采斯护神，
既要护持佛法，
又为芸芸众生，
降下利乐细雨。

浊世众人道德，
确令护神心寒，
请以仁爱之心，
指明善恶之道。

还写了第巴台吉请求赐予的一切智祈寿愿词。

嗡吉祥！
一切佛陀慈悲集一身，

幻化之身降于人世间，
阿旺洛桑丹巴嘉措尊，
祈愿足莲永固至末世。

此时，喀尔喀王、王后等许多客人先后来到，献来丰厚供养。嘉木样活佛等也前来拜谒，满足各自的心愿。在八日供祭上，给后藏各教派 50 余座寺院熬茶、献回向礼，散发 24 卷布匹，7 匹驮马、哈达多条。十五日，由擦瓦活佛、鄂齐尔图台吉派来的金字使献来曼扎、布施供养。给僧众广散布施。当天，给密宗院捐献祖衣 10 件、顶幡、彩缎及咒师衣 13 件等物品。札仓确吉请求赐予一首愿词。

无欺三宝慈悲，
消除天下烦恼，
断除天灾战乱，
处处布满吉祥。

十八吉祥日，喀尔喀昆钦西绕喇嘛和喇嘛拉巴分别献来曼扎。当天，用两藏克金子新铸造佛祖像。月底，喀尔喀王达根诺云主仆献来很多财物布施，我为其授近圆戒，给王后授沙弥戒。

致变年（土猪年，1659 年），传召法会照例举行。十日那天，达赖巴特尔主仆邀请寺院上师、活佛、密宗院师徒等，为无量寿佛坛城开光，献丰富布施供养。喀尔喀王自身也得到各经教传承和灌顶。

在二月份法会上，给以本寺为代表的 6 座研究寺院散发 208 卷上等布匹，为 7 座不同教派寺院熬茶并献 80 余条哈达供养。此时开始了堆绣唐卡的扩建工作。第巴诺尔布捐献银塔及供器若干，密宗院和寺院大殿集体讽诵两遍《甘珠尔》经。为参与诵经的2000余名僧人每人供献6藏克青稞。八日，白廓曲德寺堪布与导师前来为法会熬茶、献曼扎。此时，从蒙古前来的米根热绛巴师徒等供献布施供养。当月十五日，用200余藏克生铁、掺入金银等宝物铸造斋僧大锅顺利铸就。我在锅口题词如下：

为使吉祥扎伦寺，
聚集僧侣众欢喜，
比丘罗桑确坚我，
特献甘露之海锅，
以此所积善资粮，
愿成佛法弘四方，
众生解脱之因缘。

此等本寺大法场，
所有三宝供器物，
祈愿获得众护神，
法力保护与关照。

如若窃取本寺物，
祈请给予严惩罚，
如享此锅中饮食，
祈愿天下诸有情，
不离大乘四法轮，
获得圆满解脱道。

三月二十日，为后藏绒地方40余座不同教派的寺院、修行者熬茶，并献回向礼和布施供养。四月十五日，我为本寺上千名僧人每人散发8藏克青稞布施。松绕林与噶布寺派僧人到增木熬茶并发放丝绸锦缎布施。八日,为厘玛拉康铸造5盏酥油灯。当月内,密宗院200余名僧人讽诵两遍《甘珠尔》经,给予每位僧人一条哈达、一卡布匹供养,并为达纳地方的13座寺院送去斋茶。卫藏、康区、塔工等地的很多人前来受戒,我满足各自所愿,并给谢噶曲德寺送去布施供养。吉雪第巴丹增洛桑嘉措之转世活佛请求赐予的祈福根本上师的诵文书写如下:

三宝之性融一体,
顶礼根本上师尊,
为使忏悔与示法,
祈请长久驻世间,
护携弟子得妙果。

我给密宗院、温寺献上好金刚钟18件,并为白廓德钦寺等年地方各寺送去斋茶、布施,为阿里宗噶曲德寺等多座寺院熬茶、献布施、回向礼,为后藏各派50余座大小寺院及9座修行山庙熬茶、散发245钱珍珠、180颗蜜蜡、多个珊瑚等布施。满足了从各地前来受戒人员的心愿,在大画师朱古曲英嘉措的设计之下,新制作观世音菩萨巨型堆绣唐卡,扩建佛祖、无量寿佛像堆绣唐卡,制作完成后由僧众开光加持,并为2000余名僧人献上3420卡布匹、回向礼。《甘珠尔》经包经布制作完成后,我暂时作闭关修行,派多吉坚赞到色拉、哲蚌、甘丹寺献布施供养和回向礼,给罗汉殿、甘珠尔经殿献法钹5对、羊脂玉器42件、玛瑙装饰物。

六月上旬,在闭关修行的间歇,我为来自各地的善知识授予近圆戒,为昂仁夏季法会送去斋茶、布施,用1400钱金子铸造佛祖像并用绿松石及黄金装点,为后藏各派80余座寺院及10座修行山庙送去斋茶和布施供——祈愿以此所积善资粮成为众生获得解脱的顺缘。在至尊天然佛像供养处，捐献龙树大师亲自塑造的佛祖像及度母像两尊，在汉地拉康陈供文殊像、四臂怙主像。当月十五日，为参加夏季法会的上千名僧人传法、布施，为专程前来的俄尔巴堪钦作长寿灌顶，用一藏克金子新立弥勒佛像一尊。照例为参加秋季法会的僧众供斋茶、斋粥，并为44座寺院熬茶、发放230余钱金子布施供养，为多人授近圆戒。固始法王等客人献来布施供养，满足各自所愿。为后藏70余座寺院送去斋茶，5630余条哈达。此时，大皇帝派来金字使颁赐印玺、礼品，蒙古洪台吉也献来丰厚礼品。在石板广场北部新建3座佛堂，从奠基至绘画均已顺利完成。

出自圣地名匠手，
善逝佛像眼甘露，
闪耀妙好之相光，
佛法之主释迦王，
无量光佛与弥勒，
具足加持力佛像，
新立已达上千尊，
陈设如云之供物，
由此所积善资粮，
愿成众生解脱因。

从此至具备年（铁鼠年，1660年），每年为上百名善知识授近圆戒。

可怖五浊之火，

燃灭众人生命，
虽已年近古稀，
不惧身心劳累，
为着八方信徒，
随愿授予戒律。

用6720钱金子铸造7尊佛祖像、两尊无量光佛像，并制作宝座与背景光环用信徒敬献的各种宝石进行装点。给后藏大部分寺院熬茶，散发64卷布匹。

超升年（铁牛年，1661年）新铸79尊无量光佛金像、53尊银佛像，并分别供养在甘丹仁青拉康、扎西厘玛拉康等佛堂内。由近侍洛桑格列精心管理，闪耀着加持力光芒。向诸护法神请托如下：

愿吉祥！
其他善逝离弃五浊时，
依靠非凡努力成佛陀，
顶礼释迦牟尼王之足，
祈请慈悲之心救众生。

如同出自天生巧匠手，
吉祥鎏金佛像无计数，
还有其他身语意所依，
扎伦大寺所有供养物，
祈请护法神们予保护。

持有罪恶思行者，
损害供物与法器，
甚或盗走异乡地，

无论是人或非人，
依靠严酷之法力，
挤出心血予灭除。

祈愿以诚之心供奉和礼赞寺内三所依及其法器者，通过人天之身迅速抵达三身境界。我为9所修行山庙、后藏各派70余座寺院熬茶，并送去400钱珍珠布施。随后，又为上述寺院送去4587两银子布施供养，为俄尔寺堪布、鲁顶达钦夏巴等作长寿灌顶。还为密宗院金字《甘珠尔》经配置经板、经绳、包布，用上等丝绸锦缎制作6件咒士衣和68件佛被。

此时，都博头人及谷吉噶布活佛管家维色等前来献布施供养。达杰、强钦、岗坚群培师徒前来献曼扎。我为后藏大小寺院送去斋茶及730条哈达。照例为本寺每年额外举行的法会作布施供养，为2000余名僧人每人散发价值25藏克青稞的布匹。给密宗院讽诵《甘珠尔》经的僧人发放丰厚的衬钱，并为后藏各寺分送上百马匹的布施供养。温寺80余名修行者前来献曼扎，给每人回赠一两银子。给拉萨三大寺及下密院等熬茶，散发81卷卡迪等布料。仁青孜巴头人新立《甘珠尔》金字经一套，由密宗院僧人作开光加持。为本寺发放500两银子及18藏克青稞布施。采斯巴法王寄来信函，为了佛法与众生请求长久驻世，为此进行了回复。

八日起闭关，当天密宗院僧人开始作酬补仪轨，每人献哈达一条。为达来洪太吉作长寿灌顶。在多人因遭地方政府的罚款而背负巨大的压力时，我予以请求、调解并免除了1/3的负担。为山南各地16座寺院献去斋茶和33卷布匹供养。新建一层楼高的菩提、神变、和好等红檀木佛塔，其身用羊脂玉、蜜蜡、珊瑚、珍珠、金子等装饰，里面装藏有固始汗法王所献银塔内的龙树大师亲笔所写的《般若八千诵》经文、佛牙舍利等。扎西厘玛拉康、曲登拉康、仁青拉康等先后竣工后,与密宗院僧人一道以火供形式作净化,以吉祥集密形式开光加持,大殿僧众也诵经祝福。当天,万里晴空突降花雨,令在场的所有人格外惊奇,为参与开光加持仪式的 2500 余名僧人每人献一两银子。委任甘丹活佛之母、喀尔喀王后、扎西孜管家扎西绕旦等为施主。期间强央活佛、图谢图、阿齐图等人物先后来到,满足了他们各自的所愿。为后藏地区 44 座寺院送去斋茶、布施供养,合计 180 钱金子,为附近包括本寺在内的寺院熬茶、献回向礼,发放 919 粒珊瑚及 20000 藏克青稞布施。

恩重根本上师尊,
顶礼无别释迦足,
具足智慧贤劫人,
请听如下悦耳言。

统治三界之国王,
落入死神魔爪中,
即便财宝多如山,
无权带走一分厘,
没有仆人作随从,
孤身一人空手行,
贪欲所控这群人,
是否失意或疯癫,
如同水中之月财,
牢牢捆住其身心,
如遇金山下宝雨,
学会看透其本质,

勤于供奉与施舍，
最终获得三身界。

大皇帝派金字使唐嘉喇嘛(ཐང་སྐྱ་བླ་མ།)等主仆多人送来印玺与礼品,并献曼扎。几位僧俗大人也送来信函与礼品,一一给予回礼。一切智尊者派人送来僧衣,并要求我要有长久驻世的信心。对此,我进行了回复。为了所有佛堂内所供三所依能够获得诸护法神的保护,再次请托如下:

消除所有恐惧大勇者，
诚心顶礼心愿言如下，
吉祥圣智六臂怙主王，
可怖男女随从围身边。

区分善恶功罪阎罗王，
欲界之王母系护法神，
宝帐怙主金刚黑四臂，
姊妹护神及其随从等，
浊时寄托所有护法神，
请求看护扎寺各佛堂，
佛陀弟子身语意所依，
来自各地供物与法器。

从中不失一毫厘，
如遇胆敢偷窃者，
请求严惩不轨人，
确保大寺永平安。

鲁本法王请求赐予平时用于吟诵的简短愿词，撰写如下：

上师三宝加持力，
清除修法一切障，
获得佛陀所赞道，
登顶一切智境界。

秋季法会开始后，给 2300 名僧人每人发放价值 20 藏克青稞的氆氇和斋茶。甘丹寺现任法台、白廓德钦堪布等献来祝寿曼扎。拉巴喇嘛、杜尔伯特王后、温萨活佛的母亲等为法会熬茶，密宗僧人献祝寿礼。本大寺的高僧大德，康区、蒙古、阿里、蕃等地的头人及附近的群众为僧众提供连续几个月的斋茶供养，献祝寿曼扎。1800 名僧人集体讽诵完多轮《甘珠尔》经，给每人献哈达一条。

敬信佛法大众，
积攒曼扎之果，
寄托美好心愿，
祝福永远健康。

烦恼所困凡人，
不能脱离轮回，
然用所献曼扎，
吾以七宝装点。

献给上师三宝，
以及空行护神，
祈愿芸芸众生，
远离八不暇满，

借以暇满之身，
跟随上师大德，
走向解脱之道。

用1500钱金子铸造的大成就者桑杰益西和弥勒尊像，配套制作法座背景光环并用绿松石、黄金等装饰。用银子铸造无量寿佛像，并用黄铜制作法座光环。

从致变年（土猪年，1659年）到超升年（铁牛年，1661年），为了铸造铜像及其坐台光环，先后用去1054藏克黄铜，并用绿松石、玛瑙、羊脂玉、红莲宝石、水晶、黄金等装饰。给尼泊尔的铜像铸造者发放价值63000藏克青稞的金银绸缎等薪酬。为后藏77座寺院送去斋茶和2048颗大小不一的珍珠布施，还有4870卡布匹供养物。新立《贤劫经》《般若八千诵》等经典共投入726钱黄金，配置了经板、经绳、侧帘等。为包括本寺在内的6座寺院熬茶，献1500两银子布施。不久之后，为后藏各教派寺院、修行山庙送去斋茶、400钱金子，为60余座寺院发放115筐砖茶，为夏鲁寺300多名僧人熬茶并献哈达各一条。

扎什伦布秋季法会上，除了常规布施外另献90颗蜜蜡、40颗珊瑚。邀请大殿、密宗院、温寺僧人讽诵《甘珠尔》经、献丰富衬钱。为温寺厘玛拉康所有《甘珠尔》经制作上好的包经布，新立《大般若》经，还供献金刚铃13件、僧衣3件、法鼓22面，搭建17间僧舍。为了三所依及其供器等，请托如下：

战胜所有怖畏大勇士，
四面宝帐怙主多吉丹，
玛索王母仙人热乎啦，
八方战神及其众随从，

祈请保护温萨寺院及，
内供所依一切供法器，
如有不轨请予严惩之。

给密宗院献《集密经注释》、13 件金刚铃、3 件僧衣、30 面法鼓，并为僧众熬茶献礼。

五浊之火令人惧，
生命短暂不长久，
荣华享乐难寻觅，
至此末世邪恶时，
虔心新立三所依，
广散布施供养物，
长久坚持令人喜。

第十二章　晚年的功绩

罗桑益西[①]著

以上是由班禅罗桑确吉坚赞亲自讲述，剩下部分由众多信徒强烈要求由我继续完成。其晚年的功绩和相关记录以及圆寂时所做的备忘录，按照时间先后顺序进行叙述。

慈悲之心佑众生，
无尽劫间积福德，

① 五世班禅罗桑益西（1663 - 1737 年），全称五世班禅额尔德尼·罗桑益西。罗桑益西，意为“善智慧”，生于后藏托结竹仓地方。

丰富知识如大海，
顶礼具备十能佛。

有一段时间，赛地方头人及密宗僧人等身患严重疾病，请求授予长寿灌顶。天刚蒙蒙亮时，法王（班禅）应他们所愿作灌顶之后，其病情立即得到好转，于是产生了前所未有的敬畏之心。其知宾和随从等也感到非常的惊奇。一日，偶然从寝室窗户底下发现一大袋的珍珠，被认为是乐于行善的非人所送，于是给后藏各寺送去布施供养。膳食官洛桑丹增梦见弥勒佛头戴佛冠、手持法轮、闪着彩虹般的光坐于华丽的法台之上，法王（班禅）身着僧衣、行合手礼落座于弥勒佛前坐垫上，光环直射其心，头顶上显现宗喀巴大师像，一部分光照射到洛桑丹增及其助手的头上。又有一次，尊者显现身体不适时，洛桑丹增梦见手持弓箭的几个小孩在寻找一名女孩。途中梦见释迦牟尼佛，当问及是否看见过一位女孩时，佛祖说，不要去找那个女孩了，你们自己先去找找自己。于是他们在佛祖前听法，上半夜听到了多部经典。尊者法王说他也似乎到了一大批熟悉和陌生的人群之中。如果当时询问了尊者法王具体到了哪个地方，对后来的转世寻访势必会带来诸多方便，但没敢多问，至今后悔不已。由于尊者年纪很大，膳食官洛桑丹增非常辛苦。有一天，一只小鸟一边觅食一边走到跟前。洛桑丹增心想如果自己是这只小鸟该有多好。这时，尊者瞪大眼睛说，可怜的旁生需要到处去觅食，我心想确实言之在理，并感到羞愧难当。

铁牛年（1661 年）开始后，日月昏暗，流星不止，井水干涸，以前从未见过的鸟类、牲畜开始在周边出没，斋僧大锅着火，山峰呜咽，毛驴嗤笑，出现旁生怪胎等不祥之兆。大家都说自己做了噩梦，于是纷纷担心各路教派的未来前途。

夏初月十日前法王为众信徒受戒、传法，满足各自所愿。十一日其病情加重，处于严密闭关中。各教派僧人纷纷前来献祈寿礼。膳食官洛桑丹增做了一场与之前完全相反的梦。之前所梦的整洁庄严的六臂怙主、章素怙主像，此时却在一座即将倒塌的破旧房子内被雨水浸湿。大家认为，这是尊者被不洁之物所害之兆。于是密宗僧众作沐浴法事，病情得到明显的好转。二十一日晚，梦见阿底峡大师从尼泊尔派使者邀请尊者，尊者在回信中说，我将很快到那里去。第二天上午，唐嘉喇嘛献来大量的金子，尊者吩咐铸造一尊弥勒佛像。于是，洛桑丹增在此基础上额外捐款后才完成铸造工作。当我汇报自己所做梦景时，尊者说这有些奇异之处。扎什伦布寺各上师纷纷祈愿尊者足莲永固。此后尊者病情有了好转，并应各信徒请求传经讲法。

娄宿月（九月）十三日新法会上，与过去一样提供斋茶供养，为2000余名僧人每人发放价值11藏克青稞的布施供养。白廓曲德寺堪布、喀尔喀头人伊勒顶、厄鲁特客人等先后前来拜谒、献礼。在后藏各教派70余座寺院熬茶、献回向礼、散发珍珠布施。元月至十月十五日间，照例每天念修本尊、护法神。十月，第巴仁青孜主仆前来献曼扎供养，为俄尔寺堪布作长寿灌顶。首场冬季法会上，喀尔喀活佛、达玛格尔底、达玛噶亚等北部施主献来丰富礼物。为包括本寺在内的后藏近100座大小寺院熬茶，献布施供养，为10余座修行山庙发放衣物布施。

第二次冬季法会上，给扎什伦布及温寺熬茶并献250钱金子布施。虽然尊者年事已高，其随从们很是担心，但十五大供祭、八日供祭、年供祭等都非常顺利圆满。

水虎新年（1662年）初一早上，在日光殿参加供祭法会。为喇嘛本尊、欲界主母等护法神请托发愿，陈设丰富供品，使人与非人等众生欢喜。尊者接见拉尊活佛、温顷则、施主头人等僧俗众人，设喜宴款待。第二天开始，尊者显出疲态，但仍接见来访者。为开示万物无常之理，尊者说：

如同轮回边界长，
变成漫长日夜时，
逐步积累成一年，
经过海中水滴般，
劫波过后才生成，
一个圣上菩提心，
尽管如此不灰心，
精进修炼菩提道，
不顾自身轮回苦，
意志坚定修菩提，
此种修习列首位。

从无尽轮回开始至今，30 日为 1 月，12 月为 1 年，每 10 万年可生起一菩提心、目睹一次佛陀，如此往复，历经恒河平原沙粒那么多的时间过后，就能看透每一生灵的心理和行为。达到这样的境界，就要靠巨大的勇气、巨大的智慧、巨大的努力。

即便生活多富足，
当你离别此世时，
孤身行于荒野中，
没有子女没有妻，
没有衣物没有伴，
没有王位没有家。

虽有无敌强兵力，
不能看见不能听，
未有一人作跟随，
你的名字也消失，
无需谈论其他事。

所积资粮终尽失，
位于高处终落地，
合久结果为离散，
生之结果为亡故，
独觉声闻阿罗汉，
佛陀也弃此躯体，
凡人何必再多言。

无论身处在何地，
没有长生不老处，
天空中无海中无，
山脉之中也未有，
无论现在或未来，
一切终将离此生，
切记生命终逝去，
尽早修习圣佛法。

在一座坚固的山脉上，遭遇了巨大的天灾，山崩地裂，草木生灵化为灰烬。此时，没有谁能够逃离，或用势力阻挡，或用金钱抵抗，或用密咒或药物化解。四大怖畏（病、老、死、衰）来临时，无法用速度超越它、用力量战胜它、用金钱收买它、用密咒与药物化解它。与上述天灾一样,病、老、死、衰四大怖畏也是不可阻挡的。老苦是战胜青壮而来,病苦是战胜健康而来,衰落是战胜兴旺而来,死亡是战胜生命而来。没有谁能够用速度超越它、用力量战胜它、用金钱收买它、用密咒与药物化解它。当所有僧徒祈求足莲永固时,尊者说,吾已年近百岁,年迈体弱,但喇嘛仁布切必定会长久驻世。尊者为扎什伦布净香堂各所依献供净水,祈愿佛法昌盛。从五日起开始祈愿大法会,为参加法会的僧众以丰富的布施供养。大批北部蒙古客人从喀尔喀等地而来,为僧众献布施供养。尊者连续接见从各地而来的信徒,为后藏各寺送去斋茶、回向礼、布施供养,为密宗院每位僧人发放15藏克青稞布施。

当尊者病情恶化时,公私各方面献来祈寿礼,尊者不受吩咐道:我的病因年迈所致,各种法事和药物不可能起作用。讲完后还笑个不停。那时,用2688钱金子铸造了能仁王像4尊、弥勒佛像两尊;用1200两白银铸造了宗喀巴大师、大成就者桑杰益西、能仁王、无量光佛、药师王像各一尊,并用绿松石、珊瑚等装饰。尊者为本寺院僧众及随从人员提供了一个多月的斋茶和布施,以求足莲永固。

二月,尊者为祈愿堪钦一切智足莲永固和佛法昌兴,给西藏中部各寺院送去斋茶、回向礼、衣料布施,为以两尊佛祖(大小昭寺)像为主的各所依以及甘丹寺灵塔、热振寺觉吴江白多吉像献上等哈达、藏香等。为祈愿佛法昌盛,早已做好向两尊佛祖像献供净水碗一套的准备。但尊者说,待以后选择吉日再捐献。为绒吉采到色夺金各寺送去斋茶、回向礼以及700百藏克青稞布施。

为照例首次秋季法会进行供养,另外为僧众、修行者散发2800余两银子的布施供养,给后藏各派寺院也送去斋茶、回向礼,铸造完成维色果恰法王之本尊像。此时,周围的信徒祈请尊者为佛法和众生足莲永固,但尊者以“我已到了耄耋之年”为由未予答应,并说道,因为年迈老去,身躯如同被雷击的树木,又如即将坍塌的危房,没有人能够抵挡其势头,应当趁年轻、健康时,多做有益之事。尊者还讲:现在已到换身之时,离弃老弱身躯,哪怕转生野生草食动物也是欣喜之事。示现与之前不一样的言语举止和奇异现象,洛桑丹增等随从怀疑正如阿底峡大师所言,此为即将燃尽的油灯瞬间一亮就会熄灭的征兆。一天早晨,尊者看着本尊佛像,问至尊玛旁像是否光亮如初。洛桑丹增说,其座相如同在讲法一样。尊者说,我也这样认为。此像目前仍在扎什伦布寺东厘玛佛堂内。尊者双手合十,讽诵不同善逝佛名字,日夜禅定修行。虽有身体不适,但是礼拜供奉等照旧进行。尊者身体已经变成八九岁孩童那么大,皱纹消失,富有光泽,手足变成莲叶般柔软。洛桑丹增梦见有人说太阳快落山了,要好好照料这匹马,否则很多僧人得不到供养。他联想到是否为尊者示寂的征兆。

三月初的良辰吉日,为护法大殿本尊及护法神献哈达、法铃、五彩旗等,并举行隆重的酬补仪轨。为寝宫护法殿及纳唐寺至尊玛旁怙主像涂金、献哈达、藏香,哈达上题写“献给弥勒怙主,祈愿众生投生喜足天世界”等愿词。八日晚上,洛桑平措比丘梦见金刚大威德迎接尊者,周边围着空行母和各护法神,边上有各种叼着不同花朵的小鸟,天空中显现彩虹帐篷,从扎西宗卡出发往珠仓走。第二天,甘丹绕杰尊者与洛桑丹增一同来到楼顶上,空中呈现与昨晚的梦境一样的彩虹,向他们提及昨晚的梦时,他说不要声张,这是尊者不想驻世的征兆。十二日,以本寺诸上师、活佛等为主的公私各方面献来祈寿礼,并请求尊者赐予一首诵文。但尊者说,我已经是快百岁的人啦,现在连一首诗也写不出来了。但在强烈请求下,笑着题写到:

再生佛祖洛桑扎，
显密经教闪光耀，
消除众生愚昧障，
利乐之花永绽放。

他笑着说，我已年过百岁，即便离世也无大碍。我们说为了佛法，喇嘛仁布切会足莲永固。尊者只是答应我们多做祈祷、祝福，并没有承诺长久驻世。上述所做格律诗也并非长久驻世之内容，大家为此心生疑虑。随从人员尽力为僧众熬茶献供，于公私各方面努力做祈寿法事。当天，尊者身体看起来好了许多，对膳食官洛桑丹增说，珠仓之地有朗堆巴、久如东巴两户殷实之家，其中久如东巴家已经不复存在，以前的朗堆巴和现在的久如东巴实为一家，当前在莲地方好像没有实力较强的人家。我们答复说正是如此。当天，尊者还讲了很多话，我们以为病情有了好转而心生喜悦。当日之前，起身后还能行 3 次叩拜礼。晚上膳食官洛桑丹增在天黑之前敬茶后离开，入夜后再次去敬茶。侍卫们正在讽诵着上师赞经文。打开寝宫门后，感觉有很多人在给膳食官让路。到了跟前敬茶时，尊者问外面有哪些人。回答道，除了还愿者外没其他人。接着问道：真的没有其他人吗？回答说：没有。尊者圆寂之后，我们向拉木护法神询问上述情景是否为尊者身体遭遇恶障之兆。护法神汉说：如此高僧大德岂能被恶障所害，定是北方空行及护法神来询问去哪些清净佛国，并嘱咐说不用害怕。当天晚上，尊者讽诵弥勒怙主誓文。

十三日上午起身体不适，御医把脉、尿诊后说没有什么异常。尊者说，此地不如兜率天宫幸福，心想前往弥勒怙主足前。为将持常见的教化对象引向佛道，水虎年（1662 年）三月十三日上半夜，尊者盘腿而坐，口诵经文，变换法身，显示圆寂。

第十三章　有关后事处理工作

尊者圆寂后，诸位侍从、上师、僧众等如同失去双眼的盲人一样被尊者抛弃在荒野之中，无依无靠，只能仰天呜咽。因魔障所害，两位住持及不少僧人身患疾病，不能参加集体诵经。但是，那天通知所有的僧人必须到场，为每人献两块砖茶。许多人泪流如注，不接受布施供养。知宾噶钦根顿催成安慰道：尊者大人年近百岁，期间从来没有间断过转法轮，现今有多少人能活到与喇嘛一样的岁数。说完后，知宾自己也泪流不止。之后的几天内连续下雪，天现彩虹，降下花雨，响声不断。有时，碧蓝的天空如大海，有时浮现彩虹，有时飘着酷似宝伞、胜利幢般的云朵，在场的人均有目共睹。两周之内，以喇嘛拉巴和仲巴遵珠坚赞为首的两位主要弟子与密宗僧人、善知识等 40 人在寝宫内绘制吉祥密宗不动坛城，献丰富供养，给密宗院 135 位僧人献丰厚供养。

为堪钦一切智请托、祈祷、献上百钱金子、4 卷布匹、哈达等。对全寺僧众同样给予丰富的布施供养，发放彩色哈达 5 条、银子 200 两，红黄色布匹 13 卷、老强门布 14 卷，白布 8 卷以及其他僧衣、佛衣等价值 1770 藏克青稞的诵经衬钱。

管家、两位弟子、近侍四上师、随从洛桑丹增等聚在一起商量采用完整保存法体还是火化的问题。过去，大成就者琼布乃觉说：如果完整保存我的尸骨，这个法脉如同江水永远流淌，雄雄寺也能成为第二个多吉丹寺。然而从康区来的徒弟们将其火化之后，把骨灰带到各地去，并未结下顺缘。相反，宗喀巴大师的法体完整供养在甘丹寺。如果尊者的法体也能完整保存，将对所有众生尤其对雪域有情众生具有无上的利乐,也能使扎什伦布寺兴旺发达。过去,尊者对膳食官洛桑丹增讲述了罗桑顿珠佛爷圆寂之后,由桑杰益西将法体迎请至温萨寺的详细历史,从尊者圆寂之前的行为功绩来看,也暗示着要保全法体。众僧以及各位大小施主纷纷敬言保全法体,大家意见高度一致,如同一人所言。于是由洛桑丹增和多吉坚赞测量、领颂师曲英嘉措绘制法本匣图。由于三人没有经验,制作的法本匣过大,被认为这是将来能建大灵塔的吉兆。

在堪钦一切智足前,求赐能圆满尊者所愿的祈愿词,特献吉祥金刚大威德铜像,全套佛衣,法铃、法鼓、茶碗、钹、水壶以及念珠3串、哈达15条,黄金400钱,银子952两,茶叶两包,顶幔华盖12个,僧衣两件,单衣9件,坎肩两件和红色僧群、优质布料制作的帘子10个,大顶幡一面和其他顶幡若干,卡迪布等优质布料上百卷,金质马鞍20余套和骡马马鞍14套。为甘丹寺银塔、大昭寺、扎什伦布寺、温萨寺等天人所依献去哈达50条、绸缎15卷、藏香440束、酥油3259藏克等财务供养。另外,为艾、塔布、前藏、后藏、阿里三围等各教派寺院熬茶,发放回向礼,献彩色哈达250条,大哈达9793条,小哈达22452条、僧衣29件,僧袄15件,良布顶幔华盖7件,佛被13条,银子21106两,银质马鞍6套,驮马18匹,布料142卷,还有其他材质布料若干卷,箱子9个,法铃210多个,红、黄色氆氇72卷。另外还有517卷布匹、9480藏克青稞、2478藏克酥油和615头整羊肉等丰富的财务供养。

那段时间,凡是来寺院办事的信徒个个都心情十分沉重,到处是荒凉的景象,纷纷叹息道:上师不在,世间幸福也一同陨落。为了礼供尊者法体,堪钦一切智特派第巴拉康鼐、且松巴、达颜杰桑等,并嘱咐他们:尊者示现为北部香巴拉十二大地统领之主前尚有很多年,各位僧众和随从不必担忧,并在一条哈达上题写了赞颂罗桑确坚尊者的 9 首格律诗,在另一条哈达上题写了 5 首格律诗。针对尊者圆寂广散布施供养,在大殿举行隆重法会,讲经时声音洪亮,此时不知从何而来的一缕如同青烟,仔细看又像是彩虹的东西布满整个大殿,香气四溢,殊胜无比。螺髻大梵天(ཚངས་པ་དུང་ཐོད་ཅན།)说:

第一怙主无量光,
浊时依怙莲花生,
与之无别慈悲体,
吉祥确吉坚赞尊。

前世与其结良缘,
尊者伟业之依靠,
值得信赖神之主,
特别向您言如下。

化解四周愚昧之黑暗,
圆月一般神圣依怙主,
信徒眼前示为圆寂状,
成为天人悲伤之根源,
然而非为偶遇不幸事,
已到时日不可逆转也。

慈悲救主释迦王,
决定离世示圆寂,
具足法力繁星般,
无数弟子劝不回。

万劫之中诸佛陀，
均有示现圆寂状，
为了教化众鬼神，
莲花大师离人世，
奔赴罗刹之魔地，
如同彩虹消失般。

现今已到末时节，
上师怙主示圆寂，
藏地天人无依靠，
悲伤命运不可逆。

然而藏地持教者，
后继有人因缘顺，
僧俗弟子诸随从，
不再悲伤积福德。

从前后藏、阿里等地汇聚而来众多僧俗施主，广做祭奠。北部头人达赖洪台吉、多吉扎西等各自做力所能及的供祭。大皇帝特派来米根法王(མི་ཀན་ཆོས་རྗེ།)、额尔克噶究(ཨེར་ཁེ་བཀའ་བརྒྱུ།)捎来慰问信和大量礼物，他们个人也献了丰厚的礼品。

按照以往惯例，高僧大德圆寂后，由弟子们做各方面积德行善之事，以期圆满逝者所愿。大管家洛桑格列出于对上师的无比敬仰之情，主动承担任务，专门挑选拉瓦平措绕旦及副知宾负责灵塔修建工程。犹如第二个神匠彼夏嘎玛(精于工巧的天神名)般的朱古曲英嘉措负责总设计，由以曲滚罗追为主的 35 人担任木匠，囊通扎西、拉扎等 13 人担任石匠，于当年花月(四月)吉日，奠基供放灵塔的有24小柱和6大柱、6层楼高的佛堂。根据大画师朱古曲英嘉措所设计绘制的灵塔图样，木匠们开始搭建工棚制作。十二日，由精通于第二明处的、具有宽广眼光的尼泊尔名匠扎西、赞那德乌、赞那、拉扎德乌以及朗杰等50余名工匠组成的工程队伍，在大殿西面鲁定设立工场。当天，天降花雨，出现吉祥彩虹。

六月十五日，夏季法会开始了，所有僧众均处于斋戒与闭关修行中。秋季的两次法会上，各献了斋茶、斋粥等供养，为各位上师及主持等散发2150条大哈达、640条小哈达、64卷绸缎等布施供养。为每月十三日举行的密宗僧院吉祥集密诵经仪轨，提供了大量的仪轨所需物资。另外还有上百条哈达、200两银子，加厚僧衣、顶幔华盖以及藏茶7包，银马鞍一套、红色马鞍3套，卡迪等布料36卷，绸缎34卷。给温萨法宫提供举行吉祥胜乐念修仪轨所需哈达一条、银子百两、红马鞍一对、各种布料15卷等。

按照以往惯例，在开工奠基、立柱、封顶等时根据各自的等级，给各位工匠共27人发放了绸缎衣物等大量物品，满足各自所愿。灵塔殿历时6个月全部完工，除了尼泊尔工匠以外，其他所有工匠发放了价值19525藏克青稞的哈达、银子、珍珠、藏茶、布料、马匹、盾、藏刀等大量的财物，以作劳动报酬。两次冬季法会上照例发放布施供养。

从水兔年(1663年)一月五日起祈愿大法会开始，给参加法会的僧众前所未有的礼供。从二十二日起以大画师洛桑列巴比丘为主开始绘制灵塔殿内壁画、门窗装饰画等。尊者是上一年三月份示寂，由于当年有闰月，加之过去在印度提前举行祭奠法事后结下许多殊胜无比的善缘，因此元月十三日本寺举办了供祭法事，为2450余名僧人每人散发一些糌粑、酥油、油炸面点，给寺院集体捐献55包藏茶，并给后藏百余座寺院送去斋茶、发放回向礼、干茶。自此，本寺、温萨寺、修行山庙等地形成了举行法会的传统。

画师们在灵塔殿周围墙上绘制了精美的装饰图画、释迦牟尼、燃灯、弥勒佛像等，周围绘有千佛像，东西两面绘有燃灯佛师徒、宗喀巴师徒、一切智根顿珠巴、堪钦阿旺洛桑嘉措等像，还有尊者的生平事迹等，另外还有菩提像若干，用蓝匝体、八思巴字书写的密咒，门厅内还绘有四大天王像。先后花费了 64880 张金箔，237 钱冷金等，七月份全部完工。给各位画师发放了价值 21236 藏克青稞的哈达 7 条、银子 26 两，各种颜色布匹 67 卷，12 匹马，僧裙内衣等 25 件，绸缎 64 卷，藏刀 3 把，其他布料 107 卷，使他们心满意足。

因无法抵抗的业力，大管家洛桑格列不幸逝世。由于还有很多建寺立像等后续工作，大家感到非常的担忧。各位上师及随从人员为了不耽误工作，一致推选东拉鼐平措绕旦作为继任者，并于降神月三日正式上任大管家一职。按照习俗，为秋季新增法会发放布施供养。用 9 藏克银子制作的箱子、莲花底座等工艺精湛、制作精美，里面放置有坐垫及日月标志，往其内迎请法体时，按照密部仪轨作灌顶加持。将尊者生前使用过的佛珠、僧衣等献上哈达，整齐摆放，并在周围放满甘露、各种珠宝、藏红花、檀香木等，日日夜夜以各类出乎想象的供品进行供养。其余工作如制作铁链门帘、浮雕饰品等由副知宾统一负责。在屋脊骑马台上制作法轮，左右有祥麟，在柽柳女墙上制作了铜质十相自在。灵塔整体用难以计数的红铜、27643 两金子建成，完全符合先辈们制定的规格要求，精美工艺如同出自神变工匠比夏嘎玛之手。从第一层梯道开始至塔顶共使用了不同颜色的琉璃、红宝石、红莲宝石、天鹏眼石、猫眼石、猫眼水晶、玛瑙、羊脂玉、黄金、绿松石等宝物，还有由黄金和绿松石制作的头饰 8 件，额上有两组 5 块绿松石拼成的饰品。另外还有用绿松石装点的饰物 69 个,用 2500 颗珊瑚点缀的饰花 123 个,蒙古水晶和蜜蜡 358 颗,不同颜色的水晶 4000 余个,还有青白玛瑙、猫眼石、白水晶等 700 余个。另外还有信徒们捐献的各种宝石,特别是由丹增确吉(固始汗)之妻次仁扎西敬献的两颗大蜜蜡和较大蜜蜡 11 颗,黄金项链、宝石瓔珞装点的塔门,白江巴捐献的黄金耳饰等。用黄金、珊瑚装点的灵塔内所装藏的宝物记述如下:

专行善业具智慧,
精通显密两经教,
教理智慧兴讲修,
顶礼兴法之圣贤。

佛祖开示三十三法,
直至善逝香卡夏时,
出现神降佛塔一样,
塔内装藏所物如下;

噶当教派仲顿尊,
所建热振寺周围,
砍取塔柱松树时,
檀香木味冲大地,
塔底如瓶尖顶月,
四边布满密宗经。

另外,从十三法轮开始,被称为江孜坚与曲龙强达仁布切的佛祖舍利 22 粒,噶当派之主阿底峡大师佛骨舍利 9 粒,宗喀巴大师牙骨变成的右旋的海螺,集密、胜乐、大威德等密宗咒文无数,尤其是在蓝纸上用金汁写就的密宗经文若干。尊者头上有大译师仁青桑布、京俄瓦上师、帕木竹巴、宗喀巴大师、贾曹杰、帕索曲坚、根顿嘉措、云丹嘉措等先贤的全部或部分教言；三界上师洛桑扎巴的两尊具足加持力佛像，分别称之为吉祥多卡玛、六琼玛；天竺响铜材质的集密、胜乐、大威德像；由帮噶热、萨班、布顿大师、一切智根顿珠等常戴的僧帽各一顶，班禅夏加西、阿底峡、布多瓦、仁青珠、宗喀巴、根顿珠等上师的祖衣、至尊罗桑确坚修炼成的甘露散。于十五满月吉日，按照密宗仪轨装藏。

在噶当派源头阿底峡大师纪念日——红方月三日，一部分僧人迎请法本匣，各位上师、亲传弟子、随从、活佛、密宗院僧众手持供物排列仪仗迎接。在寝宫与佛堂之间搭建很高的法台，各位僧众和施主享受加持甘露。当天，晴空万里，风和日丽，天空降下吉祥花雨，人人感到惊奇。部分上师和随从人员从楼梯的中间迎请法本匣，非常顺利地将其请到塔门口。随后，将其迎请到用上等布料叠合而成的塔内软垫上，左右两边摆放 17 部尊者文集，还有尊者的写本传记、垫板桑扎。前面桌台上绘制五佛图、陈设密宗灌顶器物、八瑞物、水晶玉石茶具等，还有八思巴、四世班禅等使用过的银质托盘、托钵等，还有圆底碗、净水瓶、双面法鼓、金刚钟、佛珠、克珠杰和四世班禅使用过的净水碗、水漏、尊者的手杖、禅杖，供养本尊、护法神、空行母的器具，尊者的全套衣装，御用经书（包括根据布顿大师校订过的《甘珠尔》经新建的《甘珠尔》经），集密、胜乐、时轮持金刚续部十万颂，罗伊巴所著《胜乐现观》，朗嘎杰桑上师所著《吉祥律轮现观注释》，萨班所用经一部《续部释文》《行部释文》《集密修法》《布顿大师教言》《布顿宗教源流》《续部概论》《宗喀巴大师文集》贾曹杰所著时轮六行讲稿，还有根顿嘉措的著作等。唐卡有宗喀巴大师与八大成就者像，阿底峡师徒像，甲域康隆瓦的本尊像，布顿大师与宗喀巴大师像，索南嘉措像与足印迹，罗桑顿珠与桑杰益西尊者像，四世班禅生平图、本尊像，汉地喜金刚丝唐卡两幅，洛扎大成就者像等等。由一切智根顿珠巴亲塑的宗喀巴大师像一尊，温萨师徒药泥塑像各一尊，银佛像两尊，尊者亲笔绘画 28 张，印藏诸多圣贤的舍利，具足加持力的上师、本尊、佛、菩萨、护法神像 39300 尊，大成就者巴布及噶当派诸上师的脱模泥像“擦擦”。那若巴大师使用过的骨饰，班钦夏加西的托钵、禅杖，大成就者匝瓦日巴的鱼形饰品，班钦索朗扎巴、根顿珠、索朗嘉措的僧衣、玛尔巴大师的僧袄、米拉日巴尊者从 40 岁至 80 岁间使用过的修行绳、布衣。帕珠喇嘛、布顿尊者的各类衣物，所有译成藏文的经部典籍 90 余部，与其相配套的包经布，夹板、经绳等。由尊者亲自加持过的《般若八千颂》，阿里头人修持所依的蓝纸上书写的《般若八千颂》等一套。还有尊者所用的 120 部经书，八思巴修持所依《般若八千颂》，玛尔巴、仁青桑布、萨班、帕竹、色顶宣努卫、公丹热巴、布顿、宗喀巴、降央确吉等人的传记，《慈氏五论》[①]两套，龙树所著《劝诫亲友书》，圣提婆所著《中观四百论》，马鸣所著《佛本生传》，无著论师所著《集论》，赞扎果米的两部《劝诫弟子书》，陈那所著《集量论释》，森桑上师所著《八千诵释义》，噶玛拉希腊所著《修行次第》，阿底峡所著《佛教源流》和《噶当派论著》，帮译师的《文法论》，还有宗喀巴、贾曹杰、克珠杰、根顿珠、根顿嘉措、堪钦洛桑嘉措、阿旺扎巴等的丰富著作。还另有丝织十六罗汉唐卡、朱古曲英嘉措亲自绘制的佛祖像唐卡、三十五佛像唐卡 8 幅、出自门唐派画家之手的无量光佛像唐卡。另有门拉顿珠、曲英嘉措亲笔绘制的佛像唐卡，多吉丹，极乐世界坛城，门唐派江央所画大慈悲、度母、持金刚等像。除此之外，还有响铜材质佛祖像，掺

① 相传由弥勒为无著所说的《现观庄严论》《庄严经论》《宝性论》《辩法法性论》《辩中边论》。

入钦穆庆南卡扎、洛桑扎等圣贤骨灰塑造而成的佛祖像，弥迪上师亲自塑造的绿度母像，五台山布局坛城，还供奉花朵、大量藏香、丝绸锦缎、宝石、银质曼扎、金银玉器等无数珍贵供品，圣智怙主全套手册，一切智根顿珠所著《护法神礼赞》。还有四世班禅所著《贝孜女神念修法》，财神、护法神陀罗尼咒文，怙主、宝帐护法、四臂天母等唐卡，四世班禅亲塑护法神像，喀且班钦、布顿上师、帕竹第悉、松赞干布用过的靴子。另有印度、西藏、尼泊尔等地重要圣迹的土石，各种花卉、菩提树、宝石、草药、香树、布料、御甲、长刀、红白糖块、蜂蜜、各地粮食、干果，包括大皇帝使用过的茶等各地茶叶，还有 3000 藏克青稞，500 藏克盐等无法一一言尽。由洛桑旺杰比丘严格按照密法及先辈教导精心完成，成为一切有情众生之殊胜福田。

历经 13 个月，基本完成了为尊者圆寂而修建的佛堂与各所依的建设。在塔门内供放了尼泊尔著名国王卫色果恰所依本尊，由赤尊公主迎请的能仁王像，由裁缝师格宁斯塔等杰出的工匠们用来自蒙古与大明国库的上等绸缎制作的塔瓶垫、顶幡、各色头巾、花缎、顶饰，用优等布料制作的门廊顶幕，以及各色哈达、用 362 卡上等布料制作的柱幡 11 个，用 7622 卡布料裁剪的装满香粉的香囊，并给予工匠们满意的酬劳。

在佛像前，供放有用红铜、黄金制作的八瑞相，用 3995 两银子制作的曼陀罗 23 个，净水碗两套，瓷碗、酥油灯，用黄金、犀牛角、玛瑙、羊脂玉装点的花瓶。另外。还用出自内地和蒙古的法鼓、钹、铙、笛子、钟等摆满四周。另有源自印度、西藏、卡其、亚孜等地的不同供器，还有由北部牧区所依至尊洛桑丹白坚赞敬献的金银玛瑙玉等构成的器具，还有猫眼石、红莲宝石等价值连城的宝物。从法体供放至塔内之日起，由 4 位僧人以吉祥集密仪轨作诵经和礼供，并建立每月吉日供奉酥油灯的基金。

二十四日，密宗院僧人以吉祥集密瑜伽形式作加持准备。二十五日，正式作开光加持，即向圣智菩提作火供，为各护法神作酬补仪轨。当天，请堪钦一切智察看时，从布达拉宫至扎什伦布寺之间出现彩虹桥、晴天下花雨等奇异现象，众人有目共睹，认为是祥瑞吉兆。结束后，向开眼金刚教师堪钦贡觉坚赞献丰厚衬钱，为各上师、活佛、弟子、随从等发放财物布施，向密宗院僧人熬茶并每人散发一两银子，为后藏各地寺院、修行场所送去斋茶、回向礼、布施供养，给绘画主持曲英嘉措和尼泊尔造像师发放 81695 藏克青稞、87 条大哈达、64 钱金子、1426 两银子、256 卷卡迪等布以及 150 卷丝绸锦缎。十一月八日，由堪钦一切智在乃东鼐、江热地方官员送来的灵塔塔顶顶幔华盖右边哈达上题写如下：

无际荒野中种下的种子，由波罗蜜多温湿养护，成长为无苦大树法体，是为一切佛的唯一源泉。具备一切善知识为所有佛共同之处，没有优劣之分。如今五浊时期，怙主您以慈悲之心莅临，收回此世身躯，在色究竟天，以圆满受用身祈愿显现在雪域众生面前。但愿茫茫众生脱离无尽轮回，获得解脱之果。尽快获得与一切有情众生之不同意念相一致、能指明同样多的入佛门之道者——一切智之道。祈愿闻修发达，香火不断，如同天下所有供云集于一身般的灵塔，祈愿成为润泽三界、获得圣智之因由。

在左边哈达上题写道：

一切佛之功德集于一身的灵塔，成为所有众生之福田。声名远扬传遍大地。为迎请灵塔至清净佛国，空中铺就彩虹道，众天女翩翩起舞，降生于雪域大地的“美女”灵塔成为有缘众生之福报之源。祈愿成为浊时难以教化有情指路明灯，愿尊者尽快转生于北部香巴拉。所积一切善资粮但愿成为等虚空有情获享菩提之果的顺缘。

敬供白银大曼扎，两边各献 108 个五类供品，并给僧众熬茶献粥。木龙年（1664 年）一月二日祈愿大法会开始，期间给予僧众特别礼供，祈祷祝福，为秋季两次法会熬茶、煮粥，为经师散发回向礼，为寺院捐献茶叶 55 皮包，给后藏大小寺院、修行山庙送去斋茶、回向礼。三月十七日，用 500 两银子铸造的尊者等身像中装藏了以 4 种舍利为主的身语意各所依，闪耀着加持力之光。献上佛衣后，作为僧众修持所依供养于中心殿狮子座上。前面陈设茶碗、茶托、净水瓶、双面法鼓、法铃等供器。众僧集体抛洒礼赞之花。五月，大皇帝为供养银塔大宝，特派曲登喇嘛、比丘群培两人，于二十五日献上特制哈达多条、精美曼扎等大量供器，个人也献了很多供养器具。乃宁侍从活佛特派专人，献了大量的财物供养。恰嘎王之妻古如那贡捐献了大批财物，包括大珍珠项链 128 串。当它作为塔门装饰时，与过去为尊者献佛衣时一样闻到律法香气，大家感到如亲自面见般高兴。

照例做好夏季两次法会供养，尤其是在第二次法会上给上师、轨范师、主持等献回向礼，给近 2000 名僧人每人散发一两银子的布施供养并为两次冬季法会熬茶布施，密宗院僧人们照常做护法神酬补仪轨。

杂宝年（木蛇年，1665 年）祈愿大法会盛况空前。之前在塔门内供有法王维色果恰的本尊像，此时换成尊者的银法像，里面装藏有 5 部密咒经卷，桑杰益西上师的头枕，米粒般大小的佛骨舍利，阿底峡大师的头骨舍利，大成就者琼布、年麦仁青尊珠的法体舍利，罗桑顿珠佛爷和四世班禅的文集，还有尊者的响铜像，里面装藏有尊者的头发、四类舍利等以及尊者的珊瑚手串、佛祖鎏金像。由门唐派古顿洛桑绘制的克珠桑杰益西，以罗桑顿珠佛爷为中心，周围被噶举派上师本尊、大成就者簇拥的唐卡，还有由门拉顿珠绘制的表现萨班大师、无量寿佛、阿底峡生平功绩的唐卡，噶当师徒、密宗神像等唐卡，门拉江央亲笔绘制的怙主与随从像等长期修持过的具足加持力的各所依等按续部内容整齐排列，献上等材质佛衣，手持装满果实的托钵，于十三日，众僧口诵赞词迎请至塔门内。

二十七日，为了在灵塔之上制作金顶，由登上工巧之顶的曲英嘉措、木匠头人吴坚、铁匠头人塔杰、赤桑等 27 人组成了施工小组，历时 6 个月顺利完成。为工匠们发放 11170 藏克青稞、30 多条大哈达、14 两银子、16 钱珍珠和 36 卷布匹等珍贵物品，每个人都感到非常满意。由曲英嘉措设计，尼泊尔造像工匠、铜匠师谢噶热旦和朗赛等人组建工场，用 7575 藏克黄铜、52 藏克水银、5605 钱金子建造金顶，历经一年零 20 天后圆满完成。给曲英嘉措和工匠们发放 76065 藏克青稞、21 条大哈达、51 钱金子、830 两银子、7 两珍珠、235 卷各种颜色的布料以及珊瑚、蜜蜡、金银马鞍、马、犏牛、长刀等丰厚的酬劳，满足各自所愿。

大供祭日，为僧众献斋茶、斋饭，给经师、轨范师、主持发放回向礼，为 2300 名僧人散发 56 驮藏茶，为温萨寺等修行场所送去斋茶、布施供养。

夏安居和秋季法会，礼供僧众，发放 215 两银子、精美顶幔华盖、丝绸锦缎佛衣、银马鞍、卡垫、靠背等。在两次冬季法会上按照原样送去斋茶、斋饭，讲经活动非常兴盛。春季法会，为 3000 余名僧人熬茶。散发回向礼、茶叶、银碗等。同时，为后藏各寺、修行山庙送去斋茶、回向礼。二月法会，献斋茶、发酬金。二十一日，由 11 名画师和金匠等组成施工队，对佛堂金顶上下进行贴金和绘图装饰，历经两个月后全部完工后给工匠们发放哈达、银子、布匹、衣服等价值 2600 余藏克青稞的酬劳。在第二次秋季法会上，给上师们丰富的礼供，为僧众广散哈达、丝绸锦缎、僧衣、藏茶、靠背、白布等财物供养。

在火羊年(1667年)祈愿法会上,献上斋茶斋饭、回向礼,发放藏茶201块,为山中隐居的修行者送去斋茶和布施。佛堂上部供有金刚串唐卡,为此献顶幔华盖、玛瑙、羊脂玉等供物。

为了建立圆寂之后的言所依,所有已经译成藏文的佛祖教言,从第二个春季法会由100余名"艾巴本益"(ཨེ་པ་དཔོན་ཡིག)书法家开始,正式抄写工作。在精制"让秀"(རམས་ཤོག)纸上,认真、细致、准确地抄录108部《甘珠尔》经,花费3912钱金子。另外制作盖板、经布,经绳等,于八月二十日圆满完成,邀请堪钦一切智作加持。

二十五日早上,各位上师、活佛等手持香炉,密宗僧人高举宝伞、胜利幢排成仪仗开道,以吉祥集密不动仪轨作开光加持的准备。第二天进行酬补火供、供养护神、讽诵礼赞经等仪轨,祈愿成为一切有情之供养对象。为金刚教师额外献上供养物,给上师等以丰厚供养,给密宗僧人每人献哈达、一两银子、一卡布,给所有僧人每人一两银子的布施供养。为艾巴书写家和审订者发放270条哈达、236钱金子、526两银子、110钱珍珠、3块蜜蜡、11个上等顶幔华盖及佛被、两套金马鞍、11匹马、66卷各种布匹、钢盔、长刀、藏茶、衣物等价值50230藏克青稞的上等物资。为后藏各地寺院发放了310两银子、藏茶、布匹等布施供养。

慈悲之眼望众生,
化作僧侣来此地,
指引众生利乐道,
顶礼所依上师足。

怙主功德太阳光,

照耀四周佛法地，
利他功绩如大海，
此处所言一滴水。

婆娑世界一切美，
集于一身大灵塔，
立为有情供养物，
祈愿佛法永长存。

诚心供养此灵塔，
祈愿脱离烦恼海，
投身极乐清净地，
最终获得解脱道。

兴建寺院立佛像，
抄写经书绘唐卡，
一切善行之溪流，
成为众生解暑药。

但愿灵塔永存世，
佛法永存弘四方，
一切有情享福利，
日夜吉祥常吉祥。

如上，尊者罗桑确吉坚赞贝桑布传记的后续部分是应信徒们的强烈要求，根据襄佐洛桑格列、库管平措热旦以及膳食官洛桑丹增的一些记录和后事处理过程中所做兴建各所依、礼供僧众等情况的记载，未经任何加工撰写而成，由释迦弟子罗桑益西于铁鸡年秋季末月神降日全部完成。

利乐之源佛法树，
生长茂盛结硕果，
扎什伦布大寺院，
香火不断如河流。

持金刚法王罗桑确吉坚赞秘传

阿旺罗桑嘉措 著
仲麦巴赤列嘉措 抄写

吉祥如意！
法智所积两功德，
获得四个法身果，
短暂皈依也如愿，
顶礼罗桑确坚足。

聪慧弟子之宝匣，
灌满教理甘露水，
化作三世一切佛，
顶礼根本上师足。

无数时劫中践行，
佛门弟子诸伟业，
即便化作千里眼，
难以领略其点滴。

金刚持佛驻地中，
彰显神奇诸伟绩，
内中外等三传记，
谁能一一明知晓。

然则空中之月影，
照射无数水塘中，
符合各类之所愿，
如此圆满无可敌。

雪山围绕药圣地，
为了传布大乘法，
遵行贤哲之教诲，
利他功绩如繁星。

然而尚未提密传，
为了有情之福报，
终获永恒圣利乐，
在此满足各意愿。

由上述赞词作为引言，三世诸佛以无限的智慧和慈悲为解救所有众生而化身为不同形象。特别是现如今迎来的千佛中，具备可以战胜浊时顽疾的净饭王之子所创的佛法，无数圣贤为之修习。其中，杰出圣贤、经教之主堪钦确吉杰布——温萨巴班禅罗桑确吉坚赞贝桑布的生平事迹无法一一道尽。然而，一般意义上的大致生平在至尊上师的文集中已有记载。然而我等特别想撰写金刚秘词（秘传），为此向尊者请求后，根据尊者、古格法王、贴身近侍等亲自所言，为了有缘众生及个人立得礼供对象，特记录如下。

大成就者温萨巴罗桑顿珠转生于珠嘉巴医生之家，其前世因受不洁物之害而圆寂。母亲处在痛苦之中时，身边来了一位阿匝热（印度外教人），实为六臂怙主之变身。克珠杰时期，从年麦朗卡乃觉处闻修了念修六臂怙主之经教，并供为主要护法神，自此结下不散之缘。在温萨寺供养佛菩萨时,能够拜见各神真容,特别是六臂怙主、阎罗王和吉祥玛索马女神等承诺为尊者创造便利条件。当时,他人的善恶本性等因童言无忌一一道出,并且都说到了点子上。14 岁时的某一天,当上师礼赞妙音女神时,看见妙音女神像中透出一位蓝色妙音女神;当她手持装满新鲜水果的果盘敬献给主母时,从水果中又透出一位红色妙音女神,她从主母手中接过果盘,献给上师(四世班禅),上师享用水果的同时,又欣赏了弦琴乐声。此事被认为是四世班禅能以讲、辩、著形式弘扬佛法,拥有文殊菩萨一般智慧的缘起。当时撰写的妙音女神赞词被称为亲见赞词,熟记菩提道次第初论后,第二天起立即开始背诵菩提道次第广论。那时,尊者亲眼见到佛祖释迦牟尼巨大、光辉、神圣的形象,然而在大传记中却被写成梦中所见。到扎什伦布寺学习的当天晚上,碰见一位女扮男装的青年,以丰富的表情献来金曼扎。这是由吉祥欲界自在天母开示以闻修途径必能利益佛法与众生之意。

初次去修行时,僧舍门前来了一位女修行者手捧装满牛奶的颅骨碗供奉,尊者用手指轻点牛奶后离开。行走了一段路程之后,回望该修行女已经不见踪影。尊者虽未明确说该修行女为出世神或未出世神,但是鉴于根顿珠巴主修噶当派四尊三藏,该修行女必是至尊度母之化身。

春天母亲的怀抱中,
渐渐出头的新禾苗,
不可阻挡地茁壮成长,
这是因缘果报的无欺规律。

自此之后,尊者精于断证功德持金刚怙主所具无法估量的三秘海浪,一浪接着一浪,永远不可阻挡。

闭关修持金刚大威德时，同时修习白文殊与大威德。有一天，在五彩光环中的月亮表面，看见有白色藏文（ཨ），这在传记中被写成是梦境，尊者虽未言明，但是看此场景，实则为吉祥麻黑护法神形象。热译师多吉扎、一切智布顿法王和密宗大师多吉白创立的夏鲁色康麻黑护法供奉会，由于麻黑护法神十分严厉，在经过了几任堪布后，出现了诸堪布遭遇不测或逝世等情况。之后，除擦钦法王、江央钦泽旺久两人外，无人敢去供奉。萨迦后裔赤索朗旺布也有意避开它，夏鲁古项巴在举行禳解病魔仪轨时也流出鼻血，不久后逝世。然而，尊者向其催劝时，未出现上述情况。

在温萨寺时，宗喀巴大师曾亲自莅临，并留下了“为了利益自己与他人，要不断坚持学习，抵达三地境界的菩萨认为学习远不能停止”……等等教诲。有一段时期，尊者在一个被称为金刚宫殿的山洞中，冬季历时 3 个月，仅仅依靠吸取花蕊之营养禅定修行。他周围的人即使穿上层层厚衣服也瑟瑟发抖时，尊者却大汗淋漓，修行洞中也温暖如春。这一切来自于脐轮火（密承圆满次第根本法之一）所俱生的热力。

在赛地方时的一天晚上，来了一些声称是扎什伦布寺的阿匝热和门巴人，要求尊者迅速回到扎什伦布寺。其中的主要阿匝热是六臂怙主，门巴人是业力阎罗，这是想迎请四世班禅至扎什伦布寺担任堪布。有一次，在扎什伦布寺南边大路上，有一白一红两人抓住缰绳迎请尊者到扎什伦布寺大殿前。那白色人手捧用丝绸锦缎包裹的经书，叫尊者诵读。他感到疑惑，上前查看时才知道是《菩提道次第广论》，不久后从梦中醒来，意识到好像那白色人是观音菩萨，红色人是西南怙主，意为将我尊为新旧噶当派传承者。

一切智云丹嘉措到西藏时，扎什伦布寺所有堪布及阿匝热前去拜谒，当时在路上遇见如幻影般的奇异小孩，这与那措译师前往印度迎请佛祖时和库顿大师到扎叶巴时路上所遇奇异现象非常相似。见到一切智的第一天他看到的是观音菩萨的形象。前去朝拜噶当教派之源热振寺时,在转经道上自然形成的佛祖像前,他看到山顶上飘着五色云朵,云朵上坐着阿底峡、仲顿巴、欧列白西绕、库顿上师、阿梅、贡巴瓦、布多瓦、普琼瓦、京俄瓦、朗唐巴、夏热瓦等噶当圣贤,边上站着绿度母,她手持莲花,举向空中。象征着噶当教派兴旺发达,各位尊者为佛法和众生永驻人间。

在热振寺罗汉殿朝拜时,他看到觉吴钦噶神亲临佛殿,答应做利乐有情之事。为此,特创作了朵玛供请托词。

一切佛语本质,
集于文殊一身,
可恶死亡之神,
装扮僧侣形象。

神奇教法镜上,
显现噶当形象,
继承先贤功绩,
请托诸位护神。

文殊智慧足前,
遇见手持白莲,
奇景如同幻觉,
就像日照莲花。

弥勒佛像开光的那一天,天空中飞来一位衣装整齐的比丘,说道:这尊佛像能够利乐众生,说完后消失在弥勒佛像中。这是从喜足天来的圣智菩萨。甘丹弥勒佛与我们所立弥勒佛像以光环相连,由此可以看出,谁能见闻觉知此弥勒佛像,就能往生于弥勒佛的随从中。

往和好塔内装藏脱模泥像“擦擦”时,大成就者夏瓦日巴带来了各大圣地的土石样品,在场的人却看到了一个象印度高僧的人。为佛塔开光时,第穆活佛拉旺却勒朗杰看到佛塔塔顶坐着四世班禅、一位大成就者、一位白发比丘。向其询问时,班禅答道:大成就者是萨热哈[①],那位比丘是修行师确吉多吉。有一次,在天空中的一宝座上,坐着弥勒怙主,右边坐着桑杰益西法王,祈祷时弥勒佛身闪出光束,直接射入尊者的身体中。这预示着尊者能够依靠大手印法实现利益众生的愿望。

前往德瓦坚朝拜菩提心和曲桑巴的修行地时,尊者见到了很多苦行修宗派上师。有一天,他梦见全世界被水淹没,尊者从山上跨过,到了甘丹时,遇见弥勒佛、无垢天、宗喀巴等。询问后,宗喀巴大师说,这是烦恼之水。当他想到自己有责任将所有众生从烦恼中解救时突然从梦中醒来。

永胜怙主慈悲鼓,
非凡功绩所击响,
一切生灵闻之声,
即刻引入暇满界。

无数贤哲自在圣,
虽然时刻在身旁,
但因愚障所迷惑,
未有亲眼拜见时。

① 最初弘扬大乘密教者,是龙树论师的师傅。

无尽烦恼之苦海，
若想从中获解脱，
跟随此等善知识，
必登三身圣佛像。

尊者前往阿里时，从玛旁雍措湖中捞起一手碎石，所有石砾全部显现出观音菩萨像。一位阿里的有缘人，看到四世班禅的头上有顶饰、舌面有蓝色阿（ཨ）字后，立刻向他祈祷。班禅看见后，微微一笑，随后瞪大眼睛直视他，使他感到非常害怕。回程中，在冈底斯山前作集体灌顶时，此山显现为吉祥胜乐宫殿。宫殿内有所有胜乐轮界神天。主神身上闪出蓝色光，整个宫殿变成蓝色。

尊者到南部门域康布达隆地方时，该地不远处有一特别凶恶的赞神，他走近时看到了白孜姊妹护神，光脚的白孜神像可能就是那时见到了。尊者说，那凶恶的赞神就是白孜护法神的随从。他住在南部时，吉祥天母白拉姆降临，催促尊者修缮拉萨大昭寺金顶，他为此做简单的供养法事。在前往南部时，他见到了莲花生大师的尊容。还有一次见到了米拉热巴尊者，当场传授 6 首秘密道歌。另外，先后有很多有缘人看到奇异的现象。有一次，第穆活佛拉旺却勒朗杰将四世班禅看成是吉祥无上密乘本尊胜乐金刚，有些人看到的是宗喀巴大师。新建甘丹寺金顶时，有当坚曲甲护法神装扮成僧人献来金子。很多次都看到宗喀巴大师被佛菩萨所簇拥的场景。

攀登三身宝梯，
奔赴佛陀世界，
为了教化众生，

显示无常之身。

三宝所依场所，
精进立建供养，
奉献大量财物，
堪比财神宝库。

文殊智慧空中，
一轮鲜艳彩虹，
不止一次受邀，
宗喀大师之请。

一切三世佛之智慧与慈悲集于一身的本上师之特别秘传并非为凡人所能理喻。然而在大传记中说：

只要在世就行善，
倘若离世也安乐。

另外，续部次第开示解脱之道上的系列道歌中，结尾处说：

胜于佛陀之道，
唯有上师指引。

此道歌为大密续部之精要，请各二十四地勇士空行将此道歌作为秘密教言，说明一切所言已在心中承许。因此，也认为是秘传的重要内容。

圆满光芒照射下，
有寂烦恼无踪影，

源自智慧之传记，
成为贤哲随喜物。

离欲绛红蛋壳中，
传来金刚持妙音，
聚齐大小乘羽翼，
至尊妙音特神奇。

讲之智慧广如天，
辩起经来如雷电，
著有春雷般教言，
第二佛祖再现世。

广学经典变贤哲，
严守戒律成大德，
无别慈悲称善好，
如同第二阿底峡。

广泛听闻显密经，
缜密考辨细内涵，
广深修行成佛道，
那若巴也无别样。

己人相换忠诚心，
看透事物本质眼，
驱除魔障巨法力，
自然而成三怙主。

一切三世至圣佛，
妙果之源上师尊，
所言佛法秘密词，
在此传记中列出。

广深难测诸功绩，
我等愚者难知晓，
依据可信之历史，
在此如实作记录。

讲究修辞诸贤哲，
喜好悦耳格律诗，
为使大众能知晓，
此用俗语作表述。

转动法论之怙主，
三秘传记如大海，
从中汲取一滴水，
愿成解暑之甘露。

由此所积善资粮，
祈愿佛法永驻世，
至尊上师登宝座，
无数前世与来生，
但愿上师不离弃，
用以十种圣佛智，
为了众生传法音。

法轮怙主持金刚、佛法之主堪布仁布切罗桑确吉坚赞贝桑布之秘传是由处在尊者恩德中的萨霍尔[1]比丘阿旺罗桑嘉措晋美果恰土登朗措德(别名江央噶瓦西尼)于木羊年(1655 年)二月一日在甘丹颇章宫所著,由仲麦巴赤列嘉措抄写。祝愿胜利、吉祥!

① 古印度东部一小国名,在今孟加拉地区。五世达赖喇嘛在其自传中称,他的祖先从该国来西藏,其后裔为萨霍尔家族。

四世班禅额尔德尼·罗桑确吉坚赞灵塔志

日喀则市政协文史编辑部

供奉四世班禅罗桑确吉坚赞灵塔的曲康夏殿于藏历第十一饶迥水虎年(1662年)由大管家洛桑格勒主持修建。此殿高26米多,灵塔高度为工匠师傅曲英加措自己的45柞多。四世班禅的法体安放在塔瓶内。塔瓶门内有用白银38斤5两和黄金89钱制成的四世班禅等身像。塔内装藏有诸佛菩萨和高僧大德的舍利以及咒语、经典等,尤其是装藏有具有1000年历史的《般若八千颂》手抄本,印度高僧慧鹃亲手书写的梵文经卷,20幅汉地十八罗汉的丝织唐卡,两幅释迦牟尼佛十二宏化唐卡,一条具有800多年历史的八思巴阳起石质地的围裙,一串手珠,一串念珠,一只他使用过的高脚瓷杯,一部印度写本金字经经卷,还有具有900多年历史的至尊玛尔巴使用过的碗、袈裟、狮子慑服法器,至尊米拉日巴的禅带等。灵塔面积为24根柱子,有6层楼高,有鎏金铜屋顶,花费2600斤白银和200多斤黄金。另外,灵塔的表面镶嵌有琉璃两颗、绿玉5颗、红宝石8颗、绿宝石4颗、猫眼石4颗、猫眼水晶8颗、碧玺两颗、玛瑙9颗、羊脂玉13颗、上品珍珠1010颗、黄金盒8个、黄金耳饰28个、黄金头饰8个、黄金额饰14个、玉质金刚69个、其他玉123颗、珊瑚2480颗、琥珀358颗、各类水晶石4077颗以及青白玛瑙、青金石等653颗、大琥珀11颗。塔瓶内的四世班禅像花费白银38斤5两、黄金5两1厘,盒子花费白银60斤。从灵塔财神宝库到十三法轮之间装有1400斤盐巴和70000斤青稞以及红白檀香、藏红花等各类药材,有金写经卷和其他类经卷214部、85幅唐卡、红糖数包、各类丝绸锦缎、铠甲和头盔数套、宝剑数把以及各类生活用品。灵塔的供品有完整的丝绸锦缎顶幔华盖,灵塔左右各类绸幔41幅,用362方丝绸锦缎制作的幡11对,用1622方丝绸锦缎制作的香囊两对;有鎏金铜质的八吉祥徽供品一套,每一个吉祥徽花费11斤红铜,火鎏金3市斤多;有大小银质曼札23个,大的银质供杯两套,每套有7只杯,大的银质神灯一只,银质香炉一个,以上银质供品共花费白银332斤9两。有红铜制造的器皿5个,花费红铜40斤;有犀牛角一对,还有玛瑙、羊脂玉、水晶石等供品210件;还有一些乐器,有一只黄金曼札,用黄金4斤9两,有两只大小不同的金质灯盏。藏历第十一饶迥木蛇年(1665年),为四世班禅的灵塔殿修屋顶,花费75750斤红铜和130斤黄金;绘有十相自在、法轮、胜幢等图案的柽柳女墙花费红铜870斤和黄金6斤3两;门窗铁箍火鎏金花费黄金2斤8两。总之,灵塔供品共花费黄金22347古尔肖[①],纯白银27643两,红铜7725藏克[②]。工钱合算青稞131196藏克。花费绿色颜料113藏克,蓝色颜料7.5藏克,橘黄色颜料72.5藏克,石黄22克,辰砂2490块,每卷为1000张的金色纸9卷、100张的金色纸8卷、10000张纸的灰色纸24卷、1000张的灰色纸4卷、100张的灰色纸6卷,胭脂红7藏克,赭石22藏克,老板蓝13藏克,泥板蓝18藏克,白土39藏克,野蒿3藏克,火灰4木桶,白胶185藏克,红糖19藏克等。在完成以上工作时用

① 衡量金属的重量单位名,约市制七分强。

② 西藏的容量和重量单位名。一名“如克”,即藏斗,重约28市斤;一名“德克”,即藏斤,重约7市斤。本书统译为藏克。

工量达900多人,有两名工头。有以大师傅曲贡洛追为主的木匠55名,以大师傅朗通扎西为主的石匠13名,以大师傅达杰和直僧为主的铁匠27名,以大师傅绕丹为主的铜匠118名,浮雕工6名,以拉乃为首的尼泊尔饰件工数名。完成土石工的民工来自岗巴宗、坚隆宗、曲雄达杰庄园、聪堆赤康、兰喜庄园、杰钦则、绒措、央喜庄园、雪仲和迥贝庄园、达纳日奎和扎西达杰、塘波日嘎垂等地方,共250多名,完成木料和石料运输工作。当时,扎什伦布寺僧众达2570多名,大部分都参加了工程建筑。工期为四年零四个月,工厂设在鲁顶。在灵塔殿内修建了法座、佛龛等,灵塔殿内的文物非常丰富,有一面汉地的圆镜子、刻有兰札字的圆汉钹一对、小铙钹一对、至尊门塘巴亲手绘制的至尊米拉日巴旧唐卡画像一幅、仲仔拉尊亲手绘制的千手千眼观世音菩萨唐卡画像一幅、一肘长的尊胜诃子一根,大皇帝赏赐的金质钩子一个,上面镶嵌蓝宝石。总之,四世班禅罗桑确吉坚赞的灵塔外面覆以白银,其形制为天降塔,规模宏大。灵塔殿上方有鎏金铜质屋顶飞檐,以及鎏金铜质胜幢、宝盖、等楼的十相自在图,还有十二门的鎏金铜桎柳女墙、鎏金铜质祥麟法轮。灵塔殿外形优美,金光灿烂,内藏有价值连城的各种文物。

(此文由阿旺久美等著,克珠群佩译,刊登于《西藏文史资料选辑》第三十一辑,收录于《日喀则史料专辑》,北京:中国藏学出版社2014年版。)

四世班禅额尔德尼·罗桑确吉坚赞年谱

1570 年　藏历第十饶迥铁马年　明隆庆四年　四世班禅 1 岁

四世班禅罗桑确吉坚赞出生于日喀则市中心以东莲珠嘉地方的竹加白哇村。父亲名仲措瓦贡噶维色，是一位精通医学的医生，母亲名措杰。其家族据称是吐蕃王朝时期的巴氏家族的后裔，该家族曾经出过赤松德赞时期最早出家为僧的七试人之一的巴·益西旺波以及雅德班钦等名人。

四世班禅的母亲在 3 年前即火兔年（1567 年）四月十五日生过一个长相很漂亮的男孩，但是一年后由于父亲酗酒斗殴杀人，用血手抱了孩子，以致孩子夭亡。所以铁马年（1570 年）四世班禅出生时，众人都认为应该是火兔年的婴儿再生，但是四世班禅出生时是一个个子矮小、肤色发青、长满体毛的非常难看的婴儿，家人感觉很痛苦。按照预言者指点，为婴儿取名为确杰班旦桑布。

由于这一原因，以往有的史籍将这两个男孩认为是同一人，将四世班禅的出生时间记为火兔年（1576 年）藏历四月十五日，将四世班禅享年 93 岁记为享年 96 岁。

1574 年　木狗年　万历二年　5 岁

温寺僧人到莲珠嘉地方做夏令安居，年幼的四世班禅经常到佛殿中参加僧人诵经活动，引起了温寺僧人三世班禅的大弟子克珠桑杰益西的注意。夏令安居结束后，其他僧人前往后藏各地化缘，寻求施主，克珠桑杰益西留在莲珠嘉地方，住了一个多月，对年幼的四世班禅进行了讽诵《圣智功德赞》等经文的测试，感到满意，将自己的僧帽戴在幼童的头上,说:“当僧人很合适。”还给幼童传授了六臂怙主、马头明王、度母等灌顶。克珠桑杰益西向他的父母做了一些调查,他父亲向克珠桑杰益西讲,他的这个孩子喜欢和僧人接触,将来可出家当僧人。

1582年 水马年 万历十年 13岁

正月十日,四世班禅被其父亲送到温寺出家。十三日,由克珠桑杰益西兼作剃度堪布与导师为他剃度,授沙弥戒,赐名罗桑确吉坚赞(简称罗桑确坚)。出家后,与堪布、导师、僧众一起举行了庆祝喜宴。此后四世班禅就在温寺学经,并参加辩论。当时江孜白居寺的喜乃札仓的高僧噶究巴崔成前来温寺传法,并与寺僧进行辩论,他发现罗桑确坚虽然还很年轻,但精通佛经,很有辩才,许多僧人都败在他的手下,于是大为惊异,把罗桑确坚请到他的住房,敬之以茶,赠送黄色“达干木”(格鲁派僧人披的斗篷)一件,结成师徒关系。由于温寺的许多僧人都想拜噶究巴崔成为师而遭拒绝,所以这件事轰动了温寺,僧众纷纷议论,一致认为罗桑确坚是“温贡朱古”(温贡活佛)罗桑顿珠(即三世班禅)的“转世灵童”,其上师克珠桑杰益西也持这种看法。虽然,罗桑确坚自己认为其德性不深,佛法浅薄,只是一个普通的求法受戒的僧人而已,只求钻研显密二宗佛法,并没有作为罗桑顿珠转世的记忆,但是没有勇气向上师克珠桑杰益西表明自己的想法。

1583年 水羊年 万历十一年 14岁

克珠桑杰益西正式确认罗桑确坚为三世班禅罗桑顿珠的转世灵童,二月三日在温寺举行由全寺僧众和静修者参加的坐床典礼,并拥戴罗桑确坚为温寺赤巴(法台),但寺院管理仍由其师主持。八日,罗桑确坚接受上师传授的白妙音天女加持。上师嘱咐罗桑确坚背诵中本《菩提道次第论》。罗桑确坚写作了赞颂白妙音天女的诗歌。

1585 年　木鸡年　万历十三年　16 岁

罗桑确坚撰写了一部诗歌体的《喜瓦拉传》,受到众贤哲赞许。

1586 年　火狗年　万历十四年　17 岁

罗桑确坚与格西班觉一起谈论到:小时候我们常说,今生学好知识如同在为来世积累财富。龙树大师曾言:即便到了耄耋之年也要学习知识。自己所学的知识,不会因为此世生命的结束而消亡,因此很希望能被派到大寺院学习。当年的十一月三日,罗桑确坚到扎什伦布寺,入兑桑林札仓(闻思院),开始了五大部论及因明的学习。尽管他自己以一名普通学经僧人自居,但是扎什伦布寺当时的法台班钦桑珠白桑等还是因为他活佛转世的身份对他格外敬重。

1588 年　土鼠年　万历十六年　19 岁

三月,格鲁派首领三世达赖喇嘛索南嘉措于应召赴北京的途中在蒙古吉嘎苏台地方圆寂。

1589 年　土牛年　万历十七年　20 岁

元月,蒙古俺答汗的孙子苏米尔台吉的儿子出生,十月经蒙古和哲蚌寺以强佐贝丹嘉措为首的使团认定为三世达赖喇嘛的转世,此即出生于蒙古王族的四世达赖喇嘛云丹嘉措。

夏初,扎什伦布寺一带流行天花,罗桑确坚也遭到感染,不过很快就恢复健康,随后进行了一个多月的闭关修行,念诵白色文殊和大威德本尊。

十一月十四日,罗桑确坚的上师克珠桑杰益西圆寂。罗桑确坚返回温寺悼念上师,制作了有上师舍利的上万尊精美的“擦擦”(模压的泥塑小佛像)。

1591 年 铁兔年 万历十九年 22 岁

罗桑确坚已到受比丘戒的年龄,因为上师去世,不能在温寺受比丘戒。于是想到甘丹寺去受比丘戒,后来又因为在扎什伦布寺长期居住的原因,突然显现出在扎什伦布寺受戒为好的预兆。当年七月三日,在扎什伦布寺由第十四任法台当曲亚培任堪布、班觉嘉措任规范师、拉旺洛追任屏教师受沙弥戒,给罗桑确坚授了比丘戒。同年秋末,他前往拉萨,朝拜大、小昭寺的释迦牟尼佛及不动金刚佛,广行供施。在甘丹寺按照法台的吩咐,在精通显密的上百名格西和第巴吉雪巴等人面前立宗辩经,在辩论中他对所有大德高僧提出的问题,不但应答如流,毫无差错,而且还指出某些格西对佛经的错误见解,一一驳倒了对手,因而名声大振。其后又拜多名高僧为师,学习教法,还朝礼扎叶巴、蔡贡塘寺等胜迹,之后返回温寺。

1592 年 水龙年 万历二十年 23 岁

夏季罗桑确坚为僧众讲授中本《菩提道次第论》,引经据典,阐释深入,受到高僧们的一致肯定和敬仰。秋季闭关修行。十月燃灯节过后,为上师克珠桑杰益西建造的等身鎏金法像完成并举行了隆重的开光仪式,给予工匠们丰厚的酬劳。

此后数年中，罗桑确坚主要在温寺担任法台，研习经典，传授灌顶，闭关修行。有时还受江孜、萨迦下普、南木林、尼木等地的官员和信众的邀请，到各地传经布道。

1598年 土狗年 万历二十六年 29岁

因岗坚群培寺（在萨迦县东部，为二世班禅索南确朗所创）的赤巴（法台）空缺，当地的地方官员伦布孜巴和寺院全体僧众开会，一致决定敦请罗桑确坚出任该寺赤巴。罗桑确坚回忆起当年朝拜岗坚群培寺附近的绰浦寺的弥勒大佛像时，曾经期盼和祈祷与此地僧众一道为传弥勒法服务，于是就答应了他们的请求。在当年宗喀巴大师圆寂纪念日（燃灯节），罗桑确坚兼任岗坚群培寺的赤巴，为僧众讲授《菩提道次第广论》。其后参加了绰浦寺的祈愿法会，动员施主，为祈愿法会增加茶供，为千余名僧俗讲授《弥勒授记》《弥勒本生经》，形成惯例。

从此以后，罗桑确坚经常往返于温寺和岗坚群培寺两寺之间，同时主持两寺佛事。

1600年 铁鼠年 万历二十八年 31岁

罗桑确坚深知自己岗坚群培寺堪布的任期有限，想珍惜时间为寺院办一些有益的实事。于是，从乃宁地方运来柱子与大梁，修缮了3座损毁严重的经堂，从三月二十三日开始，由大画师门拉确吉洛桑和以法王贡觉伦珠叔侄为主的师徒13人完成了木料涂染和廊房壁画的绘制工作。修缮工程于四月五日圆满竣工后，七日前往绰浦寺参加祈愿法会，用15钱黄金涂饰绰浦寺的佛像。然后经夏鲁、江孜等地返回温寺，为温寺新置办释迦牟尼、宗喀巴大师堆绣唐卡。修建中心佛殿和金顶，解决僧人闭关两个月期间的供养。

1601 年 铁牛年 万历二十九年 32 岁

扎什伦布寺的第十五任法台拉旺洛珠卸任，经扎什伦布寺僧众一致决定，迎请罗桑确坚前来担任扎什伦布寺的第十六任法台。秋季，扎什伦布寺大强佐派噶究巴桑结贝桑等人来温寺敦请，近侍罗桑巴说，您作为扎什伦布寺僧人，就任了岗坚寺堪布，而拒绝担任扎什伦布寺堪布实为不妥。因此，罗桑确坚最终答应就任两三年的堪布，并于当年十二月三日就任扎什伦布寺法台。僧俗信众和扎什伦布寺各札仓轮流献茶食祝贺，他为大众传授《纳塘百根经》和《二十一度母修持法》。

1603 年 水兔年 万历三十一年 33 岁

春季罗桑确坚前往岗坚群培寺，为五六名僧人授比丘戒，为300余人授沙弥戒，为参加绰浦寺祈愿法会的僧众提供丰厚的布施。五月三日至十六日期间在扎什伦布寺举行祈愿大法会。为给僧众供茶饭，重新铸造了一口大锅，可煮63克（约折合1575斤）大米，所煮饭食可供2000僧众食用，又铸造了熬茶的大锅3口，制造了大铜茶壶18个，解决了僧众在大经堂诵经时的喝茶问题。开始时认为给众僧供奉一次斋茶就足够，随后逐渐增加供茶次数，最多时一日供过五六次斋茶。夏季安居时罗桑确坚在扎什伦布寺为僧众传授根敦嘉措的文集。秋季应邀到江孜白居寺，受到白居寺各札仓的热情款待，他为数千僧俗信众传经布道。

当年三月四世达赖喇嘛在蒙古军的护送下抵达拉萨，经过热振寺短暂的休整与朝圣后入住哲蚌寺甘丹颇章。之后在大昭寺觉卧佛像前由卸任的甘丹赤巴桑杰仁钦担任堪布、在任的甘丹赤巴格敦坚赞担任规范师为他授予沙弥戒,起法名为云丹嘉措。一些格鲁派僧人不喜欢桑结仁钦,对他进行攻击诋毁,因此在云丹嘉措受沙弥戒后,桑杰仁钦以不能胜任之说法,格敦坚赞以学识不广为由辞去经师之职,格敦坚赞建议请他的弟子、现任扎什伦布寺住持的班禅喇嘛来担任达赖喇嘛的讲经师傅,说他精通教法、年富力强,可以胜任传经授法之重任。当时罗桑确坚也正好经过尼木到拉萨来拜会云丹嘉措,给达赖喇嘛的贽见礼是以他的坐骑为主的物品,故云丹嘉措对他的印象很好,关系融洽,虽然也有一些人反对,主张请哲蚌寺的僧人担任,但是最后还是决定请罗桑确坚出任达赖喇嘛的经师,罗桑确坚也非常高兴地答应下来,暂时住在哲蚌寺,给达赖喇嘛教习佛法。

1604 年　木龙年　万历三十二年　35 岁

罗桑确吉坚赞和达赖喇嘛一起参加了拉萨正月祈愿大法会,他为僧众讲经并发放布施。后因达赖喇嘛的邀请,和达赖喇嘛一起到山南拉莫拉措山下的曲科杰寺,途中在德庆庄园(今达孜县)闭关 21 天,给达赖喇嘛传授宗喀巴大师的著作。在曲科杰寺受到僧众仪仗队的夹道欢迎。朝礼曲科杰寺和拉莫拉措神湖后,罗桑确坚告别达赖喇嘛,去丹萨替寺、桑耶寺朝礼,于夏初返回扎什伦布寺。

当年,罗桑确坚主持建造释迦牟尼、阿底峡、宗喀巴大师、根敦朱巴、无量光佛的唐卡数 10 幅,供扎什伦布寺在祈愿大法会时展示。在护法神殿上面新建两柱面积的鎏金佛像的佛堂。

1605 年　木蛇年　万历三十三年　36 岁

初夏,接到前去拉萨为达赖喇嘛传授时轮金刚灌顶的请求,罗桑确坚即做时轮教法方面的念修,仔细阅读有关的密宗典籍及其注疏。

本年中,第巴辛厦巴才旦多吉联合止贡噶举派打垮了支持格鲁派的第巴吉雪巴,控制了拉萨地区。

1606年 火马年 万历三十四年 37岁

拉萨正月祈愿大法会后,哲蚌寺派来使者,请罗桑确坚立即去拉萨。他到拉萨后,在哲蚌寺甘丹颇章的日光寝殿用彩色沙粉绘制了时轮金刚坛城,为达赖喇嘛传授了时轮金刚灌顶,并讲授各种佛经内容。

其后罗桑确坚应邀到山南乃东、琼结等地,为成千上万的信众讲经传法,朝拜了唐波切、雍布拉康、昌珠寺、泽当寺、桑耶寺等地,供奉三宝,虔诚祈福,然后返回拉萨。

夏安居时罗桑确坚返回扎什伦布寺,为大殿聚集的僧众礼供,传授白度母灌顶,并给温寺、岗坚群培寺以及后藏地区的大小寺院奉献茶饭供养。用从拉萨等地募集而来的铜铁和金箔,修建了大殿的屋脊宝瓶,新铸造了弥勒佛像及其底座等。为僧众传授大威德金刚四灌顶。

1607年 火羊年 万历三十五年 38岁

六月,四世达赖喇嘛第一次到扎什伦布寺会见罗桑确坚。扎什伦布寺紧邻第悉藏巴的首府桑珠孜(今日喀则),为树立格鲁派在后藏地区的威望,扎什伦布寺举行了隆重的迎接仪式。以罗桑确坚为首,带领身着新装的百余名骑马高僧到年楚河边迎接达赖喇嘛云丹嘉措,师徒二人在曲霞地方即将碰面时,看见达赖喇嘛缓缓步行而来,立即翻身下马迎向前去。天鼓般巨大的鼓声从空中响起,并下起了吉祥花雨。云丹嘉措在3000余名僧伽仪仗队的欢迎之下来到扎什伦布寺,应众僧祈请在该寺和罗桑确坚一起驻锡一个多月。云丹嘉措巡礼各个札仓的经堂,朝礼根敦朱巴所建的弥勒像和吉祥天女像、根敦朱巴的灵塔。云丹嘉措给僧众多次布施,甚至连自己的坐骑也都敬献了。罗桑确坚为他讲说了各种经文教理。最后离开时,罗桑确坚敬献骏马数匹和大量礼品,并一直陪送到纳塘寺、岗坚群培寺。

1608年 土猴年 万历三十六年 39岁

三月,罗桑确坚为消除扎什伦布寺僧人间不时发生的争执和斗殴,调节扎什伦布寺各札仓之间的关系,在寺院下方空地处,举行集密仪轨,由大画师贡觉伦珠设计,他本人邀请具备戒学、定学、慧学三学的僧众负责实施,建成了周长15庹(一庹为平伸双臂时两中指间的距离,约相当于人的高度)的和好塔。塔内装藏有迦湿弥罗班钦曾9次研读过的无著大师经书、《圣般若八千颂》及其他古印度经书等特别殊胜之物,并且依据大威德坛城仪轨进行开光加持。此塔至今仍屹立在扎什伦布寺寺内。

1610年 铁狗年 万历三十八年 41岁

春天,扎什伦布寺夏孜札仓由扎堆瓦曲吉释迦却珠新建的僧院、僧舍、重新绘制壁画全部完工后,罗桑确坚应邀开光加持并举行火供仪式。

夏天,罗桑确坚和20多名高僧在尼木吞地方驻锡,罗桑确坚用两个多月为他们讲授《菩提道灯论》。

1611 年 铁猪年 万历三十九年 42 岁

祈愿大法会后，哲蚌寺派来使者催罗桑确坚前去。罗桑确坚到达拉萨时，在堆龙东噶桥边受到骑手和僧人仪仗队的隆重迎接。在哲蚌寺为四世达赖喇嘛云丹嘉措、森康贡活佛索朗格列白桑、色拉寺和哲蚌寺高僧等在日光殿寝宫中作金刚串灌顶。而后，不辞辛劳回到后藏。

此年中，彭措南杰（1586－1620 年）继承其父噶玛丹松旺波的职位，从此被称为第悉藏巴。第悉藏巴彭措南杰和第巴雅郊巴·堆兑扎巴二者虽属亲戚，但仍然矛盾重重。是年，第悉藏巴彭措南杰领兵攻破雅郊巴，夺去第巴雅郊巴·堆兑扎巴的领地，并把他监禁起来只供给少量饭食。接着第悉藏巴彭措南杰领兵又攻破内邬栋城堡，统治全藏，帕木竹巴政权结束。前后藏两地因发生战乱，形势变化很大。

1612 年 水鼠年 万历四十年 43 岁

罗桑确坚为扎什伦布寺弥勒大殿新建金顶，花费 200 余藏克铜、500 古雪黄金。八月十三日，由广通经论者为其加持开光，为僧众奉献丰厚的供养。罗桑确坚应南方信众的邀请前往门域地方，讲经传法，随后到巴卓廷布等地，讲说多部佛经，调解各部落纠纷。

根据罗桑确坚的倡议，经扎什伦布寺僧众的一致同意，在扎什伦布寺内创建专修密法的阿巴札仓。为了修建阿巴札仓，前藏尼木吞和后藏各施主给予供养赞助。显密兼修的阿巴札仓竣工后，罗桑确坚制定了学习、戒律的规章制度。

噶玛巴师徒来到桑珠孜时，罗桑确坚也给予各教派僧人以满意的茶供。当年十二月十一日，为扎什伦布密宗院奠基。

1613年　水牛年　万历四十一年　44岁

此年罗桑确坚担任扎什伦布寺的法台已达13年，远远超过当初答应担任两三年的期限，故提出辞去法台职务的请求，扎什伦布寺僧众讨论后，一致挽留，因此未能辞职。

四世达赖喇嘛因自己年轻，要求罗桑确坚来拉萨主持正月祈愿大法会。自本年开始，罗桑确坚连续6年主持拉萨祈愿大法会，开创了色拉寺、哲蚌寺、甘丹寺结业水平最高的格西参加拉萨祈愿大法会的辩论、报考拉然巴格西的传统，大大促进了“五部大论”的学习。祈愿大法会结束后，以堪布身份为索朗格列白桑活佛和色拉寺、哲蚌寺、密宗院等40余名善知识授予比丘戒，为哲蚌寺大殿授予文殊经传承，为一切智授予《四面护法多变经》等传承。

返回后藏途中，在尼木吞地方为首领旦增旺杰建造的大藏经《甘珠尔》开光。

1614年　木虎年　万历四十二年　45岁

在拉萨祈愿大法会期间，由罗桑确坚任堪布，索南格勒贝桑担任轨范师，另有屏教师等足数的僧人在座，在哲蚌寺为四世达赖喇嘛云丹嘉措授比丘戒。当年从蒙古而来的香客很多，另外罗桑确坚还为从青海来的拉尊穷哇等百余人授予比丘戒，为哲蚌寺僧众传授修习本尊仪轨。

1615年　木兔年　万历四十三年　46岁

罗桑确坚为第巴吉雪巴法王等五六名高僧传授比丘戒，还为以东科尔活佛加央嘉措为首的1000来人授予比丘戒。用募化来的70藏克铜皮、400钱黄金将扎什伦布寺的和好塔鎏金镶包。

夏季，在扎什伦布寺为第穆活佛、第巴吉雪巴及扎什伦布寺的

300 多名僧人讲说《金刚鬘》等经典。

1616 年 火龙年 万历四十四年 47 岁

当年拉萨祈愿大法会后,罗桑确坚曾说应阿里僧俗的邀请,要去阿里传法。达赖喇嘛的强佐索南饶丹在甘丹颇章中向他劝阻说:“根据今年土默特台吉们的行动和吉雪各个活佛、寺院管事们的说法,第悉藏巴似乎有使用武力的可能,因此我非常担心发生一次战乱。我们吸取第巴们的战事一旦掀起首先会波及到我们的教训。我们渴望和平,但是能否保证,还难以预料。今年不外出远行而留在驻锡地是否更合适些?”罗桑确坚回答说:“按照古昔的预言,有蒙古人占据西藏的说法。只要遍知一切云丹嘉措在世,他不喜欢动乱,对异域人也言词严厉,会制止乱事。虽然这些蒙古王裔势力强大,也难以估摸。但是,三宝慈悲,可能会平安无事,我也有所觉悟。阿里达波(阿里王)派遣的召请人已经到来,似乎不可回避。可以预料,肯定有个维持安定的法宝。”

三月,明朝万历皇帝派来了以喇嘛索南罗追为首的许多汉人,赐予达赖喇嘛“普持金刚佛”的封号、印信和僧官的僧服,转达了明朝皇帝邀请他去汉地的旨意。达赖喇嘛为缔结善缘,接受了邀请。

十二月十五日,达赖喇嘛云丹嘉措在哲蚌寺突然去世,时年28 岁。

罗桑确坚不得不准备主持次年的拉萨祈愿大法会。

本年,建州女真的首领努尔哈赤统一女真各部,在赫图阿拉(今辽宁新宾西)建立了后金。

1617 年 火蛇年 万历四十五年 48 岁

罗桑确坚主持拉萨祈愿大法会后,因达赖喇嘛云丹嘉措突然去世,色拉、哲蚌二寺的法台职务空缺,两寺僧众请求罗桑确坚担任。考虑到当时格鲁派的困难情形,他应邀担任色拉、哲蚌两寺的法台,从此任两寺法台长达15年之久。

三月,阿里古格王派人前来催请,罗桑确坚动身去阿里,步行一个多月到达阿里地方,朝礼了冈底斯山等胜迹。四月二十三日,罗桑确坚在玛旁雍措湖做了沐浴,为来冈底斯朝山的印度、尼泊尔、中国西藏地方的香客说法。五月十五日罗桑确坚到达托林寺,登上大译师仁钦桑波的法座,为各札仓僧俗做集密、胜乐、大威德灌顶,接受阿里之王的献礼,为他传授佛法。在托林寺停留了几个月,为夏仲法王等100多人剃度传法,并特别委托夏仲法王负责当地的佛法事务。随后又到木嘎、芒囊、达巴扎西伦布、香孜等地,随愿讲法,授予戒律,引入善道。芒域(今拉达克)王派来使者,请他前去,但因故没能去成,芒域的很多僧俗官员前来拜谒,罗桑确坚与他们结下了善缘。

十一月,罗桑确坚返回扎什伦布寺。

当年年底,喀尔喀确科尔汗3000余人的部队到达拉萨,与拉萨吉雪巴的军队一起进攻第悉藏巴。蒙古军队和色拉寺、哲蚌寺的僧兵一起攻打驻守拉萨的后藏贵族、将领和驻守前藏的后藏军队。第悉藏巴彭措南杰调集前后藏的大军,率10000余僧兵前来攻打,经过堆龙地方反攻到拉萨,攻下色拉寺和哲蚌寺。强佐索南绕丹、第巴吉雪巴玉杰等人也只得放弃德庆、扎嘎、喀达等拉萨河上游南北两岸的宗谿,准备随蒙古人逃往远方。哲蚌寺和色拉寺僧人也弃寺逃跑,在北面的达垅寺停留了四五个月。色拉寺、哲蚌寺受到战火破坏,因达垅巴代为求情,才被允许整修,罗桑确坚先后5次为色拉寺、哲蚌寺敬献黄金供品,捐献克什米尔上等净水瓶一对,为哲蚌寺弥勒佛殿和灵塔殿捐献上等供水杯各7个。在噶玛噶举和格鲁派之间的矛盾冲突中,格鲁派一方暂时遭到巨大失败。第悉藏巴不仅要哲蚌寺、色拉寺交付大笔赔款,而且宣布禁止达赖喇嘛转世。

九月二十三日,后来被认定为五世达赖喇嘛的洛桑阿旺嘉措诞生在琼结(今西藏山南市穷结县)。

1618 年　土马年　万历四十六年　49 岁

彭措南杰率兵攻占前藏各地,拥有了全藏的控制权。这一年,正式宣布噶玛黑帽系第十世活佛却英多吉为统领各派的法王,彭措南杰为第悉,建立了政教联合的第悉藏巴政权,首府设在豁卡桑珠孜。

1619 年　土羊年　万历四十七年　50 岁

扎什伦布寺春季法会结束后,罗桑确坚为千余名僧人提供斋僧茶饭,建立了为期一个月的法会的传统。

1621 年　铁鸡年　天启元年　52 岁

四世达赖的强佐索南绕丹为了报复第悉藏巴,借口去曲科杰寺取前世达赖喇嘛埋藏的财宝交纳罚金,离开了哲蚌寺。半路上他摆脱了第悉藏巴派去监视的人员,前往青海向驻牧青海的蒙古土默特部求援,请来了蒙古土默特部的拉尊穷哇罗桑丹增和洪台吉。他们二人率骑兵 2000 人和索南绕丹一起入藏,到达当雄地方时,第悉藏巴命罗桑确坚等人到当雄去调解,但是没有成功。藏历七月十一日,蒙古骑兵向江塘岗的第悉藏巴军营发起进攻,策马冲杀,藏兵死伤数千人,第悉藏巴兵败,全军向药王山退却,被蒙古军包围并切断了水源。正当第悉藏巴军队疲惫不堪,蒙古骑兵也将要发起第二次冲锋之际，罗桑确坚立即结束闭关，起身步行至当巴村（哲蚌寺下方村庄）和甘丹赤巴崔诚群培、林麦夏仲贡乔曲培、达垄寺寺主等头面人物出来调停，从中说和。罗桑确坚给拉尊穷哇赠送厚礼，达成协议，迫使第悉藏巴答应将其夺去的色拉、哲蚌二寺的庄园归还原主，格鲁派取得了拉萨河上游地区，将德庆桑昂密院等卫藏两地被迫改宗的格鲁派寺院恢复为格鲁派，彭波卡孜宗交第巴吉雪巴占有。第悉藏巴对以上条件都接受了，惟独不答应“寻找四世达赖喇嘛转世灵童”这一条。后由蒙古贵族代表拉尊穷哇罗桑丹增和洪台吉出面与之谈判，并且由四世班禅治愈第悉藏巴的病后一再要求之下，第悉藏巴无奈接受了这一条件。

1622 年　火狗年　天启二年　53 岁

由于格鲁派的再度得势，许多贵族都想让自己的子弟成为达赖喇嘛的转世灵童。虽然强佐索南绕丹等人已私下认定出生在琼结巴家族的贡噶米居多嘉旺格嘉布为四世达赖喇嘛的转世灵童，但根据桑耶寺护法神的预言，还有雅隆曲嘉颇章的第巴和娘布地方的一家人也坚持说他们的儿子是最可信的转世灵童。这样就有了 3 个转世灵童候选人。四世班禅和林麦夏仲嘉央衮乔群培经过商议，决定到藏北热振寺的文殊菩萨像前以糌粑丸抽选，最终确定了贡噶米居多嘉旺格嘉布为四世达赖喇嘛的转世灵童。

公开确认五世达赖喇嘛后，四世班禅罗桑确吉坚赞负责将五世达赖喇嘛从琼结迎请到哲蚌寺，并举行坐床典礼，班禅自己担任亲教师，给达赖喇嘛授沙弥戒，取名阿旺罗桑嘉措。

1623 年　水猪年　天启三年　54 岁

罗桑确坚前去调解直贡与帕竹之间的战乱。

当时大昭寺五自成佛祖殿堂之金顶已经破损，木料腐蚀，有塌顶之险。然而，因为此殿神力不凡，各上师、头人均不敢插手维修。罗桑确坚为佛法不惜性命，在将殿顶彻底拆除之后，用几百藏克黄铜、几千钱黄金重新建造了金顶。在6个月内全部完成并开光加持。

当年夏初，罗桑确坚完成了扎什伦布寺热绛部密宗院所有壁画及柽柳女墙。

1624年　木鸡年　天启四年　55岁

罗桑确坚认定森康贡活佛的转世，为其剃度，授沙弥戒，起名扎巴坚赞。春季到热振寺闭关修行一个多月。

1626年　火虎年　天启六年　57岁

罗桑确坚为帕巴拉等来自南北地区和当地的百名信徒授予出家戒。按照帕巴拉的想法和梦中预示，特授名帕巴确吉坚赞。作灌顶、授予显密教传承，满足其心愿。

甘丹寺僧众请求罗桑确坚担任甘丹寺的法台，罗桑确坚没有答应，后来在僧众的一再恳求下，考虑到维修甘丹寺的宗喀巴灵塔殿的需要，答应担任甘丹寺强孜札仓的法台，于二月一日到甘丹寺就任。四月返回扎什伦布寺，主持维修金佛殿和度母殿。

1629年　土蛇年　崇祯二年　60岁

罗桑确坚到甘丹寺，主持彻底改建甘丹寺金顶一事。一月三十日，太阳刚刚升起，供养空行母、护法神、土地神之后，开始动工。与此同时，康区的信教群众捐献的财产也顺利运到，使工程顺利进行，至六月竣工，举行大威德金刚开光仪式。

1631 年 铁羊年 崇祯四年 62 岁

罗桑确坚主持勘对、抄写《甘珠尔》经，向拉帕第巴及山南拉加里王及大臣提出，请求派来一批精通书写文字的人员。三月四日，先后派来了70余人。四月八日，正式开始了《甘珠尔》经的书写工作。母版是由夏鲁大译师校订过的《甘珠尔》经。如果发现有疑问之处，立即仔细翻阅夏鲁大译师的文集，认真比对，最终确定正确的写法。罗桑确坚亲自做了校订工作。不求进度，质量为上，对书法技艺出众、无错写、漏写者进行表彰并及时奖励护身符。十月十五日，圆满完成了《甘珠尔》经的书写任务。由于书写准确，用纸讲究，卷夹精美，因此，被认为是雪域西藏所有《甘珠尔》经中的精品之作。

年底，罗桑确坚到达拉萨，在哲蚌寺给五世达赖喇嘛传授了时轮金刚灌顶，并邀请五世达赖喇嘛在适当的时候访问扎什伦布寺。

当年以阿克岱青为首的近千名喀尔喀人，以墨尔根诺颜为首的300多名厄鲁特人以及拉尊和古如洪台吉率领的护送卓尼曲杰和扎德曲果安木齐进藏的300多名土默特人到达拉萨。

1634 年 木狗年 崇祯七年 65 岁

罗桑确坚在扎什伦布寺主持新建用于展佛的巨幅堆绣唐卡。一幅巨幅堆绣唐卡的中间是怙主无量光佛，两边为文殊菩萨和金刚持，上方为阿底峡和宗喀巴大师，下方为和睦佛和药王佛，右方为观世音菩萨，观世音菩萨上方有狮吼佛，下方为不动怙主，左方为度母，度母上方为释迦佛，下方为欲界诸王。后来用剩下的原料又制作了一幅堆绣唐卡，主要供有释迦佛，在此上方为燃灯佛、弥勒佛，下方为无量光佛。五月上旬某一吉日开始画图，当为两幅唐卡画底线时，天上响起了悦耳的梵音，令众人欢喜。于十月十八日将唐卡迎请至中心佛殿内,作隆重的集密开光加持。

此时,察哈尔的林丹汗、占据青海的喀尔喀的却图汗和康区的百利土司结成反对格鲁派的同盟。林丹汗受后金的打击,率部众西来,途中在河西走廊去世,部众东返,归降后金。却图汗派其子阿尔斯兰带兵10000入藏,准备打击格鲁派。由于阿尔斯兰进藏,却图汗在青海迫害格鲁派僧人以及信仰苯教的百利土司在康区监禁佛教僧人的消息接连传来,格鲁派上层集团也感到了危机。五世达赖喇嘛、索南绕丹等人商议,派人到新疆去向新近信奉格鲁派的卫拉特蒙古求救。

1635年 木猪年 崇祯八年 64岁

罗桑确坚为扎什伦布寺新建金汁书写的大藏经《甘珠尔》。从上年初冬开始加工黄金,本年元月八日—吉日,由佛经书写人员开始了书写工作。到十月初完成,迎请到佛殿内,由密宗札仓的僧人以集密仪轨举行隆重的开光仪式。

在入藏途中阿尔斯兰在通天河上游遇到卫拉特蒙古的固始汗和巴图尔珲台吉一行,固始汗向阿尔斯兰说明了不能侵害格鲁派的原因。于是,阿尔斯兰进入西藏后并没有按原计划攻击格鲁派,却与第悉藏巴和噶玛噶举派产生了摩擦,格鲁派躲过了一场危机。

1636年 火鼠年 崇祯九年 67岁

四月,皇太极自称皇帝,改国号为大清,并仿效明朝陆续建立政权机构,又东征朝鲜,西联蒙古,势力日益强大。

1637年 火牛年 崇祯十年 68岁

正月,固始汗和巴图尔珲台吉在青海湖北岸一举击溃却图汗的4万大军，却图汗被俘，旋即被杀。在格鲁派僧人及青海藏族首领的帮助下，固始汗很快占领了青海的主要藏族地区。阿尔斯兰听到固始汗南下青海的消息后，仓皇率部东返，沿途抢掠。到康区后，其部将岱青按照却图汗以前的密令谋杀了阿尔斯兰。

固始汗占据青海、前来拉萨后，在甘丹康萨会见达赖喇嘛和索南饶丹等人，向达赖喇嘛献银4000两，给罗桑确坚献银2000两。格鲁派人士立即宣称固始汗是智麦伦布活佛预言的进入西藏的金刚手菩萨化现的王者，将使西藏获得平安。在拉萨大昭寺觉卧佛像前陈设了宝座，请固始汗就坐后，达赖喇嘛按蒙古人的习俗赠给固始汗"丹增确吉杰布"（执掌教法法王）的称号和印章，并赠送了一尊宗喀巴大师金质像和大批礼物。达赖喇嘛还赠给固始汗的儿子和属下官员各种称号。

十月初罗桑确坚应邀到达拉萨。因当时哲蚌寺仍有僧人患麻疹，所以罗桑确坚和达赖喇嘛都住在甘丹康萨，为五世达赖喇嘛接受比丘戒做准备。四世班禅给达赖喇嘛讲授了宗喀巴大师文集、一世达赖喇嘛根敦珠巴的戒律著作等。

1638年 土虎年 崇祯十一年 69岁

四月五日，由班禅罗桑确坚担任亲教师、甘丹赤巴贡觉群培担任轨范师、哲蚌寺和色拉寺各札仓的堪布和洛本添足额定的比丘之数，在拉萨大昭寺释迦牟尼佛像前，给五世达赖喇嘛授了比丘戒。

秋末，固始汗派遣墨尔根噶究喜饶嘉措等300余人前来迎请达赖喇嘛去青海，索南饶丹为此前往日喀则请求第悉藏巴批准，遭到拒绝，第悉藏巴的臣僚康扎巴还警告索南饶丹不要为了本派利益与蒙古人交往过密，使索南饶丹大为愤慨。固始汗的使者又前往扎什伦布寺会见四世班禅,见到第悉藏巴正在大兴土木,在扎什伦布寺和桑珠孜之间建寺。派遣乌拉到扎什伦布寺后山上采石,巨石从山上滚下,砸坏了扎什伦布寺的僧舍,班禅及寺僧俱惶恐不安。扎什伦布寺僧俗人士还向使者谈了第悉藏巴凌辱格鲁派的情况。墨尔根噶究回到青海后向固始汗报告了扎什伦布寺的情况,据说这成为固始汗决心攻灭第悉藏巴的直接起因。

1639 年　土兔年　崇祯十二年　70 岁

康区的百利士司写信给第司第悉藏巴,约他于次年共同举兵。但这封信却被格鲁派喇嘛截获后送交了固始汗。早已有准备的固始汗,见信后立即作出反应,就在这一年五月,固始汗率军来到康区,并写信给五世达赖,告知其在征服百利土司后,将向后藏进军的计划。固始汗很快就征服了百利的一些小部落,但差不多经过一年的战斗,到 1640 年才把百利土司顿月多吉擒获,同年冬将其处死。

1640 年　铁龙年　崇祯十三年　71 岁

上年康区的百利土司被固始汗消灭后,第悉藏巴便成了固始汗进攻的最后目标。固始汗佯装从康区返回青海地区,其军队先向青海方向进发,有意让第司藏巴听到他率军返回青海的消息,然后趁第悉藏巴听到这个消息放松戒备之机,于 1640 年挥师入藏,在格鲁派的配合下,向第悉藏巴军队发动攻势。

1641 年　铁蛇年　崇祯十四年　72 岁

五月固始汗的大军抵达当雄前,进兵的消息一直封锁得很严密,按照固始汗的安排,拉萨方面派人以到拉萨朝佛的固始汗的王妃年迈身体不好,不能到扎什伦布寺拜见罗桑确坚为由,邀请罗桑确坚到拉萨来,以使他躲避战火。在拉萨方面的催促下,罗桑确坚来不及算出发日的吉凶,于四月十八日离开扎什伦布寺。罗桑确坚走到仁布时,第悉藏巴才从达隆寺那里得到固始汗入藏的确切消息,立即下令将罗桑确坚扣留在那里,后来第悉藏巴又想要四世班禅代他劝说固始汗停战,罗桑确坚才得以脱身,经过北路到达拉萨。

固始汗率兵入藏后,直接向桑珠孜进发,第悉藏巴节节败退。于是,第悉藏巴提出谈判请求,并请罗桑确坚出面调解。固始汗要求第悉藏巴交出所有的军政大权未果,双方战火再燃。经过将近一年的围攻,至1642年,固始汗攻占桑珠孜,基本控制了后藏的大部分地区,第悉藏巴政权彻底被摧毁。

1642年 水马年 崇祯十五年 73岁

在攻下桑珠孜之后,固始汗已经成为统治青藏高原大部分地区的汗王,他是以保护格鲁派的旗号进入青藏高原的,根据青藏的具体情况,他决定效法藏文史籍中所说的元世祖忽必烈对帝师八思巴三次供养的故事,将卫藏十三万户献给五世达赖喇嘛。

三月,固始汗攻破桑珠孜城堡,俘获第悉藏巴的消息传到拉萨,达赖喇嘛向本尊护法呈献题词哈达酬谢,以表示庆贺。色拉、哲蚌和大昭寺的僧人在屋顶上遍插旗幡,以庆祝胜利。固始汗将五世达赖喇嘛迎请到后藏桑珠孜,举行了隆重的献礼仪式。固始汗将西藏全部地方和从第悉藏巴桑珠孜官殿中获得的大量财宝献给了五世达赖喇嘛,同时将卫藏地区的赋税作为以达赖喇嘛为首的格鲁派的供养,从而使格鲁派在西藏社会中形成了独占优势的局面,建立起蒙藏统治者联合的甘丹颇章地方政权。固始汗还下令将桑珠孜改名为日喀则。

六月二日，罗桑确坚应邀到夏鲁寺，夏鲁寺和日普寺喇嘛们说，一切智布顿仁布切是萨迦祖师和大司徒强秋坚赞等大人物的上师。大皇帝也曾给予过高度褒奖，赐予诏书印玺，使夏鲁寺成为雪域最高级别的寺院。因此，要求他必须前往担任夏鲁寺堪布。罗桑确坚看到夏鲁寺的幻化佛塔顶部已经倾斜，时刻都有倒塌的危险，有权有势的官员、寺院喇嘛都没有能力对其进行维修，如果继续置之不理，定会陨灭。为了弘扬佛法和利益有情众生，得到一切智布顿大师的加持，答应出任法台。这样，从1642年开始，班禅罗桑确坚又兼任夏鲁寺的堪布长达20年。

1643年　水羊年　崇祯十六年　74岁

上半年，噶尔巴师徒以洛扎（今山南市洛扎县）为大本营，分别在工布地区的桑日（今山南市桑日县）、沃卡（今山南市桑日县沃卡乡）和后藏的仁布（今日喀则市仁布县）、江孜（今日喀则市江孜县）、白朗（今日喀则市白朗县）、南木林（今日喀则市南木林县）等地举兵，对拉萨形成了扇形包围圈，反对甘丹颇章的统治。工布地区噶举派寺院僧兵将沃卡增其寺及其500余名僧俗烧死，之后又将嘎瓦东神洲寺彻底践踏。这次反叛开始不久，后藏的形势就已岌岌可危，南木林宗最先失守，在仁布的曲贝也拱手让出了仁布宗。离日喀则较近的白朗宗也被叛军包围，以达那沃兰巴为首的叛军在日喀则周围骚扰，对扎什伦布寺和四世班禅构成严重威胁。索南饶丹委任管理江孜宗的囊索诺尔布放弃了宗城，仓皇逃命。后藏几乎所有的地方都被叛军控制。在工布地方，以工布噶悉的主帅雪喀瓦为首的居巴、普、孜、苏等反对格鲁派的地方首领组成的8000多名叛军也展开了大规模的骚乱。面对这样的严重局面，固始汗和五世达赖喇嘛不得不改变原来只推翻第悉藏巴的统治，对其支持者一般不予追究的初衷，下决心彻底打垮噶玛噶举派及其支持者。在战斗中噶尔巴的厨师（掌膳食官）曲央被俘，从他的护身佛盒（嘎乌）中搜出一件噶尔巴的密谕，其中有杀死固始汗，监禁四世班禅和达赖喇嘛、摧毁格鲁派的各个寺院，将被关押在内邬庄园的第悉藏巴解救出来的计划。固始汗见到这份文书后极为愤怒，立即下令彻底打垮噶举派，并下令将噶玛噶举派僧人打上印记点交给格鲁派寺院监管，强令其改宗，还传令用牛皮把第悉藏巴包裹，抛入拉萨河，以绝后患。处死了关在内邬庄园的第悉藏巴，这就使叛军恢复第悉藏巴政权的希望破灭了。对于战争，经过商议后，固始汗和五世达赖喇嘛作了如下部署：由固始汗率军沿墨竹工卡、沃卡、达布一线消灭工布的叛军；喀尔喀蒙古达颜诺延的300名骑兵和固始汗大王妃所属的蒙古兵在孜重木会合，开往后藏平叛。两地战事进展十分顺利，后藏的叛军在蒙古兵的打击下也土崩瓦解。此后，工布地方又陆续发生了一些小规模的叛乱，但都已成强弩之末，很快被镇压下去了。固始汗的军队准备乘胜追击，直捣噶尔巴的大本营。噶尔巴兵败后自知不能在洛扎立足，他一方面派达垅夏仲出面调停，一方面设计逃往康区。受这次反叛的牵连，楚布寺的黑帽系活佛却英多吉也离开西藏，逃往云南丽江。这次平息反叛的胜利，固始汗和格鲁派在西藏的联合统治才真正确立起来。

1644年　木猴年　明崇祯十七年清世祖福临顺治元年　75岁

1639年时，经四世班禅罗桑确坚提议，西藏地方派色钦曲杰前去女真人地方，看新兴的清朝能否成为西藏各教派的施主，此次赴盛京与清朝政府取得联系的首领是固始汗的侄子伊拉古克三呼图克图彻辰绰尔济(藏名色钦曲杰)和都日雅勒。拉萨祈愿法会后色钦曲杰等动身上路时,让他们带了书信和礼品给博格达汗(蒙古人对后金的汗王皇太极的尊称),此时格鲁派还在第悉藏巴的管辖之下,因此色钦曲杰还带有第悉藏巴以及萨迦、噶玛噶举、达隆噶举、珠巴噶举等派首领的书信和礼品,要求他们在5年内返回。这是西藏地方首次派遣使者与清朝中央政府联系,色钦曲杰与都日雅勒又从入藏朝佛的蒙古香客变成了西藏地方联合委派的与清朝中央政府联系的代表。他们在1642年十月到达盛京(今沈阳),受到清太宗皇太极的隆重欢迎。皇太极亲率诸王、贝勒大臣出怀远门迎之。1643年伊拉古克三等要求返回西藏,清太宗皇太极又举行了隆重的欢送仪式,给达赖喇嘛、班禅额尔德尼捎去信件和每人1000两白银、各种宝石器皿,丝绸布料等优厚礼品,还不作教派区分,对于西藏的噶玛巴、萨迦瓦、达隆巴、珠巴等大喇嘛都捎去信件和银器具等礼物。至本年十月,伊拉古克三等返回拉萨。

本年四月,清军进入山海关,很快占领北京,顺治帝在北京登基,清朝建立。

1645年 木鸡年 顺治二年 76岁

固始汗仿照俺答汗赠予三世达赖喇嘛尊号的先例,赠予罗桑确坚"班禅博克多"的尊号。

四月,四世班禅罗桑确吉坚赞为温寺新建金字《甘珠尔》经。为了新造金汁书写《甘珠尔》经,安排拉加里王主仆从艾地方的文稿书写人员中认真选拔,最终召集到出众的书写人员111名。将上万钱金子炼成金汁,在来自内地的蓝色纸和经过染色后的如同琉璃般的藏纸上,每一经卷用36古雪金子书写,共有108部。顶盖用元朝时期的优质布料叠加而成,前帘4层,白玛吞替周围用红布装点，后帘用元朝时期的门孜丝绸制作，经夹板涂以深红色颜料并用上百钱金汁绘图装饰。到九月份全部完工，由四世班禅罗桑确坚、译师热绛巴次旦坚赞、奔仓吉仲洛桑旺杰以及热绛巴洛桑丹巴塔杰一道负责校订，成为今后具有示范意义的版本。又为了在温寺和密宗僧院护法殿中新立各护法神的面具，召集7名塑像行家，进行建造。

1647年 火猪年 顺治四年 78岁

顺治皇帝在北京正式登基后，给四世班禅罗桑确吉坚赞送来慰问品，为寺院献斋茶供养，为每位僧人发放一两银币布施。

四世班禅给大皇帝寄去回信和精选礼品，并随愿为使者讲经授法。四世班禅把来自皇帝宝库中的珍珠与斋茶一道赠送给后藏地区的各大寺院。给白居寺13座僧院赠送顶幔华盖、上等绸缎，给昂仁曲德寺以黄金和珍珠布施，献三四次斋茶。此时，还有达拉法王、喀尔喀汗王的母亲等也来敬献供物，为僧众发放布施等。

1649年 土牛年 顺治六年 80岁

二月十八日四世班禅委托朱古曲英嘉措设计弥勒大佛堆绣唐卡。开始素描时，突然从天空中射下几道光束照在布料上，之后出现了之前未曾见过的彩虹。在堆绣唐卡的背面写满了佛祖长短密经、弥勒佛誓言以及广、略、中格律诗愿词。与此同时，在吉仲洛桑曲扎的指挥之下，正式开始扩建展佛墙。

1651年 铁兔年 顺治八年 82岁

四世班禅、达赖喇嘛、固始汗分别遣使上表向顺治帝请安。

1652年 水龙年 顺治九年 83岁

三月，五世达赖喇嘛应顺治帝之请，启程前往北京朝觐顺治帝。四世班禅离开扎什伦布寺，于三月二十二日到达达木(今当雄)，会晤五世达赖喇嘛并为其送行，与五世达赖同住了7天，相互就进京朝觐交换了意见。

1653年 水蛇年 顺治十年 84岁

三月，顺治帝在太和殿设宴为五世达赖饯行，之后命和硕特承泽亲王率八旗兵送至代噶地方。五月，顺治帝又派礼部尚书觉罗朗丘、理藩院侍郎席达礼等赴代噶，送去皇帝册封达赖的写有满、汉、藏三种文字的金册金印，封五世达赖为“西天大善自在佛所领天下释教普通瓦赤喇怛喇达赖喇嘛”。至此，五世达赖喇嘛成为西藏地方宗教领袖，格鲁派在西藏地方的宗教领导地位得以确认。礼部尚书觉罗朗丘到拉萨，以金册金印册封固始汗为“遵行文义敏慧顾实汗”。

达赖喇嘛从汉地返回时，四世班禅专门派人送去礼品。达赖喇嘛特地派人给四世班禅回赠了丰厚的礼品，为扎什伦布寺僧众广散布施。

1654年 木马年 顺治十一年 85岁

七月六日，四世班禅迎请五世达赖喇嘛到扎什伦布寺，以僧人仪仗列队欢迎。当晚达赖喇嘛在坚赞吞布拉章的大经堂举行的宴会上，会见了四世班禅，进行了广泛的交谈。四世班禅和达赖喇嘛一起也对其他僧俗信徒作随愿灌顶，授予经教传承、随许等。按班禅额尔德尼的指示，达赖喇嘛在扎什伦布寺大经堂为全寺僧众讲解了《菩提道次第广论》和噶当书中的《祖师问道录》，并朝礼了弥勒殿等扎什伦布寺的各个殿堂。十一日达赖喇嘛等移住日喀则宗。十三日四世班禅亦到日喀则居住,在以后的29天中,达赖喇嘛经常去拜见四世班禅并请他传授长寿灌顶法和文殊教法。班禅额尔德尼给达赖喇嘛讲解温萨耳传教法,达赖喇嘛还对班禅额尔德尼的讲解做了记录。八月二十一日达赖喇嘛和固始汗来到扎什伦布寺,献来丰厚布施供养。

本年十二月八日,固始汗在拉萨噶丹康萨去世。

1656年 火猴年 顺治十三年 87岁

在四世班禅的晚年,顺治皇帝派人前来扎什伦布寺看望他,带来了顺治皇帝的亲笔信和礼品。四世班禅也给顺治皇帝写了回信,带回北京。

在固始汗去世不久,从格鲁派推翻第悉藏巴政权以来,格鲁派占统治地位的西藏地方与珠巴噶举派占统治地位的不丹就一直存在的矛盾更加激化,西藏地方经过商讨后决定派出蒙藏联军对不丹作战。联军由固始汗的儿子达赖巴图尔台吉和玛久台吉统率,第巴索南饶丹及其属下囊索诺尔布等人或者随军行动,或者在后藏负责后勤供应。一开始蒙藏联军取得节节胜利,于本年七月攻入门域的本塘地方(在不丹东部)。不久因为蒙藏联军不适应南方炎热的气候,以及第巴索南饶丹身患重病返回拉萨后,后勤供应方面出现了问题,蒙藏联军陷入不利的境地。在本塘地方坚持一段时间以后,玛久台吉在军中病死,军事上出现胶着状态,格鲁派中有许多人主张将军队撤回。于是由以萨迦派首领为首的一些后藏僧俗人士共同出面调停。最后,由四世班禅派出的索朗平措、噶钦群觉等官员和随从,分别为第巴管家和不丹世袭王送去丰厚的礼品,为各自的军官赠送共100余条哈达、上千两银子、50卷布匹、3

两黄金及绿松石等各种礼品。在这些礼品的调解下,交战双方达成了停战协议,蒙藏联军撤离了不丹。

1658年 土狗年 顺治十五年 89岁

大皇帝派来使者对四世班禅进行慰问并赠送丰厚礼品。四世班禅给本寺及后藏不同教派的60余座寺院熬茶、献回向礼,为集体发放大小蜜蜡471粒、大小珊瑚248棵。

1662年 水虎年 康熙元年 93岁

三月十三日上半夜,四世班禅罗桑确吉坚赞在扎什伦布寺圆寂。

人名、地名汉藏词汇对照

A

阿齐图却吉　ཨ་ཆི་ཐུ་ཆོས་རྗེ།
阿卡曲古　ཨ་ཁའི་ཆོས་ཀུར།
艾地方　དབྱེ།

B

巴氏　སྦའི་རིགས།
巴·益西旺布　སྦ་ཡེ་ཤེས་དབང་པོ།
巴热瓦法王文集　ཆོས་རྗེ་འབའ་ར་བའི་གསུང་འབུམ།
白瓦　སྦེལ་བ།
班钦桑珠白桑　པཎ་ཆེན་བསམ་གྲུབ་བཟང་།
班钦当曲亚培　པཎ་ཆེན་དམ་ཆོས་ཡར་འཕེལ།
帮萨阳寺　སྦང་ས་ཡང་དགོན།
帮域德瓦坚信徒　སྦང་ཡུལ་བདེ་བ་ཅན།
布东　བོ་དོང་།

C

擦瓦活佛　ཚ་བ་སྐུ་སྐྱེ།
蔡公堂　ཚལ་གུང་ཐང་།
参卓巴　མཚན་སྒྲོགས་པ།
次仁班久大夫　འཚོ་བྱེད་ཚེ་རིང་དཔལ་འབྱོར།

常坚巴上师　　སློབ་དཔོན་གྲངས་ཅན་པ།

昌珠　　ཁྲ་འབྲུག

常木齐僧院　　གྲང་མོ་ཆེའི་གྲྭ་ཚང་།

楚普寺弥勒大佛　　ཁྲོ་ཕུའི་བྱམས་ཆེན།

从江、吉、玛　　རྒྱང་། དཀྱིལ། མག

措布　　མཚོར་ཕུ།

D

大贤者拉旺罗追　　པཎ་ཆེན་ལྷ་དབང་བློ་གྲོས།

大成就者乌坚巴　　གྲུབ་ཐོབ་ཆེན་པོ་ཨུ་རྒྱན་པ།

达巴扎西伦布　　མདའ་པ་བཀྲ་ཤིས་ལྷུན་པོ།

大成就者坚仁巴　　སྒྲུབ་ཆེན་རྒྱན་རིན་པ།

达布札仓寺　　དྭགས་པོ་གྲྭ་ཚང་།

达那　　ཏ་ནག

大画师曲英嘉措　　པིར་ཐོགས་དབང་པོ་ཆོས་དབྱིངས་རྒྱ་མཚོ།

达拉法王　　ཏཱ་ལའི་ཆོས་རྗེ།

达尔堪法王　　ཏཱར་ཁན་ཆོས་རྗེ།

达隆朗卡　　སྟག་ལུང་སྣ་དཀར།

达旦　　རྟག་བརྟན།

旦真旺杰第本官　　སྡེ་པ་རྟ་མགྲིན་དབང་རྒྱལ།

当曲边巴法台　　དམ་ཆོས་དཔལ་འབར་བ།

德木活佛拉旺确来朗杰　　དེ་མོ་སྤྲུལ་སྐུ་ལྷ་དབང་ཕྱོགས་ལས་རྣམ་རྒྱལ།

第巴吉雪　　སྡེ་པ་སྐྱིད་ཤོད།

第巴伦布孜巴　　སྡེ་པ་ལྷུན་པོ་རྩེ་བ།

第本官玉杰瓦　　མིའི་དབང་པོ་གཡུལ་རྒྱལ།

第巴喜孜朗杰扎西　　སྡེ་པ་གཞིས་རྩེ་རྣམ་རྒྱལ་བཀྲ་ཤིས།

第穆活佛	དེ་མོ་སྤྲུལ་སྐུ།
典萨替寺	གདན་ས་ཐིལ།
东拉囊巴	དུང་ལྷ་ནང་པ།
东廓活佛江央加措	སྟོང་འཁོར་སྤྲུལ་སྐུ་འཇམ་དབྱངས་རྒྱ་མཚོ།
都博王后	སྟུར་པོད་ཀྱི་དཔོན་མོ།
堆龙东噶桥	སྟོད་ལུང་ཁྲི་ཟམ།
堆琼第本官	སྡེ་པ་འདོལ་ཚང་།
堆拉村	དུད་ལྷ།
夺格丹朗杰	རྡོའི་དགེ་ལྡན་རྣམ་རྒྱལ།
多吉典	རྡོ་རྗེ་གདན།

E

厄鲁特王土尔库达青	ཨོའི་རོད་རྒྱལ་པོ་ཐོར་ཁོ་ཏའི་ཇི།
俄珠曲宗修行山庙	དངོས་གྲུབ་ཆོས་རྫོང་།
厄鲁特却吉	ཨོའི་རོད་ཆོས་རྗེ།
俄尔寺堪钦	ངོར་མཁན་ཆེན།
厄鲁特王窝齐图台吉	ཨོའི་རོད་དཔོན་པོ་ཨོ་ཆིར་ཐུ་ཐའི་ཇི།
额克王	ཨེར་ཁེ་ཝང་།
厄鲁特王巴特尔台吉	ཨོའི་རོད་རྒྱལ་པོ་བ་ཏུར་ཐའི་ཇི།
额尔克高僧	ཨེར་ཁེ་དཀའ་བཅུ།

G

噶究巴	དཀའ་བཅུ་པ།
噶究索朗仁青	དཀའ་བཅུ་པ་བསོད་ནམས་རིན་ཆེན།
嘎采寺	དཀའ་ཚལ་དགོན།
噶钦师徒	སྐར་ཆེན་ཡབ་སྲས།

噶青杰曹巴	དཀའ་ཆེན་རྒྱལ་ཚབ་པ།
甘丹寺	རི་བོ་དགེ་ལྡན།
甘丹曲培	དགའ་ལྡན་ཆོས་འཕེལ།
岗坚群培林	གངས་ཅན་ཆོས་འཕེལ་གླིང་།
岗坚吉岭	གངས་ཅན་པ་བྱེ་གླིང་།
岗坚群培	གངས་ཅན་ཆོས་འཕེལ།
岗坚寺	གངས་ཅན་དགོན།
格丹塔杰	དགེ་ལྡན་དར་རྒྱས།
根顿珠巴	དགེ་འདུན་གྲུབ།
贡如央本	གུང་རུ་དབྱངས་དཔོན།
贡唐纳谷瓦大修行者	གུང་ཐང་ནག་གྲུ་བའི་སྒྲུབ་ཆེན་པ།
贡嘎曲德寺活佛多吉旦巴	གོང་དཀར་རྡོ་རྗེ་གདན་པ།
谷毕	རྒུར་སྦྲེ།
古萨城	ཀོ་ས་ལ།
古格群则	གུ་གེ་ཆོས་མཛད།
古格芒域	གུ་གེ་མང་ཡུལ།
轨仓日山	རྒོད་ཚང་རི།
衮江巴	ཀུན་རྒྱམ་པ།

H

霍尔法王	ཧོར་ཆོས་རྗེ།

J

吉彩瓦	སྐྱིད་ཚལ་བ།
姬隆	སྐྱི་ལུང་།
吉雪第巴法王	སྐྱིད་ཤོད་སྡེ་པ་ཆོས་ཀྱི་རྗེ།

吉康上师桑结白桑	དཀྱིལ་ཁང་སློབ་དཔོན་སངས་རྒྱས་དཔལ་བཟང་།
吉雪达巴珍土地	སྐྱིད་ཤོད་རྟ་པ་འབྲིང་གི་ས་ཆ།
吉雪台吉措吉多吉	སྐྱིད་ཤོད་ཐའི་ཇི་མཚོ་སྐྱེས་རྡོ་རྗེ།
加索拉丁	རྒྱ་སོག་ལྷ་སྡིགས།
甲贵雄	བྱ་རྒོད་ཤོང་།
吉雪第巴丹增洛桑嘉措	སྐྱིད་ཤོད་སྡེ་པ་བསྟན་འཛིན་བློ་བཟང་རྒྱ་མཚོ།
甲扎	རྒྱ་གྲགས།
嘉地欧竹群宗	ལྷུགས་ཀྱི་དངོས་གྲུབ་ཆོས་རྫོང་།
坚叶	སྤྱན་གཡས།
坚俄瓦格西	སྤྱན་སྔ་བ་དགེ་བཤེས།
江塘岗湿地	རྐྱང་ཐང་སྒང་།
江热	ལྕང་ར།
江热洛桑群增	ལྕང་ར་ཆོས་མཛད་བློ་བཟང་ཆོས་འཛིན།
杰梅朵唐	རྒྱལ་མེ་ཏོག་ཐང་།
杰赛仁布切	རྒྱལ་སྲས་རིན་པོ་ཆེ།
嘉钦孜	རྒྱལ་ཆེན་རྩེ།
近侍雍夏巴	ཞལ་སྔ་ནས་ཤར་པ།
久吉之人(后金国之人)	སྦྱོར་ཛིད་ཀྱི་མི།
久朗	ཇུ་ནང་(མིའི་མིང་།)
久吉王(后金国王)	སྦྱོར་ཛིད་ཀྱི་རྒྱལ་པོ།

K

卡举巴师徒	མཁའ་སྤྱོད་པའི་མཁན་སློབ།
卡朵	མཁར་ཏོག
卡纳钦泽	མཁར་ནག་ཆོས་མཛད།

克珠桑杰益西	མཁས་གྲུབ་སངས་རྒྱས་ཡེ་ཤེས།
克拉克王母	ཁལ་ཁའི་རྒྱལ་མོ།
克拉喇嘛	ཁལ་བླ་མ།
克锡王	ཁེ་ཤིག་ཕང་།

L

拉贵白玉	ལྷ་ཁྱུད་སྤེལ་བ།
拉加里王	སྦེ་པ་རྒྱ་རི་བ།
拉尊活佛	ལྷ་བཙུན།
拉贵	ལྷ་ཁྱུད།
拉尊丹炯加措	ལྷ་བཙུན་བསྟན་སྐྱོང་རྒྱ་མཚོ།
拉仁布切	ལྷ་རིན་པོ་ཆེ།
拉巴喇嘛	བླ་མ་ལྷ་པ།
兰巴曲桑	ལམ་པ་ཆུ་བཟང་།
朗卓桑瓦	ལང་འགྲོ་བཟང་བ།
朗米巴确吉坚赞	རྗེ་གླང་མིག་པ་ཆོས་ཀྱི་རྒྱལ་མཚན།
莲	ལྷན།
莲伦绕	ལྷན་ལྷུན་རབ།
林麦法王	གླིང་སྨན་ཆོས་རྗེ།
林嘎宗	གླིང་དཀར།
林堆法王吉采堪布仁庆扎西	གླིང་སྟོད་ཆོས་རྗེ་སྐྱིད་ཚལ་མཁན་པོ་རིན་ཆེན་བཀྲ་ཤིས།
龙日	སྨུམ་རི།
隆朗白顶	ལུང་ནང་སྤྲའི་ལྡིང་།
伦珠孜曲德寺	ལྷུན་གྲུབ་རྩེའི་ཆོས་སྡེ།
伦孜曲德寺	ལྷུན་རྩེ་ཆོས་སྡེ།

伦珠曲定寺　　ལྷུན་གྲུབ་ཆོས་སྡིངས།
伦布孜　　ལྷུན་པོ་རྩེ།
罗桑顿珠　　རྒྱལ་བ་བློ་བཟང་དོན་གྲུབ།
罗追确炯　　བློ་གྲོས་ཆོས་སྐྱོང་།
罗寺　　ལོ་དགོན་པ།

M

曼祖西喇嘛　　མཉྫུ་ཤྲི་བླ་མ།
芒囊　　མང་ནང་།
芒域王　　མང་ཡུལ་རྒྱལ་པོ།
梅朵莲　　མེ་ཏོག་ལྷས།
门唐巴贡觉伦珠　　སྨན་ཐང་པ་དཀོན་མཆོག་ལྷུན་གྲུབ།
蒙古官员阿巴拉的妻子　　སོག་པའི་དཔོན་པོ་ཨ་པ་ལའི་དཔོན་མོ།
米拉热巴　　རྗེ་བཙུན་མིད་ལ།
米根法王　　མི་ཀན་ཆོས་རྗེ།
木嘎　　མུ་དཀར།

N

纳唐　　སྣར་ཐང་།
纳若译师　　རྗེ་ནཱ་རོ་པ།
奈巴班钦卡扎巴　　གནས་པ་པཎ་ཆེན་མཁར་བྲག་པ།
乃东　　སྙེའུ་གདོང་།
乃宁确吉热罗　　གནས་རྙིང་ཆོས་རྗེ་ར་ལོ།
乃宁　　གནས་རྙིང་།
南杂果　　སྣོ་ཙ་ཁོག
尼木吞　　ཕྱོན།

年地	ཉང་།
年堆	ཉང་སྟོད།

P

帕巴杰瓦嘉措	འཕགས་པ་རྒྱལ་བ་རྒྱ་མཚོ།
帕索法王	བ་སོ་ཆོས་རྗེ།
帕索寺拉章	བ་སོ་དགོན།
彭波	འཕན་ཡུལ།
普定	འཕུར་སྡིངས།

Q

恰噶喇嘛	ཚ་ཀར་བླ་མ།
强巴林	བྱམས་པ་གླིང་།
强林医生	བྱམས་གླིང་ཨེམ་ཇི།
切嘎	མཆད་དཀར།
钦绕旺久上师	སློབ་དཔོན་མཁྱེན་རབ་དབང་ཕྱུག
琼博大成就者	མཁས་གྲུབ་ཁྱུང་པོ།
琼结	འཕྱོངས་རྒྱས།
琼地甘丹拉顶	ཆུམས་ཀྱི་དགའ་ལྡན་ལྷ་སྡིངས།
曲龙	ཆོས་ལུང་།
曲霞	ཆུ་ཤར།
曲果法台	ཆུ་མགོའི་བཞུགས་ཁྲི།
曲德寺	ཆོས་སྡེ།
曲沃日渡口	ཆུ་བོ་རིའི་གྲུ་ཁ།
确杰班旦桑布	ཆོས་རྗེ་དཔལ་ལྡན་བཟང་པོ།

R

热译师	ཆོས་རྗེ་རྭ་ལོ།
仁坚巴	རིན་རྒྱམ་པ།
仁青孜	རིན་ཆེན་རྩེ།
日乌格培寺	རི་བོ་དགེ་འཕེལ།
日乌德庆	རི་བོ་བདེ་ཆེན།
日乌格培寺	རི་བོ་དགེ་འཕེལ།
日卡曲德寺	རི་མཁར་ཆོས་སྡེ།
日果	རི་སྒོ།
绒恰噶	རོང་ཆ་དཀར།

S

萨拉岗	ས་ལ་སྒང་།
萨尔江修行洞	ཟར་བྱང་ཕུག
萨迦晓仲	ས་སྐྱ་ཞབས་དྲུང་།
“赛”地方	སྲད།
赛仁青孜	སྲད་རིན་ཆེན་རྩེ།
桑耶寺	བསམ་ཡས།
桑珠格旦寺	བསམ་གྲུབ་དགེ་ལྡན།
色夺金	གསེར་མདོག་ཅན།
色青热绛巴	སེ་ཆེན་རབ་འབྱམས་པ།
色康噶究巴	གསེར་ཁང་དཀའ་བཅུ་པ།
森康活佛	གཟིམ་ཁང་སྤྲུལ་སྐུ།
森康贡活佛索朗格列白桑	གཟིམ་ཁང་གོང་སྤྲུལ་སྐུ་བསོད་ནམས་དགེ་ལེགས་དཔལ་བཟང་།
森格孜曲德	སེང་གེ་རྩེའི་ཆོས་སྡེ།

上师班觉加措 སློབ་དཔོན་དཔལ་འབྱོར་རྒྱ་མཚོ།
上师南加白桑 སློབ་དཔོན་རྣམ་རྒྱལ་དཔལ་བཟང་།
上师根顿坚赞仁布切 སློབ་དཔོན་རིན་པོ་ཆེ་དགེ་འདུན་རྒྱལ་མཚན།
斯加城 གྲོང་ཁྱེར་སེར་སྐྱ།
松绕林 གསུང་རབ་གླིང་།

T

塔布江热瓦 དྭགས་པོ་ལྷུང་རྭ་བ།
唐布切 ཐང་པོ་ཆེ།
唐家喇嘛 ཐང་སྐྱ་བླ་མ།
替寺 མཐིལ་དགོན།
吞杰吉采寺 ཐོན་རྒྱལ་བྱེད་ཚལ།
托林寺 མཐོ་ལྡིང་ལྷ་ཁང་།

W

温萨法宫（即:温贡寺） དབེན་ས་ཆོས་ཀྱི་ཕོ་བྲང་།
温贡寺、温寺 དབེན་དགོན།
温村 དབོན་གྲོང་།
温萨丹增杰姆 དབེན་ས་བསྟན་འཛིན་རྒྱལ་མོ།
温萨活佛 དབེན་ས་སྤྲུལ་སྐུ།
沃卡地区 འོལ་ཁ།

X

西奈僧院 ཞི་གནས་གྲྭ་ཚང་།
下普 ཤབས།
夏鲁日替 ཞ་ལུ་རི་མཐིལ།

襄	ཤངས།
香孜	ཤངས་རྩེ།
晓仲头人	ཞབས་དྲུང་ཆོས་རྗེ།
谢嘎布	བཞད་ག་བུར་གཞིས་ཀ།
秀康热绛巴	གཞུ་ཁང་རབ་འབྱམས་པ།
雪囊	སྐྱོ་ནང་།

Y

亚德班禅	གཡག་སྡེ་པཎ་ཆེན།
阳寺晓仲活佛	ཡང་དགོན་ཞབས་དྲུང་།
药师洛桑法王	སྨན་བླ་ཆོས་ཀྱི་རྗེ་བློ་བཟང་པ།
益增姐姐	ཨ་ལྕེ་ཡིད་འཛིན།
一切智云丹嘉措	ཐམས་ཅད་མཁྱེན་པ་ཡོན་ཏན་རྒྱ་མཚོ།
伊琼瓦	དབྱི་ཆུང་བ།
隐修堪布	རི་ཁྲོད་མཁན་པོ།
雍布拉康	ཡུམ་བུ་བླ་མཁར།
尤仲	སླུགས་གྲོང་།

Z

藏巴央本(船主)	གཙང་པ་དབྱངས་དཔོན།
藏萨	གཙང་ས།
扎巴西绕仁青	སྒྲ་པ་ཞེས་རབ་རིན་ཆེན།
扎耶巴	བྲག་ཡེར་པ།
札加	བྲག་རྒྱ།
扎堆瓦曲吉释迦却珠	དགྲ་འདུལ་བ་ཆོས་ཀྱི་རྗེ་ཤཱཀྱ་མཆོག་གྲུབ།
札仓钦莫	གྲྭ་ཚང་ཆེན་མོ།

扎卡瓦第本官	སྤེ་པ་སྦྲག་ཁ་བ།
扎西通门	བཀྲ་ཤིས་མཐོང་སྨོན།
泽当	རྩེད་ཐང་།
增其寺	རྫིང་ཕྱི།
哲木	འབྲས་མོ།
珍仓	འབྲིང་འཚམས།
珍仓南北	འབྲིང་མཚམས་ལྷོ་བྱང་།
至尊南卡坚赞	རྗེ་བཙུན་ནམ་མཁའ་རྒྱལ་མཚན།
直贡木台	གྲི་གུང་མུ་ཐལ།
仲巴桑丹	དྲུང་པ་བསམ་གཏན།
仲孜寺	འབྲོང་རྩེ་དགོན།
仲孜	འབྲོང་རྩེ།
仲巴杰曹	དྲུང་པ་རྒྱལ་ཚབ་པ།
仲巴杰曹巴尊追坚赞	དྲུང་པ་རྒྱལ་ཚབ་པ་བརྩོན་འགྲུས་རྒྱལ་མཚན།
珠嘉	དྲུག་བརྒྱ།
孜东	རྩེད་གདོང་།

后记

收藏于扎什伦布寺的四至九世班禅额尔德尼·罗桑确吉坚赞传记木刻本和从全国各地搜集的一至九世班禅额尔德尼传记于2014年7月由西藏藏文古籍出版社正式出版。为扩大受众面和读者群,进一步提升这套系列丛书的影响力,西藏社会科学院启动了《历辈班禅大师传》藏译汉项目,本人有幸参与了其中的《四世班禅额尔德尼·罗桑确吉坚赞传》的翻译工作。《四世班禅额尔德尼·罗桑确吉坚赞传》藏文全名为《传法比丘罗桑确吉坚赞善行详述——珍宝串》,内容由《礼赞》《出生》《受沙弥戒、被认定为转世活佛》《学习因明学》《受比丘戒、来前藏继续闻修并获得名声》《任岗坚群培林与扎什伦布寺法台》《建身语意所依、供养各教派僧伽》《应第悉官臣请求主持停战和议、为五世达赖喇嘛剃度》《在前藏三大寺讲经传法》《回到扎什伦布寺,继续忙于传法利生大事》《为一切智达赖喇嘛授比丘戒》《晚年的功绩》和《有关后事处理工作》等十三部分组成,其中,第一至十一部分是四世班禅的自传,第十二和十三部分由五世班禅额尔德尼·罗桑益西[①]补充而成。后面还附录了五世达赖喇嘛阿旺洛桑嘉措著、由甘丹颇章政权的第二任第悉仲麦巴赤列嘉措抄写的四世班禅秘传。

---

① 幼年被认定为前世班禅转世灵童。清康熙五十二年(1713年)敕"班禅额尔德尼"封号,赐金册、金印。从此不仅其地位得到清廷确认,且历世班禅须报中央政府册封成为定制。五十六年(1717年),准噶尔部策妄阿拉布坦派兵袭扰西藏,杀拉藏汗,班禅调停未果。后清廷出兵平乱,迎七世达赖格桑嘉措"坐床",罗桑益西为之授戒,并赐法名。雍正初年,阿尔布巴内讧事起,又积极奔走调解,犒劳入藏清军。清命七世达赖移居康区惠远寺,诏其到拉萨主持全藏黄教事务,日喀则以西至阿里悉归班禅管理。但他以团结和睦为重,仅领拉孜、昂仁、彭措林3县辖之。乾隆二年(1737年)圆寂于母寺,享年75岁。

四世班禅罗桑确吉坚赞是一位学识渊博、为人谦逊、心地善良、德高望重的大德。作为精通讲辩著及显密教法的大师，成为17世纪初期格鲁派的实际领袖人物，先后担任温寺、扎什伦布寺、岗坚群培寺、甘丹寺、哲蚌寺、色拉寺、夏鲁寺等寺法台。本传记中详细记述了其成长过程，特别是学习显密教法过程，详细记述了应邀担任上述各寺法台过程及任职法台后为寺院的维修建设、培养学徒、兴建身语意所依、教化信众等呕心沥血、殚精竭虑、不懈努力的过程。书中还用巨大的篇幅，不厌其烦地、如数家珍般细说来自内地、蒙古、西藏各地的贵族官员、财主及无数信教群众源源不断敬献财物供养以及将这些财物用于各教派贫苦僧众的生计、寺院维修和兴建身语意所依的情况，在自传中他不止一次提到"新建身语意所依、供品，侍奉僧伽，礼佛供神等非常圆满和发达，认为这是本人值得记录的生平功绩"。自传中还简略记录了四世班禅罗桑确坚担任四世达赖喇嘛的经师、平息政治内斗、完成四世达赖喇嘛的转世、实现五世达赖进京朝觐等重要历史事件。但是，他在自传中反复强调说：他只是一个普通的"释迦比丘""到处流浪的游僧""居无定所的疯子"，且他非常反感"自我吹嘘雷声大""表里不一善演绎""自我宣扬知一切"等"欺人传记""虚伪传记"。他还反复提醒自己"勿隐自身之缺点，不必张扬己所长"。在这样的出发点、立足点之下，我们现在认为的重要历史事件、重要历史人物只是做了简略记录或一笔带过，甚至根本没有提及，作为后世历史研究者确实感到非常遗憾。为了弥补，译者尽可能地将传记作为线索整理了其生平年谱，以便读者对这位名垂千史的爱国爱教的高僧大德有更全面的了解。由于四世班禅罗桑确坚是一位精通讲辩著及显密教法的大师，其自传内容大都以格律诗形式呈现，整篇表现了他对佛法的深刻理解，对修习的独到见解，对世态的超脱看法，不失为研究四世班禅罗桑确坚佛学思想、文学风格、爱国爱教事迹的杰出作品。由于译者自身佛学知识非常浅薄，从事这一著作的翻译实属前所未有的挑战，尽管做了不少基础工作，如反复阅读藏文原稿、学习和积累专业术语、从不同侧面了解四世班禅生平事迹、把握当时历史背景等，但因水平有限，难免存在不少错误之处，望读者不吝赐教、批评指正。

达 瓦

2017 年 11 月 15 日